# 愛知ブランド企業の底ヂカラ Vol.2

# 『愛知ブランド企業の底ヂカラ vol・2』の発刊に寄せて

　愛知県は、織物、陶磁器などの伝統産業から、自動車産業や航空宇宙産業などの先端産業に至るまで、幅広い分野の製造業が集積するモノづくり、テクノロジーの一大拠点です。40年連続で製造品出荷額等日本一を誇り、まさに「モノづくり王国」として、我が国の産業・経済をけん引しています。

　しかし、こうした「モノづくり王国愛知」の実力は、あまり全国に知られていませんでした。そこで、愛知県では、平成15年度から広く国内外にアピールして、世界的なブランドへと発展させるべく、県内の優れたモノづくり企業を「愛知ブランド企業」として認定する「愛知ブランド事業」を創設しました。

　早いもので、この事業も15年経過し、認定企業数も371社（平成30年8月末現在）となり、「愛知ブランド」の認知度も着実に向上してきている、と感じています。

　これらの認定企業は、外部有識者で構成された「愛知ブランド評価委員会」において厳しい審査を受けて認定されており、また5年ごとに認定を更新することで、優れたモノづくり企業の証としてのブランド力を維持しています。

認定企業は、88%以上が中小企業であり、業態においても生産用・業務用機械器具から化学、鉄鋼、プラスチック製品、伝統工芸品まで幅広く構成され、本県産業の裾野の広さが窺われます。こうした様々な業態で構成される愛知ブランド企業の皆様には、より一層、自社の技術に磨きをかけ、競争力を強化し、引き続き「モノづくり王国愛知」をけん引していただくことを大いに期待しています。

県内には、ブランド企業認定に値する企業がまだまだ埋もれています。そうした企業を新たに発掘しながら、愛知ブランドの価値を一層高め、「産業首都あいち」の実現に向けた取り組みをさらに進めていきます。

二〇一八年九月一日

愛知県知事　大村 秀章

# 目次

Contents

# 目次

Contents



※本書では、企業紹介の際に、敬称、法人種別等を略し、順不同でご紹介しています。

その凄さ、
価値を探ってみた

# 『愛知ブランド』とは？

Aichi
Quality

## 愛知ブランドのロゴ・マーク

マークは、愛知（AICHI）のA をかたどったデザイン。伊勢湾を抱える愛知県の地形をイメージしており、評価に当たって最も重要視される「コア・コンピタンス＝核となる競争力」をエネルギーに、企業と地域がさらに飛翔してゆく姿を表現している。「瀬戸物」と称される陶磁器の一大産地を要する愛知県らしく、磁器でつくられたトロフィーは、高く天を指すしなやかなフォルム。頂点には金泥でAの外周ラインをなぞり、下部にはマークとAichi Quality のロゴ。

愛知ブランド認定企業を訪問すると、本社の受付や応接室などには、認定賞状と並んでこのトロフィーが飾られていることも多い。

イベント等では「のぼり」が活躍!

ものづくり王国愛知県（その理由は、後のページで確認を！）で、県がものづくり企業からの申請を受けて審査し、優秀な製造企業を認定しているのが『愛知ブランド』なのだ。

### 1. 背景は？

愛知県は、連続40 年間「製造品出荷額」は日本一！（約45 兆円：平成28 年）
しかも、2 位神奈川県（約17 兆円：同）とは大差。断トツの強さを誇っている。

### 2. 事業開始はいつ？

2003（平成15）年に、事業がスタート。今年2018 年は事業15 周年を迎えた。

### 3. 事業の趣旨は？

県内製造業の実力を広く国内外にアピールし、世界的ブランドへと展開するため、愛知県庁が県内の優れた企業を「愛知ブランド」として認定。

### 4. 認定の視点は？

財務内容や知的財産等のデータに加えて、評価委員会による真摯な評価を経て認定。その視点は、以下の6 項目。

①理念、経営トップのリーダーシップ
②人の活性化
③業務プロセスの効率化、革新
④コア・コンピタンス（技術・製品・業務プロセス等の独自の強み）
⑤顧客との関連性の質、深度を高める顧客価値構築
⑥社会、環境への配慮

最も重視されるのは、④コア・コンピタンス。「その企業の独自の強みは何か？」というポイントで、この評価が低いと認定されないのだとか。

### 5. 認定企業数は？

2018 年8 月現在、371 社の企業群を形成。業種が多岐にわたることも特色の1つで、今後の企業同士のコラボレーションや新しい取組みにも期待がかかる。

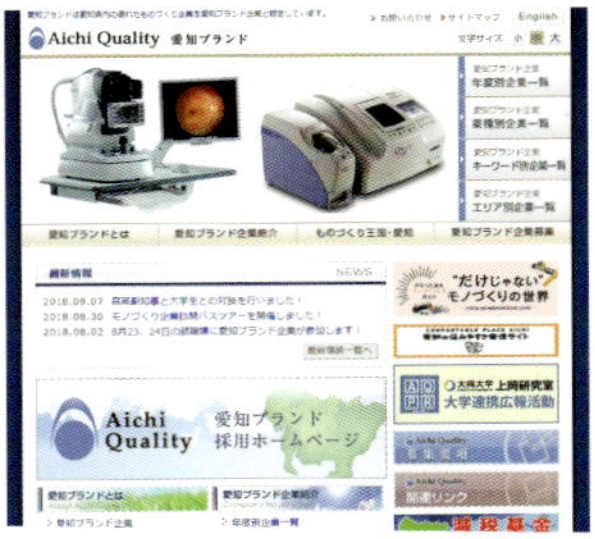


「愛知ブランド」WEB サイトは、愛知県庁サイトの中でも、非常にページビュー数の多いサイト。ぜひチェックしてみよう！

# 日本一!ものづくり王国 愛知

**製造業が盛んな愛知県だが、なぜ「ものづくり日本一」といわれるのか。**

**実際のデータを元に、その抜群の存在感をご紹介!**

## 製造品出荷額、40年間連続日本一!

経済産業省が発表した「平成29年工業統計表」によると、製造品出荷額等は44兆9,090億円で、昭和52年以来40年連続で全国第1位となった。シェアは、全国の14.9%を占め、トップ!

まさに「ものづくり王国」といえる。

■製造品出荷額（平成28年）

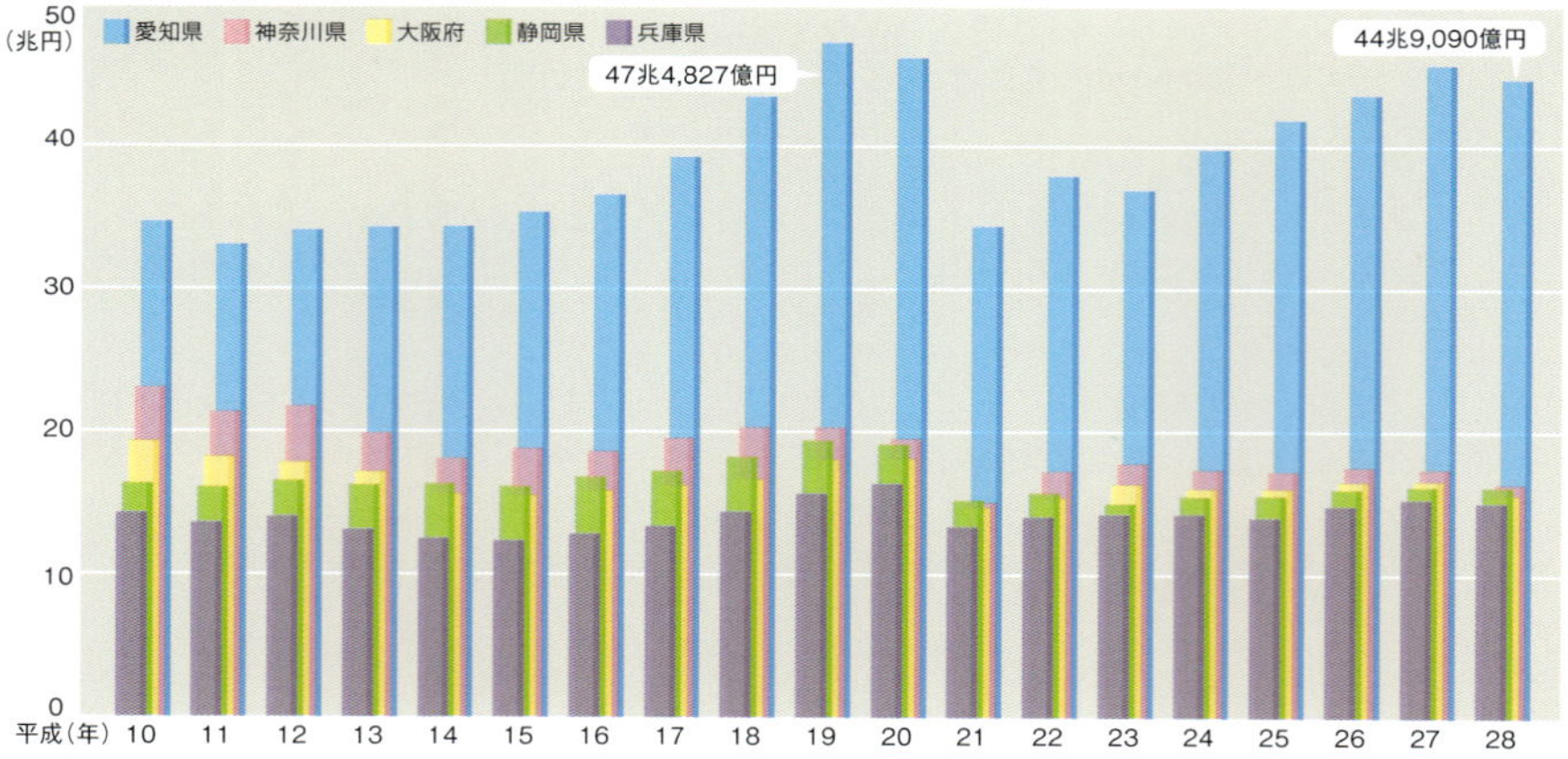


資料:愛知県 県民文化部 統計課HP、平成23年・平成27年は、総務省・経済産業省「経済センサス-活動調査」。その他の年は、経済産業省「工業統計確報」

| | 事業所数 | 従業者数(人) | 製造品出荷額等 |
|---|---|---|---|
| 愛知県 | 15,870 | 828,077 | 44,909,000 |
| 神奈川県 | 7,697 | 350,673 | 16,288,163 |
| 大阪府 | 15,990 | 436,048 | 15,819,650 |
| 静岡県 | 9,299 | 398,450 | 16,132,178 |
| 兵庫県 | 7,996 | 356,782 | 15,105,350 |
| 全国 | 191,339 | 7,571,369 | 302,035,590 |

（百万円）

※従業者4人以上の事業所
資料:愛知県県民文化部統計課HP
経済産業省「平成29年工業統計表産業編（概要版）」

## 全国における製造品出荷額上位5県のなかでは――

事業所数は2位で、1位の大阪と120軒差。従業者数は2位の大阪に倍近く差をつけて1位となった。

製造品出荷額は2位の神奈川を28兆円以上も引き離して断然トップの1位。これを見ても分かるように、日本の経済を底支えしているのが愛知県なのだ。

## 全国トップのものづくり王国をさらに掘り下げる!

日本一の工業県愛知県だが、業種別に見るとさらなる強みが見えてくる。機械や金属製品などの割合が多く、自動車をはじめとする輸送機械器具が県内の出荷額の約56%を占め、従業者数も約38%もの割合を占めている。多くの自動車メーカーが集まる愛知ならではだ。

■従業者数

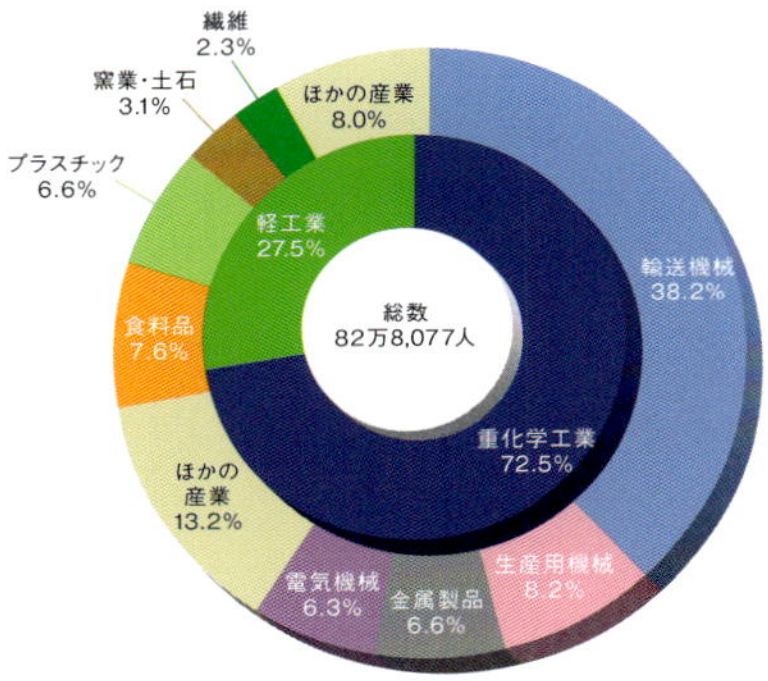


■製造品出荷額

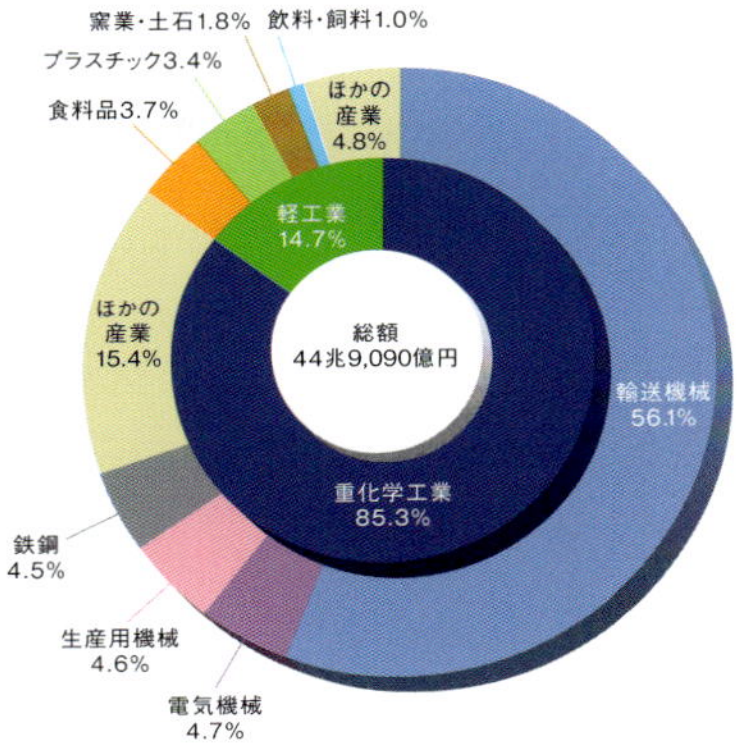


※従業者４人以上の事業所
資料：愛知県 県民文化部 統計課 HP
経済産業省「平成 29 年工業統計表産業編（概要版）」

## 年間輸出総額でも全国1位!

平成29年における愛知県内貿易港の輸出入動向によると、県内貿易港における貿易は、輸出額が約15兆3,720億円で、輸入額は約6兆7,430億円。貿易黒字は約8兆6,290億円となった。名古屋港をはじめ4つの拠点をもつ愛知県は、貿易の面でも全国トップレベルとなっている。

■輸出入額の推移（平成29年）

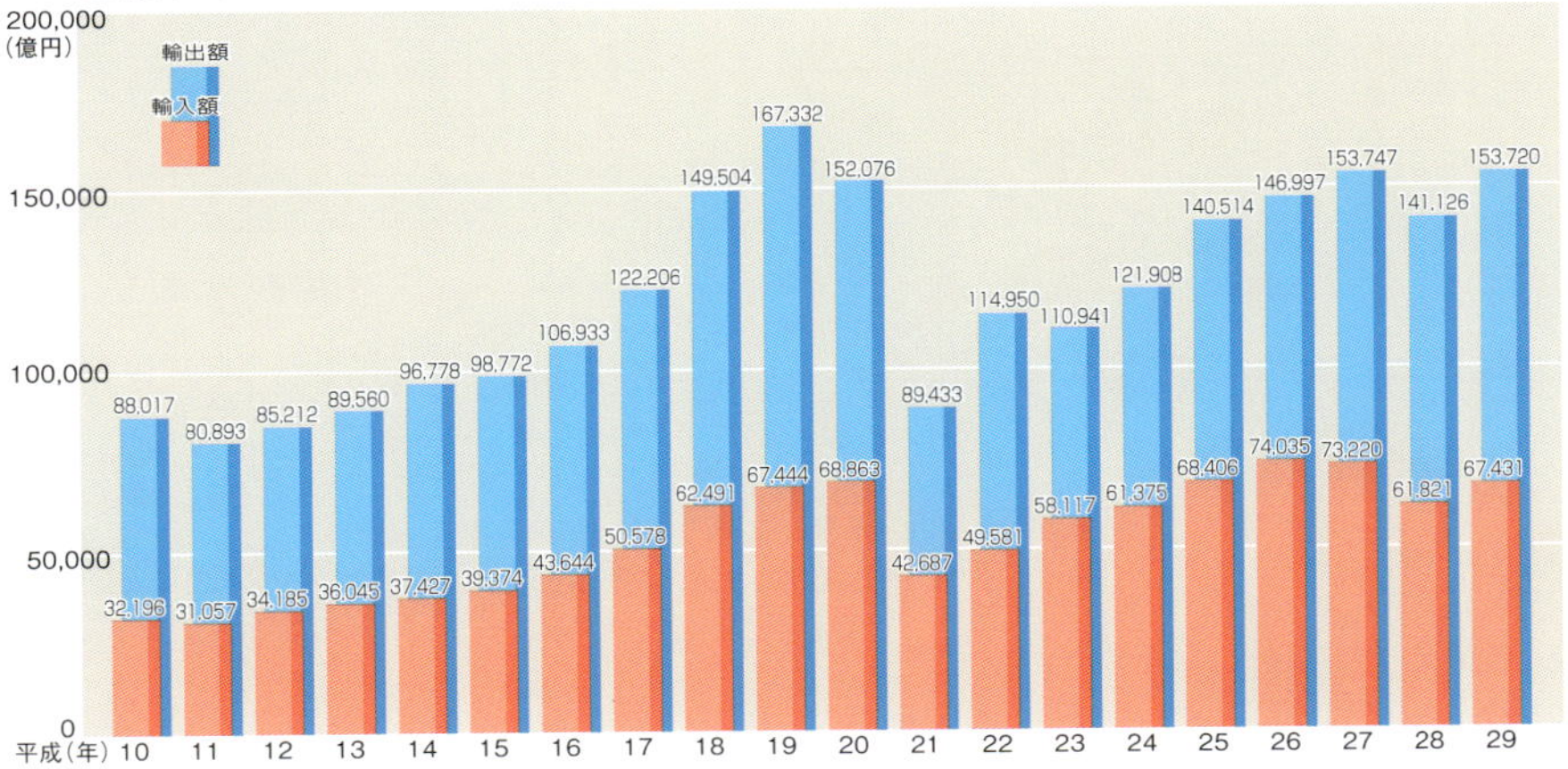


資料：名古屋税関HP「貿易統計」

# 愛知県がトップシェア

**愛知県は工業製品のイメージが強いが、実は農林水産物でもトップシェアがたくさんある。農・工・商に観光もあわせると、集客資源としても魅力的だ。**

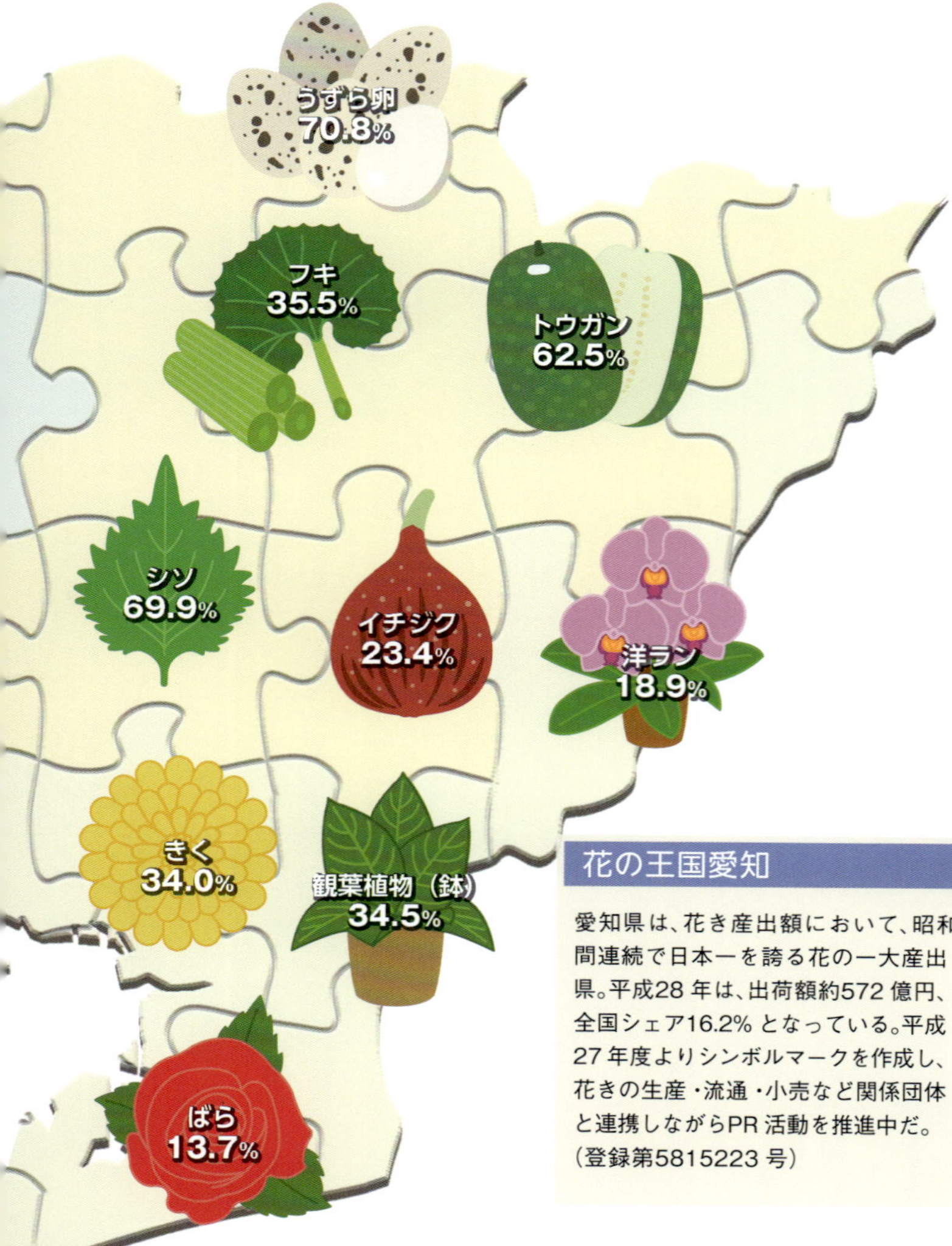
うずら卵
70.8%
フキ
35.5%
トウガン
62.5%
シソ
69.9%
イチジク
23.4%
洋ラン
18.9%
きく
34.0%
観葉植物（鉢）
34.5%
ばら
13.7%

## 花の王国愛知

愛知県は、花き産出額において、昭和37年以降、55年間連続で日本一を誇る花の一大産出県。平成28年は、出荷額約572億円、全国シェア16.2%となっている。平成27年度よりシンボルマークを作成し、花きの生産・流通・小売など関係団体と連携しながらPR活動を推進中だ。（登録第5815223号）

花の王国
あいち

## ロボット産業も盛んな愛知

産業用ロボットを中心に各種のロボット製造も盛ん。最近では、少子高齢化の進展を背景に、家庭や医療・介護施設など、人間の生活や作業等を支援するロボットの研究開発も注目されている。

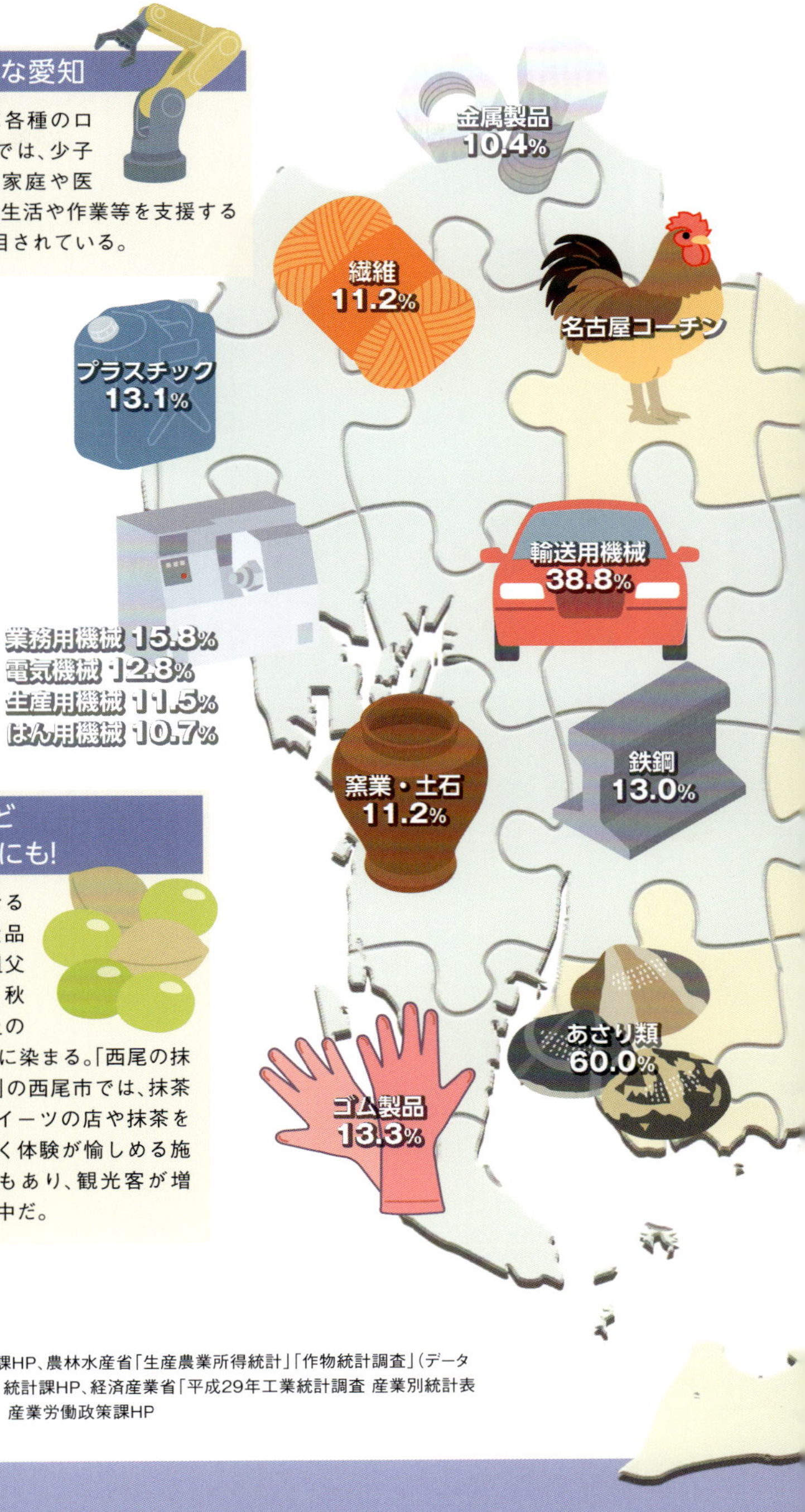


## ぎんなんや抹茶など特産品が観光資源にも!

ぎんなんや、抹茶の元になるてん茶も、愛知県の特産品だ。ふっくらと大粒な「祖父江ぎんなん」の産地では、秋になると樹齢100年以上の銀杏の葉が鮮やかな黄色に染まる。「西尾の抹茶」の西尾市では、抹茶スイーツの店や抹茶を挽く体験が愉しめる施設もあり、観光客が増加中だ。

資料:愛知県農林水産部農林政策課HP、農林水産省「生産農業所得統計」「作物統計調査」(データは平成27年)、愛知県 県民文化部 統計課HP、経済産業省「平成29年工業統計調査 産業別統計表(概要版)」、愛知県　産業労働部　産業労働政策課HP

名古屋駅前のビル群

画像：基礎生物学研究所

MRJ（画像：愛知県）

名古屋市科学館プラネタリウム

# 「世界のなかの愛知」

**製造業が集積する愛知県は、日本におけるいわば「産業の首都」。
では、世界のなかでの愛知県の位置づけや、世界とのつながりはどうなのだろう？
地球儀を回しながら眺めてみよう。**

## イスラエル1国に比肩する愛知県のGDP

日本のＧＤＰ（国内総生産）は２０１５年度で５３３兆９千億円余。愛知県の総生産は東京都に次ぐ約39兆５千６百億円で、換算すると約３５６３億ドル。各国と比較してみると、32位のイスラエル（３５０６億ドル）を上回り、香港、デンマーク、シンガポールより経済規模は大きい（※１）。

しかし、10年前の同じ比較では愛知県は20位につけていた。インドネシア、トルコ、アルゼンチン、タイ、イランなどの国がその後急成長したのだ。実力派の愛知県といえども、新興国のパワーには油断できないということだろう。

## 世界に進出する愛知の企業

８０１社、４３０８拠点！これは、２０１７年に世界95カ国に進出している愛知県内の企業数と拠点数だ。製造業と非製造業の割合はおおむね７：３。業種別では卸売業が最多で16％、輸送機器約12％、金属製品約11％と続く。

国別の最多拠点は中国の１１７３。次いで米国５４２、タイ４４３、インドネシア、ベトナム、インド、台湾と続く。今後の進出先検討国としては、ベトナム、米国、中国、タイ、インドなどが挙がっている（※２）。

## 世界に飛躍する愛知の航空宇宙産業

航空機及び付属品の全国製造品出荷額は２０１５年で１兆８７２２億円。愛知県は約５６６５億円で約30％を占め、ボーイング787の機体構造部品や三菱航空機のMRJへのサプライヤー地域となっている。

国際戦略総合特区「アジアNo.1航空宇宙産業クラスター形成特区」にも参画する愛知県。ツールーズ（仏）やシアトル（米）に並ぶ航空宇宙産業中核地域として、さらなる成長をめざしている（※3）。

## 国際ネットワークを生かす研究機関

一方、教育・研究機関ではどうか。海外に11拠点を持ち国際化の進む名古屋大学なども注目されるが、最近一躍脚光を浴びたのは岡崎市の基礎生物学研究所。細胞における「オートファジーの仕組みの解明」でノーベル生理学・医学賞を受賞した大隅良典氏が、1996年から13年間にわたり研究していたのだ。

生物現象の本質の分子レベル解明をめざす気鋭の同研究所。プリンストン大学（米国）やテマセク生命科学研究所（シンガポール）などと交流。留学生も多く、国境を越えた学術コミュニティを形成している。

## 世界一大きいプラネタリウムもある！

銀色に輝く巨大な球体が目を惹く名古屋市科学館のプラネタリウム。内径35メートルという天球はギネスブックが世界最大と認定。9100個の星々の明るさを正確に再現することが可能で、リクライニングシートに身を沈めれば学びと共にロマンティックな時間に浸ることもできる。トリップアドバイザーでも高い評価を受けており、科学と観光が融合した施設といえるかもしれない。

## セントレアが結ぶ世界の都市

世界各国と結ぶ扉は中部国際空港（セントレア）から開く。アジア・中東・欧州・北米の世界31都市に向け、現在週344便が運航。国際貨物取扱量は17万9千トン／年と中部地区の中核空港である。空港施設では787の実機の展示や展望風呂などユニークな施設もある。

産官連携で海外誘客を推進する「昇龍道プロジェクト」も奏功し、インバウンド客も増加。1019年度は旅客数1500万人、国際貨物取扱量24万トン／年をめざしている。（※4）。

**愛知県のGDP（県内総生産）と世界各国のGDP(国内総生産)の国際比較（2017年）**

1. アメリカ 19,390,600
2. 中国 12,014,610
3. 日本 4,872,135
4. ドイツ 3,684,816
5. イギリス 2,624,529
6. インド 2,611,012
7. フランス 2,583,560
8. ブラジル 2,054,969
9. イタリア 1,937,894
10. カナダ 1,652,412
11. 韓国 1,538,030
12. ロシア 1,527,469
13. オーストラリア 1,379,548
14. スペイン 1,313,951
15. メキシコ 1,149,236
16. インドネシア 1,015,411
17. トルコ 849,480
18. オランダ 825,745
19. サウジアラビア 683,827
20. スイス 678,575
21. アルゼンチン 637,717
22. 台湾 579,302
23. スウェーデン 538,575
24. ポーランド 524,886
25. ベルギー 494,733
26. タイ 455,378
27. イラン 431,920
28. オーストリア 416,845
29. ノルウェー 396,457
30. アラブ首長国連邦 377,435
31. ナイジェリア 376,284
32. イスラエル 350,609
愛知県 356,373 世界32位のイスラエルに相当。
0 1,000 2,000 3,000 4,000 5,000
（ドル表示、単位：100万USドル）

※出典＝世界のネタ帳、グローバルノート、IMF-World Economic Outlook Databases 2018年4月版より

（※1）出典：IMF、愛知県県民生活部統計課　（※2）出典：「2017年における愛知県内企業の海外事業活動」（公財）あいち産業振興機構 2018年（平成30年）9月発刊　（※3）資料：「平成28年経済センサス」（総務省統計局、平成30年発表）　（※4）出典：中部国際空港株式会社2018年3月期決算説明会資料

## ものづくりの源流

# 「からくり」から「ロボット・テクノロジー」へ

**地域の産業は、原料が採れたことから始まっていることが多い。例えば、「木の文化」。豊かな森林資源を生かした木工文化が、やがて最先端技術につながっていく…。そんなものづくりの源流を探ってみよう。**

パートナーロボット：トヨタ産業技術記念館

©R.Oikawa

### ■木曽の山林が華開かせた尾張の木工文化

1615（元和元）年、初代尾張藩主・徳川義直は、婚儀に際し家康から化粧料として広大な木曽の山林を与えられた。

檜などの良質な木材は木曽川伝いに伊勢湾に運ばれ、名古屋城築城のために開削された堀川の白鳥貯木場へ。当時の名古屋は日本最大級の材木の集散地だったのだ。城下町となった名古屋には指物師、木挽師、塗師、鍛冶職人などの技術者集団も移住。匠の技と豊富な木材は尾張の木工技術を華開かせ、和時計、からくり、箪笥や仏具などの加工業が盛んになった。

### ■江戸時代の木製ロボット「からくり人形」

尾張藩の御時計師を務めた初代津田助左衛門が日本初の和時計をつくり、和時計との出会いがからくり人形の技術を育てた。江戸期からの技術を継承するのは九代玉屋庄兵衛氏だ。氏の作品「茶運び人形」を、老舗料亭で海外メディアの方々に披露していただいたことがある。まず、人形が捧げ持つお盆に茶碗を載せると、人形が滑るように畳の上を進む。ゲストが茶碗を取り上げると止まり、飲み干して茶碗を置くとUターンして主人のところに戻る。ゲストは大喝采！

動力は鯨のヒゲでできたゼンマイ。歯車など約40個の部品は全て木製で、用途に応じて異なる種類の木材を使用している。

### ■時計製造から航空宇宙機器製造へ

近代になると、木材を使用する時計や楽器の産業が急伸。

## 温故知新!
## からくりに学んだ「ドリームキャリー」

電気や石油は使わない。モーターもない。そんな省エネ型の製品運搬車がある。その名も「ドリームキャリー」。

ドリームキャリーに製品を置く。と、載せた製品の重量とそれに反発するバネの力だけで次の工程に移動。そこで製品がピックアップされて空(から)になると、Uターンして戻ってくる。そう、この運搬車は茶運び人形からヒントを得て開発されたものなのだ。電気モーターで動かす運搬車に比べて製作費は大幅にダウンしたといい、ランニングコストもあまりかからない。

製作したのは、安城市にあるアイシン・エィ・ダブリュの「ものづくりセンター」。江戸時代のからくり技術を現代によみがえらせ、2005年に第1回「ものづくり日本大賞」特別賞を受賞している。まさに温故知新のものづくりといえるだろう。

この無動力搬送車は、車輪式・引き出し式・ゴンドラ式の3タイプに進化し、今では27台が稼動しているそうだ。

ドリームキャリー:アイシン・エィ・ダブリュ

こうのとり2号機/H-ⅡBロケット2号機
打上げ 第1カメラ点A:JAXA

1887(明治20)年設立の時盛社などがつくった柱時計は、木製の外箱を安価につくれたことからアジア市場を席捲。鈴木政吉は1900年にバイオリンの大量生産を始めており、星野楽器も誕生。1896(明治29)年には日本車輌製造が生まれ、2年後設立の愛知時計製造が航空機製造を開始したのは1920(大正9)年だ。鉄道車両も、航空機の本体やプロペラも木製の時代、愛知県が航空機製造拠点になるのは必然だったに違いない。一方で木材加工の技は金属加工に転用され、和時計から始まった機械技術は航空宇宙産業へと壮大な技術史をたどった。

八角合長掛時計
博物館 明治村

## ■ヒト型ロボットの可能性

「茶運び人形」の次に訪ねたのはトヨタ産業技術記念館。自動車館では産業ロボットの稼動を間近で見ることができ、ヒト型ロボットはバイオリン演奏を聴かせてくれる。

愛知県のロボット製造は、出荷額、事業所数、従業者数ともに日本一だ(※)。従来は製造現場のロボットが多かったが、からくり文化に馴染んできた地域にふさわしく、医療・介護の現場などで人間を助けてくれるロボットにも期待が高まる。2020年には初の国際大会「ワールドロボットサミット」開催も決定。自動車、航空宇宙に次ぐ第3の柱ともなるロボット産業への参入にさらに拍車がかかるだろう。

(※)愛知県産業労働部次世代産業室「愛知県のロボット産業振興」より

愛知県のものづくりを代表する自動車と航空宇宙機器製造。

BtoB（企業間取引）の愛知ブランド企業1社1社が、最終品質をがっちりと支えている。

# クルマ＆航空宇宙のものづくり

1台のクルマの製造には約3万点の部品が必要といわれている。それぞれが専門性に優れた部品メーカーの存在がなければ、高品質なクルマはつくれないのだ。

クルマは、「走る」「曲がる」「止まる」。

これらの機能を実現する構成部品を、愛知ブランド企業各社の技術者達が、工場が、絶えざる品質向上に努めながら製造している。

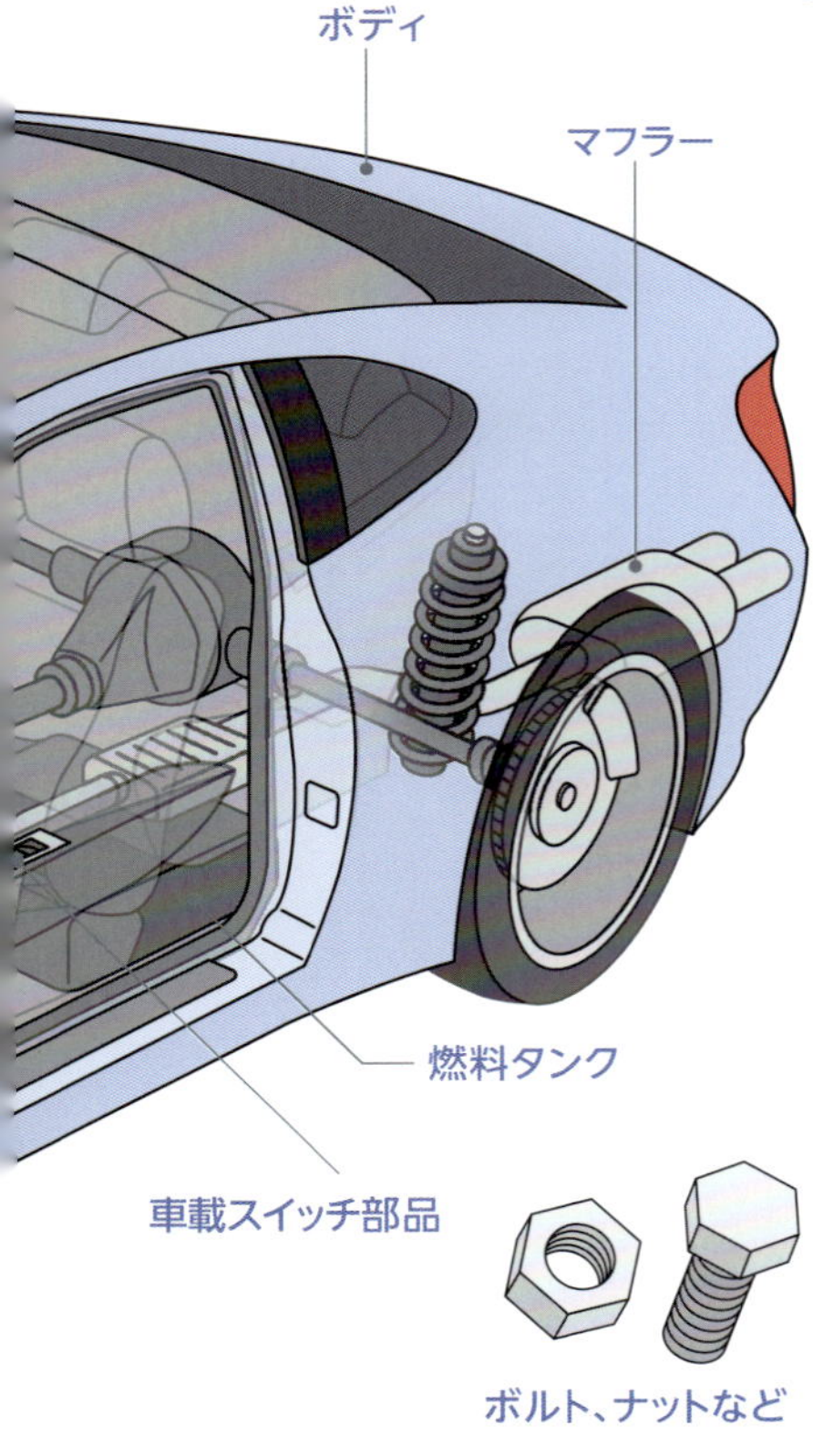
ボディ
マフラー
燃料タンク
車載スイッチ部品
ボルト、ナットなど

企業紹介ページへ

イワタツール（P108）
エムエス製作所（P109）
協和工業（P110）
グリーンフィクス（P111）
TDEC（P112）
東海合金工業（P113）
富士精工（P115）
ベステック（P119）
名古屋電機工業（P122）
大洋電機製作所（P126）
豊電子工業（P130）
昭和電機製作所（P132）
東郷製作所（P134）
東明工業（P136）
半谷製作所（P138）
奥野工業（P140）
久野金属工業（P142）
名光精機（P144）
アスカ（P146）
杉浦製作所（P147）
セイワ（P148）
丸菱工業（P149）
メタルテック（P150）
アサヒ繊維工業（P47）
三琇プレシジョン（P48）
小高精密（P54）
鈴木化学工業所（P56）
フジデノロ（P60）
イトモル（P63）
イイダ産業（P64）
アンスコ（P65）
志水製作所（P66）
矢留工業（P68）
八幡ねじ（P70）
河村工機製作所（P72）
山旺理研（P74）
フロロコート名古屋（P76）
クロダイト工業（P79）
東京製鐵 田原工場（P81）
朝日インテック（P84）
オーエスジー（P86）
中日本炉工業（P90）
名古屋精密金型（P92）
三技（P96）
三友工業（P98）
チヨダ工業（P100）
トライエンジニアリング（P102）

※特集記事の他のページで企業名を掲載している場合、本ページに記載がない場合があります。

## 航空宇宙機器製造

世界の航空機市場は今後20年で倍増するともいわれ、国産ロケットの開発にも大きな期待がかかる。先端技術分野でも愛知ブランド企業が光を放っている。


企業紹介ページへ

- オーエムヒーター（P124）
- 東明工業（P136）
- 名光精機（P144）
- 矢留工業（P68）
- イワタツール（P108）
- グリーンフィクス（P111）

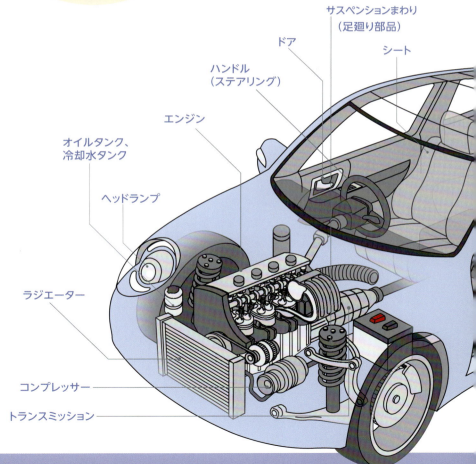


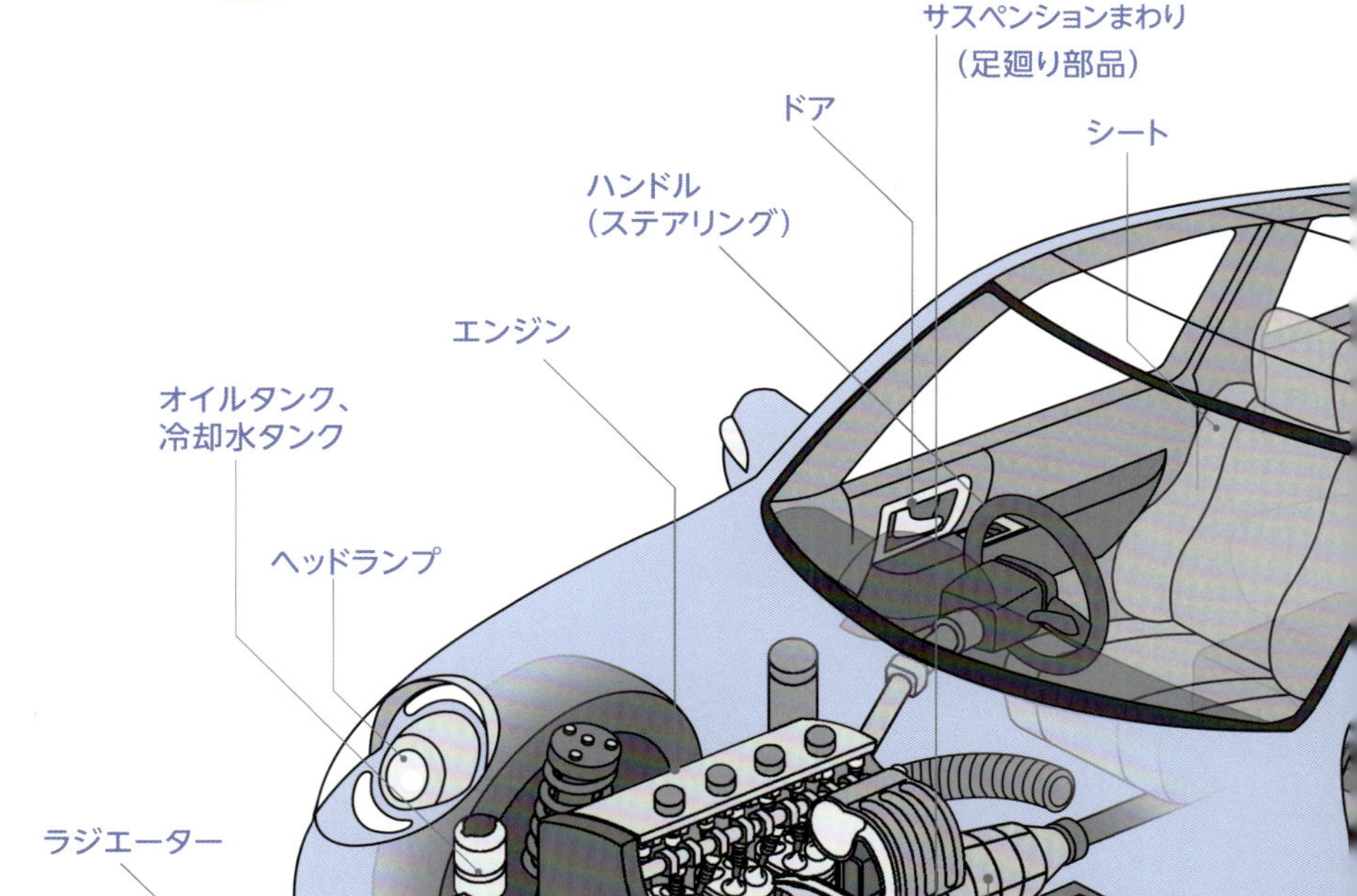

# ここにもある!
# 愛知ブランド製品

## 【室内編】

時計
観賞植物
観賞植物の鉢
紙カップ
パン
ハンバーガーの
包装紙
家具
食器
建築用の木材
新聞

その製品に社名は表示されていなくても、品質や機能はしっかりと守っている。そんな企業の存在が実は非常に重要だ。家のなかで手に取る製品にも愛知ブランド。室内編なので、BtoC（消費者向け）の愛知ブランド製品も含めて、イラストで紹介しよう。

企業紹介ページへ

[BtoB 企業]

- 愛知（P40）
- 睦化学工業（P44）
- アサヒ繊維工業（P47）
- 富士特殊紙業（P50）
- 小高精密（P54）
- 本多プラス（P61）
- 兼工業（P78）
- 東京製鐵 田原工場（P81）
- 朝日インテック（P84）
- ニデック（P94）
- 三技（P96）
- チヨダ（P100）
- ベステック（P119）
- メトロ電気工業（P128）
- 衣浦電機製作所（P131）

[BtoC 企業]

- 金印（P34）
- 敷島製パン（P35）
- 角谷文治郎商店（P36）
- 節辰商店（P37）
- 八丁味噌（P38）
- まるや八丁味噌（P39）
- 愛知屋佛壇本舗（P46）
- 山本漢方製薬（P58）
- 松井本和蝋燭工房（P62）
- 八幡ねじ（P70）
- エムエス製作所（P109）
- シヤチハタ（P152）

※特集記事の他のページで企業名を掲載している場合、本ページに記載がない場合があります。

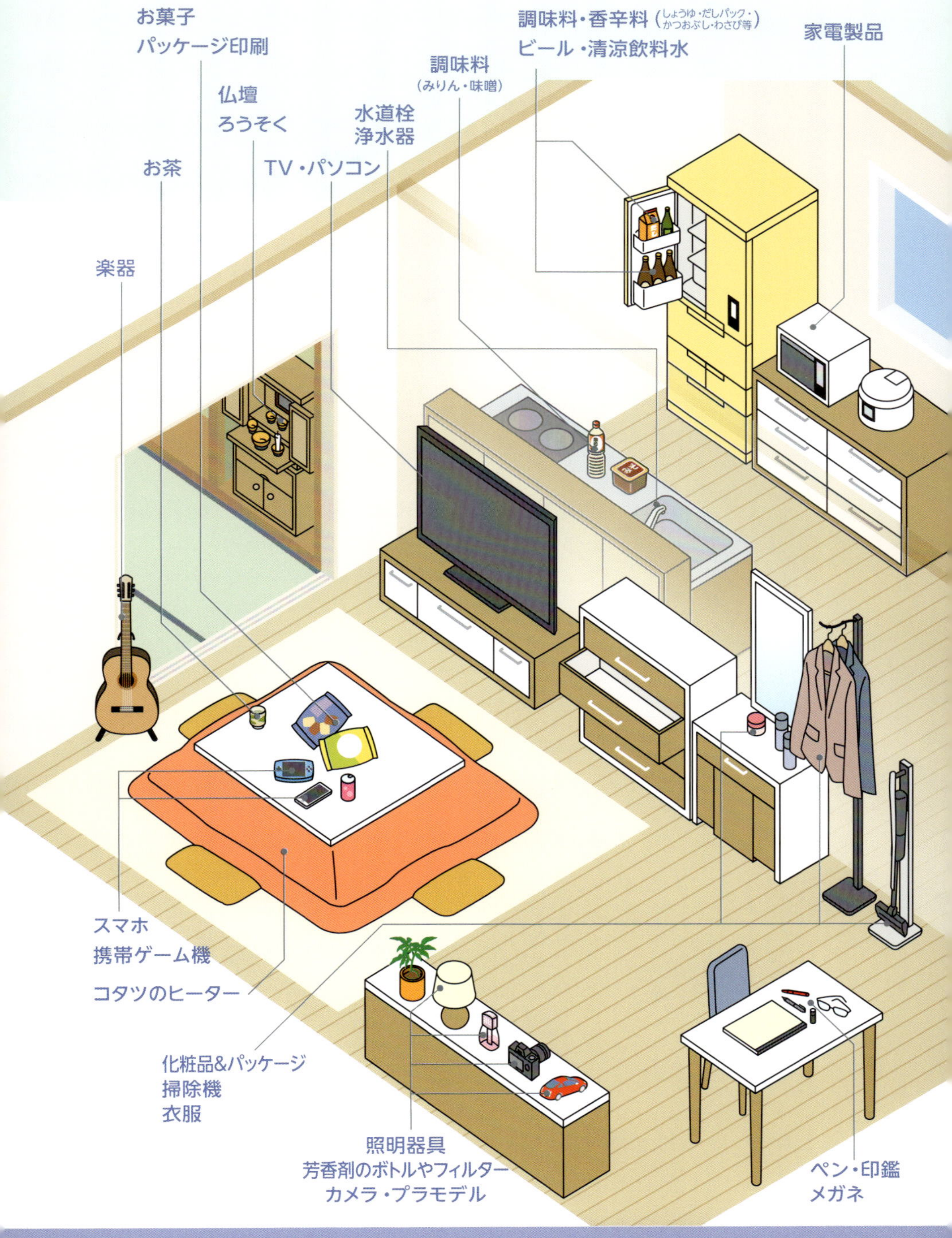

お菓子
パッケージ印刷
調味料・香辛料（しょうゆ・だしパック・かつおぶし・わさび等）
ビール・清涼飲料水
家電製品
調味料
（みりん・味噌）
仏壇
ろうそく
水道栓
浄水器
お茶
TV・パソコン
楽器
スマホ
携帯ゲーム機
コタツのヒーター
化粧品&パッケージ
掃除機
衣服
照明器具
芳香剤のボトルやフィルター
カメラ・プラモデル
ペン・印鑑
メガネ

# ここにもある!
# 愛知ブランド製品
## 【街なか編】

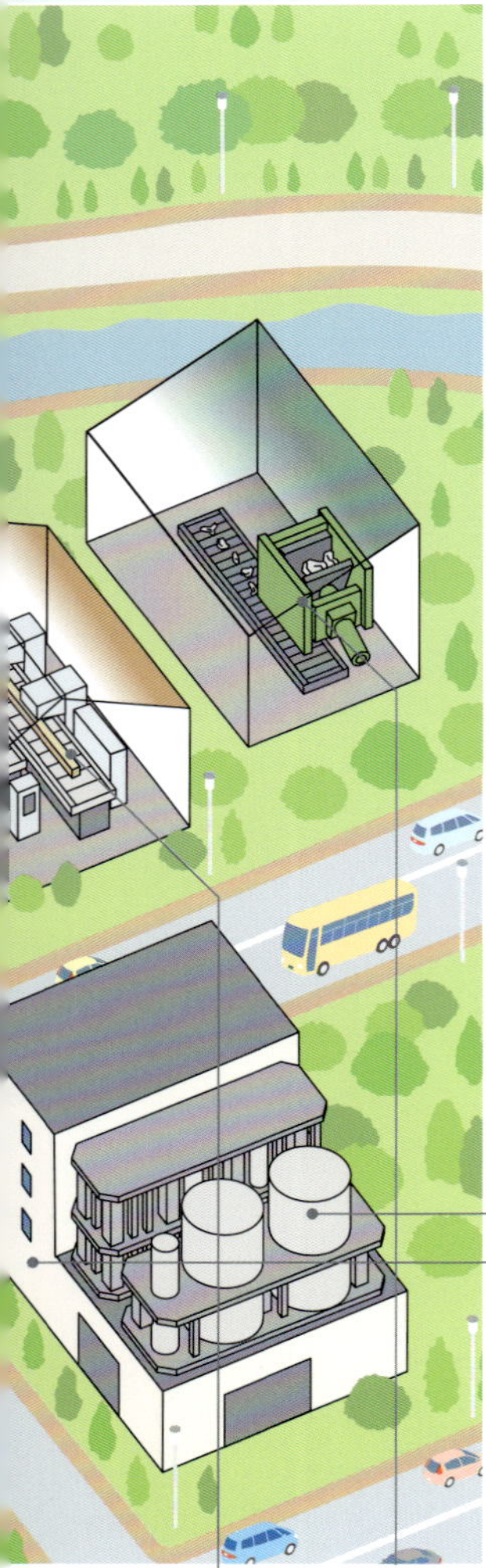
破砕機
建築用木材の
加工機械
木材チップ
オフィス家具
空調設備
冷却水タンク

オフィスで、工場で。ドライブやスポーツ観戦やデートでも。病院で診察を受けていても…。

そうと知れば「これも愛知ブランド企業がつくってるの?」と驚くと同時に、誇らしくもなる。

縁の下の力持ちとはこのことだ!

### 企業紹介ページへ


- トライエンジニアリング(P102)
- 湯浅糸道工業(P104)
- ワシノ機器(P106)
- イワタツール(P108)
- 東海合金工業(P113)
- パイオニア風力機(P114)
- 宮川工機(P116)
- 油圧機工業(P117)
- タケウチテクノ(P118)
- ベステック(P119)
- 河合電器製作所(P120)
- 名古屋電機工業(P122)
- オーエムヒーター(P124)
- 大洋電機製作所(P126)
- 豊電子工業(P130)
- 衣浦電機製作所(P131)
- 昭和電機製作所(P132)
- 日本街路灯製造(P133)
- 愛知(P40)
- フルハシEPO(P42)
- アイセロ(P52)
- フジデノロ(P60)
- 福井ファイバーテック(P64)
- 矢留工業(P68)
- 八幡ねじ(P70)
- 兼工業(P78)
- クロダイト工業(P79)
- 古久根(P80)
- 東京製鐵 田原工場(P81)
- アサダ(P82)
- 朝日インテック(P84)
- オーエスジー(P86)
- 東海メディカルプロダクツ(P88)
- 中日本炉工業(P90)
- ニデック(P94)
- 三技(P96)
- 三友工業(P98)


※特集記事の他のページで企業名を掲載している場合、本ページに記載がない場合があります。

産業用ラバーヒーター
フロン回収装置
橋
産業用ロボット
制御システム
工業用ヒーター
切削工具
配電盤
巻線機
複合繊維
標識
(LED式情報システム)
空調設備
スタジアム
工場
H
病院・医療施設
GS
小型発電機
水道用品・ガス管
街路灯
エアーシャワー
洗車機
医療機器・磁気センサー
検査装置
防錆剤

# 伝統を守り、新時代に生きる匠の技

グローバル化が進み、外国人観光客も急増している今、逆に日本の伝統文化や工芸・産業が見直されている。匠の技を守りながら進化し続けるものづくりの世界に分け入ってみよう。

## 揺らめく和蝋燭の明り、絢爛たる三河仏壇の新たなチャレンジ

徳川家康のお膝元・岡崎市にある松井本和蝋燭工房。3代目のあるじは400年に及ぶ伝統製法を頑なまでに守る一方、科学の眼で和蝋燭の特性を見つめている（※1）。

ほの暗い…と思いがちな和蝋燭だが、デジタル照度計による比較では、洋ロウソクの2〜3倍も明るいことが判明。さらにサーモグラフィで炎の形や温度も解析した。和蝋燭は炎が大きいため、ゆっくりと揺らぐ。この「1/fのゆらぎ」が人の心に癒しをもたらしてくれるのだろう。和蝋燭の不思議を解き明かす大学との共同研究はこれからも続く。

また、三河地方は江戸期から仏壇の一大産地。背景には、家康の命で治水が進んだ矢作川伝いに木材が運ばれ、良質な漆が採れ、鋳造・鍛造の技も優れていたなどの好条件があった。「浄土」を表すといわれ、金色に光り輝く絢爛たる仏壇は、木地師、彫刻師、

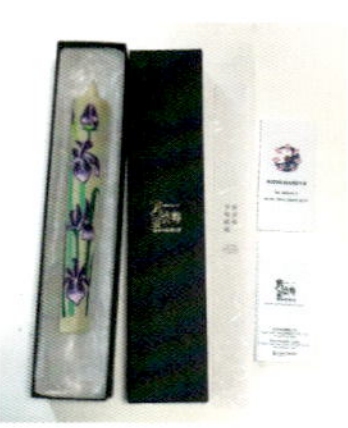

伊勢志摩サミットの贈答品にも選ばれた『かきつばた』の絵蝋燭

---

（※1）「和蝋燭の温度比較」等の実証：松井本和蝋燭工房の公式サイトに掲載。https://www.mis.ne.jp/~matsui-1　（※2）出典：「中部圏の発酵文化に関する調査研究」（公財）中部圏社会経済研究所 2015.5月　（※3）（公財）中部圏社会経済研究所の「発酵文化研究会」を継承し、2016年に発足。代表理事:加藤雅士・名城大学農学部教授、事務局：㈱カーネルコンセプト　（※4）（一財）地域産業文化研究所（Grobal Industrial and Social Progress Reserch Institute）：愛知万博の「自然の叡智」の理念継承と国際交流支援をミッションとする機関

蒔絵師など8種の伝統工芸の匠達によって生み出されている。

しかし、ライフスタイルも変化した今、仏壇業界も挑戦しないではいられない。祈りの心はそのままに現代生活にフィットする新しい仏壇づくり、8種の工芸技術を生かした新しい製品づくり、国内外観光客の受入れなど、未来につながるチャレンジへと踏み出している。

## ユニークな発酵食文化を海外にも発信！

肥沃な濃尾平野で採れる米・麦・野菜や大豆、豊かな水、海の恵みの塩。これらの原料に加えて温暖な気候が愛知の発酵食文化を育ててきた。

今も味噌の出荷量の全国シェアは第2位。特徴的なのは八丁味噌などの豆味噌で、全国の味噌に占める割合はたった5％。うち75％が愛知県産だ。醤油メーカーは県下最大のイチビキなど50社近くあり、第3位。全国の醤油の1％に満たない白醤油は40％以上を、溜り醤油は約66％を愛知県で生産する。みりんの蔵元は県下最大の相生ユニビオ、老舗の九重味醂をはじめ県内に約10軒。こんなにみりん蔵が集まる県は他にない。データを見ても、いかに当地の食文化の独自性が高いかが窺えよう（※2）。

ミツカンのような世界メーカーは別として小規模企業も多い発酵食業界に、新しい風が吹いている。日本酒では、老舗蔵元の「醸し人九平次」がフランスの星つきレストランで供されており、「蓬莱泉」の関谷醸造もアメリカ他で海外輸出を伸ばしている。また、東海発酵文化研究会（※3）では、G-SPRI（※4）の助成を得て、2015年はミラノで、2016年にはボルドーで「発酵食文化の国際交流シンポジウム」と手巻き寿司ワークショップを開催。イタリア人、フランス人から愛知の発酵食が大絶賛を浴びた。

フランスでは、伝統製法で長期熟成させた「有機三州味醂」がリキュールとしてショコラとなり、発売された。世界的な和食ブームも追い風に、愛知の発酵食文化を国内外に広める絶好のチャンスが到来しているようだ。

もともとお屠蘇は味醂でつくるもの

中日新聞（夕刊）

食べチャオ 八丁みそ

ミラノ万博 愛知の発酵食PR

【ミラノ＝共同】食がテーマのイタリア・ミラノ国際博覧会（万博）の開催に合わせ、八丁みそや酢など愛知県の発酵食文化を紹介するイベントが九日、ミラノ市内で行われた。手巻きずし作り体験のほか、日本とイタリアの生産者や研究者らが発酵食の魅力について語り合い、交流を深めた。

ディスカッションには、一三三七年創業の「まるや八丁味噌」（愛知県岡崎市）の浅井信太郎社長や名城大の加藤雅士教授、イタリア側からはスローフードを推奨するアンドレア・ペッツァーナ氏、日本酒の普及活動をするマルコ・マサロット氏が参加。手間と時間をじっくりかけて生産される発酵食品の価値や健康効果などを討論した。

徳川家康に扮して登場した浅井社長は「本来あるべき姿で、昔ながらの八丁みその造り方を続けている」と語り、伝統的な食文化を守ることの大切さをアピールした。

みそや日本酒などの試食・試飲もあった。初めてみりんを飲んだというミラノ市のパオラ・クニベルテさん（[illegible]）は「フルーティーで甘みがある」と何度も香りを楽しみながら味わっていた。

手巻きずし作りはミラノの和食レストランのシェフ市川晴夫さん＝埼玉県加須市出身＝が実演。来場者も挑戦し、「上手にできた」と自分で作ったすしをほおばった。

名古屋文化短大の山田実加准教授は豆みそやみりんを使ったお菓子を振る舞った。

9日、イタリア・ミラノで行われたイベントで、みそを紹介する「まるや八丁味噌」の浅井信太郎社長＝共同

「発酵食文化の国際交流 in Milano」のようすを紹介した記事（2015.8.10。提供：中日新聞社）

2016年、ボルドーで

四角いのが「Mirin chocolate」
画像：角谷文治郎商店

企業紹介ページへ

伝統を守り、挑戦する企業

角谷文治郎商店（P36）・八丁味噌（P38）・まるや八丁味噌（P39）
愛知屋佛壇本舗（P46）・松井本和蝋燭工房（P62）

# "環境"テーマに、地域の企業が協働！

今や、環境対応でもトップランナーであることが、国内外市場における高い評価を獲得するために不可欠な時代。この地域では、他には例を見ない環境対応への協働体制が築かれている。

屋久島のエネルギー環境関連施設視察

## 円卓の企業騎士たちの持続的な活動

"環境"をテーマに2005年に開かれた愛・地球博。このイベントに先立って中部地域に設立されたのが、環境を考える民間団体「環境パートナーシップ・CLUB」、略称EPOC（エポック）だ。（＊1）

「地球にやさしい」というフレーズが盛んに使われた時代、製造業の集積地としてその重要性は認識されていても、各企業・団体の環境活動はバラバラ。中小企業が連携できるフィールドもなかった。EPOC設立の2000年は、「環境と経済の両立」をめざして産官学を横断的につなぐ日本唯一の地域ネットワークが誕生した、まさにエポックメーキングな年となったのだ。

たとえ競合相手でも、このキーワードの下なら大同団結できる。それが「環境」だ。業種・業態の壁を越えてEPOCの会員は今270超。「低炭素社会」など7つの分科会をベースに自主活動を続けている。

「視察、セミナー、研究会…と結構忙しくて（笑）。でも、自然共生のテーマと本業との関連づけの道筋が見えてきましたよ」と

---

**企業紹介ページへ**
**環境パートナーシップ・CLUB 参加企業**

フルハシEPO（P42）・アイセロ（P52）・東郷製作所（P134）・杉浦製作所（P147）、シヤチハタ（P152）

（＊1）会長：柘植康英氏（東海旅客鉄道：2018.4現在）　事務局：中部産業連盟

## 地球を救うための目標
## SDGs（エス・ディー・ジーズ）

英語表記はSustainable Development Goals（持続可能な開発目標）。2015 年の国連サミットで採択され、加盟193 ヶ国が2030 年までに達成をめざす17 の目標として掲げられた。

1「貧困をなくそう」から6までは発展途上国への開発支援だが、7から12 はエネルギーや「働きがいも経済成長も」など先進国にも関わること。13 からは地球規模に広がり、最後は「パートナーシップで目標を達成しよう」と、どこかの国の為政者に聞かせたいような呼びかけだ。

持続可能な地球社会の発展を支えるためのこの目標。達成に向けた具体的な169 のターゲットも示され、世界中で浸透中。日本企業の間でも経営計画や組織変革にSDGs を反映させる取組みが始まっている。

SDGsの 17 の大きな目標
（提供：UNDP 駐日代表事務所）

愛知県庁西庁舎 1 階のあいち資源循環推進センター。
「愛知環境賞」受賞事例も展示されている

語る柳原賢一氏（「自然共生社会」分科会・ブラザー工業）。その笑顔に活動の充実ぶりが象徴されているようだ。

### 中小企業と大企業が肩を並べる「愛知環境賞」

同じく愛・地球博の価値ある遺産ともいえる「愛知環境賞」。２００５年に愛知県が創設し、「技術・事業」と「活動・教育」の分野で、省資源・省エネ・新エネルギー・3R（リデュース・リユース・リサイクル）などの先駆的で効果的な事例を表彰している。

環境負荷低減効果の高い大企業と、イノベーティブな製品を生み出した中小企業が仲良く入賞するケースも多く、これも業種・業態の壁が低い「環境」ならではの光景だ。

「受賞のお陰で営業先の担当者がよく耳を傾けてくれ、営業上もプラス」との声も聞こえる。

企業紹介ページへ

**愛知環境賞・受賞企業**

富士特殊紙業（P50）・矢留工業（P68）・河村工機製作所（P72）・アサダ（P82）
オーエスジー（P86）・協和工業（P110）・油圧機工業（P117）・豊電子工業（P130）

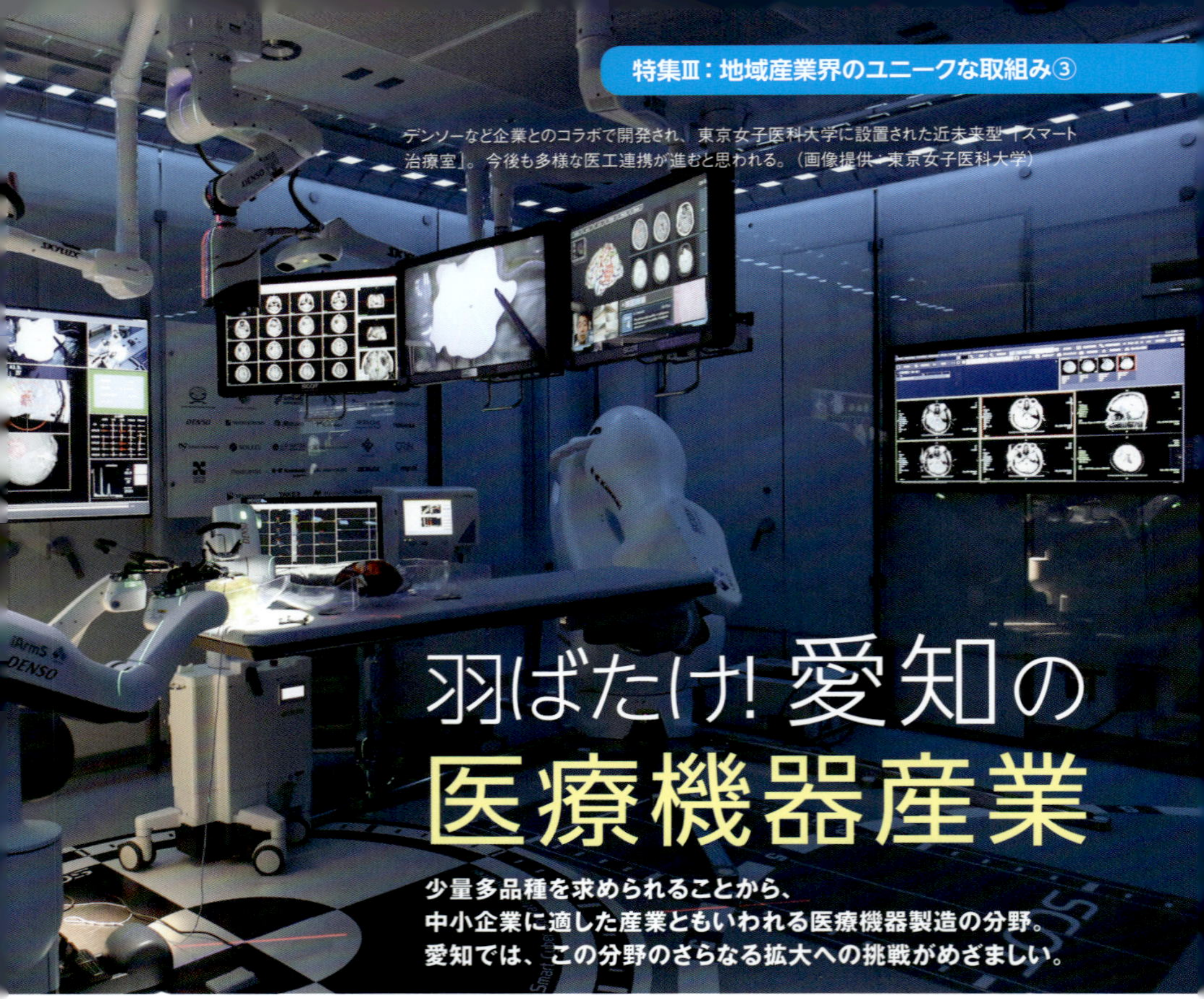

デンソーなど企業とのコラボで開発され、東京女子医科大学に設置された近未来型「スマート治療室」。今後も多様な医工連携が進むと思われる。（画像提供：東京女子医科大学）

# 羽ばたけ! 愛知の医療機器産業

**少量多品種を求められることから、中小企業に適した産業ともいわれる医療機器製造の分野。愛知では、この分野のさらなる拡大への挑戦がめざましい。**

## 参入→開発→参入後。STEP by STEP 支援の仕組み

愛知県の医療機器生産額は、全国9位の約663億円。約1兆9500億円の国内総生産の3.4％だ（※1）。この拡大に向けて、愛知県と産業界・大学・医療機関などがタッグを組んでいる。

まずは、新規参入支援。名古屋商工会議所が事務局を務める「メディカル・デバイス産業振興協議会」では、薬機法（※2）の説明会や医工連携コーディネータの伴走支援に加え、スタートアップ支援金で参入企業をバックアップ。

「あいち健康長寿産業クラスター推進協議会」（※3）も産学・医工連携の促進・情報提供を実施している。

開発のフェーズでは、中部地区の大学等14施設による「中部先端医療開発円環コンソーシアム」（※4）が応援。機器提供前に欠かせない臨床試験の実施・評価も担っている。

参入後を支えるのは「中部医療機器工業協会」だ。既に参入した企業が会員で、薬事に関するセミナー開催や相談窓口としても、成長を後押ししている。

（※1）出典:厚生労働省平成27年薬事工業生産動態統計年報　（※2）医薬品医療機器等法　（※3）事務局:愛知県次世代産業室　（※4）事務局:名古屋大学医学部附属病院　（※5）メディカルメッセin第30回日本医学会総会2019中部　（※6）出典:JETROレポート「拡大する世界の医療機器貿易」2017.10.16

## 医療機器の世界市場は

医療機器輸出国のトップはアメリカで2016年は441億ドル。次いでドイツが267億ドル。日本は9位、68億ドルで全体の3.2%に過ぎない。(※6)

だが、高齢化や新興国の医療需要増大を背景に、世界市場は拡大中。先行する欧米の機器はアジア諸国民の体格に適合し難いという事情もあって、日本の優れた技術力を生かした医療機器製造には、輸出拡大への大きな期待もかかっている。

医療機器市場の規模

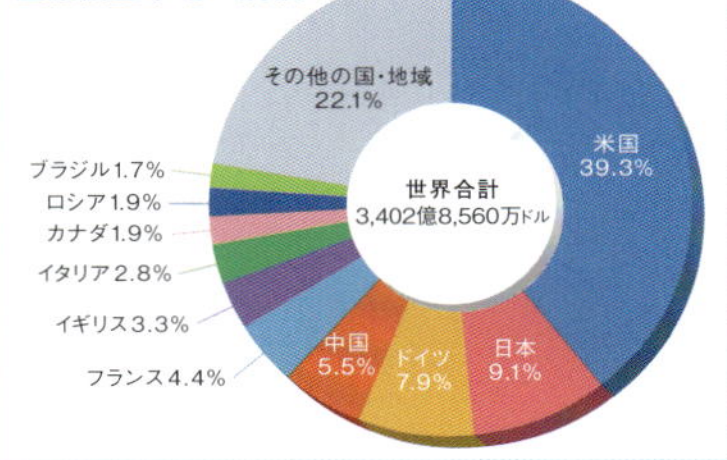
世界合計
3,402億8,560万ドル
米国 39.3%
日本 9.1%
ドイツ 7.9%
中国 5.5%
フランス4.4%
イギリス3.3%
イタリア2.8%
カナダ1.9%
ロシア1.9%
ブラジル1.7%
その他の国・地域 22.1%

グラフ出典）Espicom「The World Medical Markets Fact Book 2014」を基にジェトロ作成

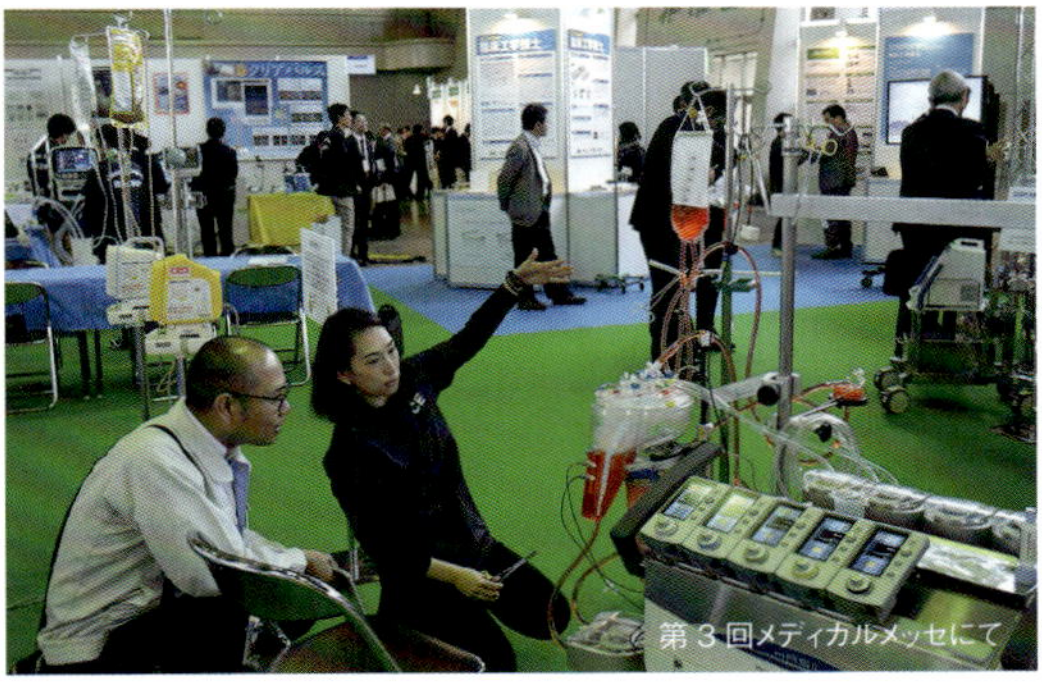
第３回メディカルメッセにて

### 先行企業の熱い理念が業界振興をリード

２０１８年６月。メディカルデバイス産業振興協議会の総会で、永く業界振興の旗振り役を担ったリーダーが３千万円を寄付し、医療機器産業振興のためのファンドを設立することが報告された。そのリーダーとは、東海メディカルプロダクツの筒井宣政会長。心疾患を患う愛娘を救いたいと素人ながら人工心臓開発に着手。国産初のＩＡＢＰバルーンカテーテル開発に成功し、アントレプレナー大賞も受賞した氏ならではの高い志を感じさせる話題だ。地域の総力をあげて新分野に挑戦を！という呼びかけと行動は、今後の大きな力となるだろう。

医療現場が抱える課題と企業の技術が出会う展示商談会「メディカルメッセ」も年々参加者を増やし、２０１９年は日本医学会総会と同時開催予定（※５）。約３万人の医療関係者が集まる４月には、またとないビジネスチャンスが待っていそうだ。

企業紹介ページへ

**医療機器製造に関わる企業**

アサヒ繊維工業(P47)・アイセロ(P52)・小高精密(P54)・フジデノロ(P60)
フロロコート名古屋(P76)・朝日インテック(P84)・東海メディカルプロダクツ(P88)
ニデック(P94)・三友工業(P98)・協和工業(P110)・オーエムヒーター(P124)

# 森岡仙太副知事を囲んで

## ～大学生が語る愛知ブランド～

**自動車メーカー出身で、ものづくりへの造詣が深い森岡仙太・愛知県副知事と6人の学生が語り合った、愛知のものづくりの魅力とは。**

出席者／森岡仙太・愛知県副知事、愛知県立大学から小川祥平さん、愛知工業大学から河竹俊輔さん、大同大学から伊藤タケルさん、菅谷杏平さん、同大学院から田中隆太郎さん、名古屋工業大学から岩澤龍さん

### 〝現場〟が語るものづくりの魅力

**菅谷**　私は卒業研究で企業のＰＲ動画を制作するため、愛知ブランド認定企業を取材。廃材などのリサイクル企業の現場も訪ねました。

**副知事**　実際に取材されてどうでしたか?

**菅谷**　面白かったです!廃材から木材チップがつくられていく工程がよく分かりました。その木材チップは発電にも役立つなど地球環境保護の一助になっていて、社会的な貢献度が高い、とてもユニークな仕事だと感じました。

**副知事**　現場に出かけて実際に見る。これが、物事を理解する上で一番大事ですからね。

### 愛知県は世界に誇れるものづくり地域

**伊藤**　副知事は長年、メーカーで仕事をしてこられたとお聞

きしているのですが、愛知県のものづくりについて教えていただけますか?

**副知事** 愛知県にはものづくり産業が集積しています。醤油や酒などの醸造業、陶磁器や瓦、毛織物、それに愛知県の企業の約50%を占める自動車関連の製造業。他にもたくさんの産業があり、製造品出荷額は40年連続日本一。今は45兆円近いですが、2位の神奈川県は約17兆円。それくらいの大きな開きがあります。

**河竹** 断トツの1位なんですね!

**副知事** そう。半導体などIT事業者が集まる地域としてアメリカのシリコンバレーが有名ですが、世界でものづくりの冠たる地域といえばまさしく愛知。マニュファクチャリング・リバーサイドとでもいうべき地域です。

**小川** ものづくり企業が集積しているメリットは何でしょうか?

**副知事** 周辺に製造業が多いと、仕入先、納入先とのコミュニケーションが密になります。優れた製品をつくる上でそのメリットは大きいはずです。

ただ、愛知県の企業は集積のメリットをまだ生かし

きれていないかもしれません。企業の垣根を飛び越えて連携を強化するとさらに面白い仕事ができるのではないでしょうか。

**河竹** 愛知県には独自性のあるものづくり企業が多いと感じています。企業と企業が手を組み、愛知県だからこそできることをやっていけたら素晴らしいですね。

## 中小企業が日本のものづくりを支えている

**田中** 愛知県の中小企業の割合はどれくらいでしょうか?

**副知事** 愛知県全体では99%以上が中小企業。愛知ブランド認定企業の中では約88%を占めています。日本のものづくりの基盤は中小企業が担っているというのも過言ではないでしょう。

**小川** 私は愛知ブランド認定企業への就職が内定していますが、会社説明会で愛知ブランドのことを聞くまではこの事業のことは全く知りませんでした。愛知ブランドや中小企業のパワーを、ぜひ学生仲間にもっと広く知らせたいと思います。

**岩澤** 私は将来的に起業を考えています。愛知県はイノベーションが興りづらい地域だと思っていましたが、複数の企業が連携して新しいものが生まれたら素晴らしいと、副知事のお話を聞いて期待感が高まりました。

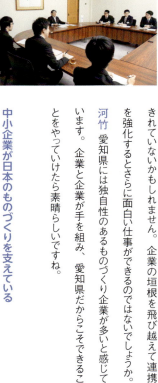

**副知事**　愛知県の場合、企業の中でイノベーションに取組むことも多いです。トヨタも自動織機から自動車メーカーへ変わっていった訳ですから。大切なのは、企業が持っているコア・コンピタンス、つまり競争力を生み出す源泉を生かし、時代のニーズに応じて新しいやり方を取り入れたり、新しい分野に進んでいくこと。そうして企業は絶えず変化していくべきと思います。

## こうしたい！という意志・気迫が必要

**岩澤**　現在、グローバル化や技術の進展で日本のものづくりが大きく変わってきていると感じるのですが、副知事はどのようにお考えでしょうか？

**副知事**　そうですね。すごい勢いで変化しています。最大の理由はグローバリゼーション。特に東アジアや東南アジアは生活レベルがどんどん上がり、様々な企業が勃興しています。だから今は世界中の企業が競争相手。競争力がなければ敗退します。敗退しないためには時代を捉える視線が必要で、その上で絶えず技術力を磨くことが肝心です。それにはしっかりとした人材を育てていかなければいけません。

**伊藤**　これから社会人になる私たちも身が引き締まります。最後に、私たち学生や若い世代に何かメッセージをいただけるでしょうか。

**副知事**　一番大事なのは「こうしたい！」という意志、気迫です。それがあれば大丈夫です。意志・気迫のある人には自ずとチャンスがやってきますし、助けてくれる人も現れます。皆さんもぜひ頑張ってください。

**一同**　頑張ります！　本日はありがとうございました。

**森岡仙太・愛知県副知事を囲む学生の皆さん**

（後列左から）田中隆太郎さん、伊藤タケルさん、岩澤龍さん、河竹俊輔さん

（前列左から）菅谷杏平さん、森岡仙太・愛知県副知事、小川祥平さん

# Aichi Quality

## 愛知県の産業を支えるものづくり企業

製造品出荷額日本一の愛知県。
普段は聞くことのできない、創業エピソードや
躍進のきっかけ、転機となった開発秘話など
愛知ブランド認定企業80社のエピソードを紹介！

- ■ 食料品・飲料 ……………………………… P34
- ■ 繊維・木材・家具・紙加工品 ……………… P40
- ■ 化学・プラスチック・ゴム ………………… P48
- ■ 鉄鋼・金属製品 …………………………… P65
- ■ 各種機械器具 ……………………………… P82
- ■ 電子部品・電気機械器具 ………………… P120
- ■ 輸送用機械器具 ………………………… P134
- ■ その他 …………………………………… P152

### ● COMPANY PROFILE の説明

[働きやすさアピール]
各企業の COMPANY PROFILE では、求人・採用に関する項目を「働きやすさアピール」として、アイコンで表記します。

| 新卒 | 新卒の人材を積極採用 | 中途 | 中途・第2新卒の人材を積極採用 | 社食 | 社員食堂あり | 車 | マイカー通勤OK |
| 住宅 | 住宅補助あり | 産・育 | 産休・育休制度あり | 文系 | 文系の人材も積極採用 | 研修 | 研修制度有り |

[国旗の一覧] 海外取引については、国旗を並べて表示しています。

 インド
 インドネシア
 韓国
 カンボジア
 シンガポール
 タイ
 台湾
 中国
 フィリピン
 ベトナム
 香港

 マレーシア
 モンゴル
 オーストラリア
 ドバイ(UAE)
 グアテマラ
 チリ
 ブラジル
 アメリカ
 カナダ
 メキシコ
 イギリス
 イタリア
 オランダ

スペイン　スロバキア　チェコ　デンマーク　ドイツ　トルコ　ノルウェー　フランス　ベルギー　ポーランド　ルクセンブルク

**練りわさび小袋など業界初製品を多数開発!**

わさびのおいしさを追求し続ける
加工わさびのパイオニア

# 金印 株式会社

［FSSC 22000 認証取得 金印わさび（株）３工場］

サプリメントや化粧品は通販公式サイトから購入できる。冷蔵チューブわさびは百貨店のテナントでも販売

## 原料開発から機能性研究、製造、販売まで

２０１９年４月に創業90周年を迎える金印は、業務用加工わさびをはじめ、わさびに関連する製品を製造・販売するメーカー。高級ですってしまうと日持ちがしない香辛料野菜の本わさびを手軽に味わえるようにと、長期保存が可能で辛みと香りを保った良質な加工わさびづくりに創業当時から取組んできた。

同社の強みは自社に研究所と自社農園を有し、原料開発から機能性研究まで一貫して手がけていること。加工わさびの原料に欠かせない西洋わさびの品種系統の開発や、香りと辛みを最大限に保つために生のわさびをマイナス１９６℃の超低温下ですりおろすという製法の開発、わさびに含まれる成分の機能性研究などに尽力し、純正粉わさびや練りわさび小袋などの業界初製品を次々と生み出した。

## 世界67カ国への輸出でわさびの普及に貢献

金印では近年、海外に向けた事業展開にも力を入れている。良質な製品を供給すると共に、わさびの特性や機能性などの正しい知識を伝え、海外での「緑色で辛ければ何でもわさび」という誤った認識を払拭することに貢献している。２０１４年には米国に現地法人を設立して営業活動を推進。２０１８年現在の輸出先は世界67カ国にのぼっている。２０１９年にドイツ駐在所を現地法人化（予定）。

今後は国内外の産官学との連携を強化するなどして、機能性研究により一層力を入れていく予定だ。

本社はナディアパークビジネスセンタービル 23 階にある

**TOPICS**

### 2つの研究所で機能性や苗の研究

名古屋と北海道に研究所があり、わさびの機能性や苗の品種系統などの研究を進めている。これまでに「ワサビスルフィニル®」「ワサビフラボン®」「ワサスリム®」など機能性原料を開発。将来、同社の研究結果が育毛や認知症改善などに生かされるかもしれない。

**COMPANY PROFILE**

金印株式会社
http://www.kinjirushi.co.jp
本社：名古屋市中区栄 3-18-1
ナディアパークビジネスセンタービル 23F
電話：052-242-0008
代表取締役社長：小林桂子
設立：1929 年
従業員数：260 人
（グループ計、2018 年 4 月現在）

インターンシップあり

働きやすさアピール!

新卒 中途
住宅 産・育 文系 研修

主な海外取引先

経営理念：食品を通じて人類の健康づくりと世界の食文化の向上に貢献

**Pascoブランドでグローバルにパンを提供**

パンや和洋菓子などの食を通して
人々の健康と美に貢献する

# 敷島製パン 株式会社

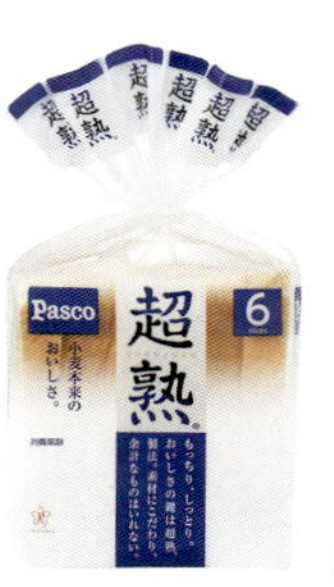

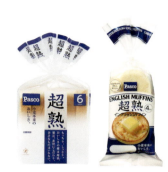


1998 年の発売以来、人気を博す Pasco「超熟」シリーズ

## 国産小麦で食料自給率向上に貢献

Pascoブランドで全国展開する大手製パンメーカー。1920年の創業以来、「パンづくりで社会に貢献する」という創業の精神を守り、お客さまの期待に応える商品の開発に挑戦し続けている。食事パン市場でナンバーワンのシェアを誇る「超熟」をはじめ、2008年からは食料自給率向上へ貢献するべく「ゆめちから」を中心とする国産小麦を使った商品開発・製造を積極的に推進。このほか、名古屋を代表する銘菓「なごやん」といった製菓事業に加え、冷凍パン事業やベーカリーなど、幅広く取組んでいる。

さらに、香港・インドネシア・台湾・中国へ進出し、コンビニやスーパー向けのパンの供給を行うホールセール事業、店舗内で焼き上げたパンを提供するリテールベーカリー事業を展開。敷島製パン独自の技術やノウハウを伝え、それぞれの国の食生活に貢献している。

## 安全にパンを提供するためFSSC22000を取得

同社では、安全・安心なパンや和洋菓子を提供するための取組としてHACCP手法を用いた食品安全管理も怠らない。2015年にはFSSC22000（食品安全マネジメントシステムの国際規格）の認証を国内全工場で取得し、2016年にはグループ企業3社も取得した。

おいしさを追求するだけでなく、徹底的な食品安全管理を通じて品質保証体制のさらなる向上にも努めているのである。

### TOPICS

**従業員がイキイキと働ける職場づくり**

従業員一人一人がイキイキと働けるようワーク・ライフ・バランス活動に取組んでいる。ダイバーシティ推進室を設置し、女性の活躍や多様性を受け入れるための制度、職場環境の整備にも努めている。

あいち女性輝きカンパニー

本社テクノコア

### COMPANY PROFILE

**敷島製パン株式会社**
http://www.pasconet.co.jp
本社：名古屋市東区白壁 5-3
電話：052-933-2111（代）
代表取締役社長：盛田淳夫
創業：1920 年 6 月
売上高：1,561 億 5,800 万円
（2017 年 8 月期）
従業員数：4,106人（2017年8月現在）

**働きやすさアピール!**

新卒 中途 社食 車
住宅 産・育 文系 研修

**主な海外取引先**

経営理念：Pasco は常に先見性と創造性をもってひろくひとびとの健康と美に貢献します

**みりんの本場・三河の伝統的なみりんを国内外で販売**

国内産の原料にこだわり、
三州三河みりんの伝統製法を守り続ける

# 株式会社 角谷文治郎商店

［ISO22000 認証取得］

みりん原材料のもち米が蒸し上がった様子。20代の若手コンビが活躍中

## 「米一升、みりん一升」の伝統製法109年

2018年に創業109年目を迎えた角谷文治郎商店。古くから醸造業が盛んな三河で、創業時より「米一升、みりん一升」という伝統製法を守り続けてきた。その製法は、国産のもち米・米こうじ・自家製焼酎だけを原料とし、長期熟成させて、じっくり醸造するというもの。副原料を一切使わないため、一升の米からは一升のみりんしかつくることができない。「もち米の旨さを感じられる」と評判の同社の三州三河みりんは、全国各地に愛用者が多く、安定供給が求められている。

そうした要望に対応するため、同社では工程の効率化を図る。みりんづくりは早くから分業が進んでおり、工程によっては人の作業を設備に置き換えることが可能だ。主要工程は職人が担い、つなぎの工程を設備に任せるなど工夫し、高品質のみりんを安定供給している。

## みりんの用途を拡大し、新たな可能性に挑む

近年では「お米のリキュール」として、海外でも同社のみりんが高く評価されている。国内外問わず多様化するニーズに応え、みりんを使ったスイーツや洋食などのレシピ開発にも精力的に取組み中だ。みりんの伝統製法を引き継ぐと共に新たな可能性に挑むべく、若手の採用や育成にも積極的。2018年度中には、みりんを使った調理実習などワークショップができる環境を整える予定。職人たちの活躍の場が、ますます広がりそうだ。

三河の四季の移り変わりのなかで長期熟成されたのち、瓶詰め工程へ

### MESSAGE

代表取締役 角谷 利夫

みりんは 500 年の歴史を持つ甘いお酒で、今もお正月のおとそとして飲まれています。こうじの力だけでお米の美味しさを引き出したのが、当社のみりんの特徴です。和食はもちろんお菓子やパンなどにも使えます。可能性を秘めた三州三河みりんの魅力を、もっと伝えていきたいですね。

### COMPANY PROFILE

**株式会社角谷文治郎商店**
http://www.mikawamirin.com
本社：碧南市西浜町 6-3
電話：0566-41-0748
代表取締役：角谷利夫
設立：1910 年
従業員数：18 人（2018 年 5 月現在）

働きやすさアピール!

新卒　中途　車
住宅　産・育　文系　研修

主な海外取引先

社是：伝統製法を守り、お米の美味しさを最大限引き出した高品質の商品を製造する。

# こだわりの「だし」を適正価格でお届け

創業160余年、
東海地区最大級のだしメーカー

# 有限会社 節辰商店

［ISO9001 認証取得］

## だし専門メーカー、乾物問屋として

1854（安政元）年創業の東海地区最大級の節関連商品専門メーカー。だしパック、つゆ、顆粒などを自社で生産し、東海エリアの老舗・銘店など約1500社への業務用商品の納入と同時に、生協や高級スーパー向けの家庭用商品も数多く取扱う。各種節類、昆布、しいたけなどを仕入販売する乾物問屋として、また、外食産業に対して様々な食品を納入する食品総合卸としての側面も持っている。

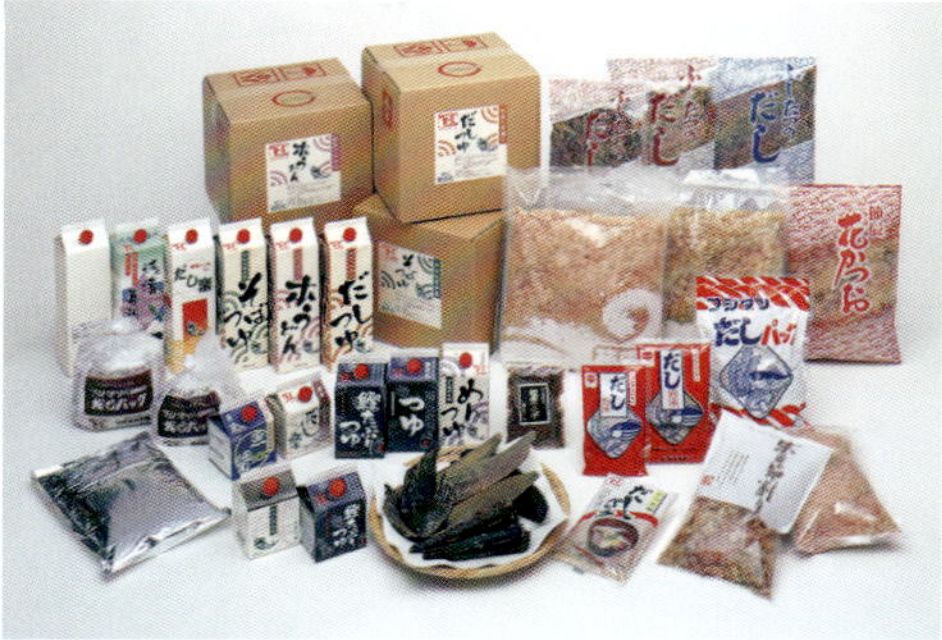

粉末、顆粒、液体など様々な商品を取扱う

**MESSAGE**

代表取締役社長 勝田 吉雄

「だし」は飲食店・食品メーカーはもちろん家庭でも、欠かすことのできないものです。家庭用から業務用まで、だしに関するお悩みはぜひご相談ください。

品質と食の安全を追求し、原材料の仕入は長期的な信頼関係を築いた取引先からのみ行い、製造部門ではマネジメントシステムの国際規格ISO9001認証を取得。研究開発部門では液体クロマトグラフなどの検査装置を導入するなどしている。

## より長く愛されるメーカーになるために

約40年前、家庭でも手軽に専門店の味を楽しめるようにとだしパックを開発。贅沢な素材をふんだんに使いながらも手頃な価格で提供できたことが現在の評価につながり、ほかの商品開発の基盤となった。また、食品メーカーに対してもPB商品の生産など多様化するニーズに応えるため、日本国内でも数少ない無菌充填品の製造装置も導入。販売するだけでなく、商品や食材に対する知識、研究開発部門の科学的アプローチを通じて、事業発展のパートナーとしても尽力。

近年では「インターネットから注文を行いたい」という要望も多く、ネットストアを開設。さらに安全かつ、気軽に購入できるようになった。

**COMPANY PROFILE**

**有限会社節辰商店**
http://www.fushitatsu.co.jp
本社：名古屋市中村区名駅南 1-15-10
電話：052-661-4711
代表取締役社長：勝田吉雄
設立：1854 年
売上高：15 億 3500 万円
（2018 年 7 月期）
従業員数：50 人（2018 年 7 月現在）

働きやすさアピール！

新卒 中途 車 産・育 文系 研修

主な海外取引先

社是：良い品を、まごころこめて、お値打ちに。（最高品質を、適正価格で。）

国の登録有形文化財でもある風格ある本社屋

愛知そして日本の調味料として
江戸時代から愛され続ける

# 合資会社 八丁味噌
（カクキュー）

## 伝統を受け継ぎつつ、新たな挑戦も

「カクキュー」のブランド名で知られる「合資会社 八丁味噌」。徳川家康公の生誕地、岡崎市にある八帖町（旧八丁村）で江戸時代初期より八丁味噌を造り続け、現当主・十九代まで、長きにわたり伝統的な味と製法を受け継いできた。今でも、伝統製法にこだわり、代々受け継がれる木桶に約6tの味噌を仕込み、職人が手作業で約3tの重石を円錐状に積み上げ、二夏二冬（2年以上）温度調節をせずに、天然醸造で熟成させ、八丁味噌を造っている。

近年では食生活の向上と食文化の発展をめざし、八丁味噌をフリーズドライ製法でパウダー状にした商品など手軽に楽しめる商品も販売し国内外にファンを増やしている。

蔵の中で二夏二冬（2年以上）も熟成されるカクキューの八丁味噌

### COMPANY PROFILE

合資会社八丁味噌（カクキュー）　http://www.kakukyu.jp
本社：岡崎市八帖町字往還通 69
電話：0564-21-0151　代表社員：早川久右衛門
創業：1645 年
従業員数：55人（2018 年5月現在）

働きやすさアピール!
新卒　中途　車
産・育　文系　研修

主な海外取引先

---

### Column

徳川家康公生誕の地「岡崎城」。城跡である岡崎公園は、春は桜の名所、夏は花火大会などの舞台になっている

## 城から八丁の距離にあったから八丁味噌！

江戸時代、岡崎城から西へ八丁（約870m）の八丁村（現在：岡崎市八帖町）で造られたのが「八丁味噌」の由来。伝統的な長期熟成法は、一般の豆味噌に比して加水が少ないため、タンパク質の分解に長い期間を必要とするからだとか。高い栄養価に加えて、固く仕上がった味噌は保存と運搬性に優れ、三河武士の兵糧《ひょうろう》として大活躍した。

1337年から東海道街道筋に構える情緒あふれる蔵

大豆・塩・水だけを使い二夏二冬
伝統の製法と文化を今に伝える

# 株式会社 まるや八丁味噌

［ISO9001 認証取得］

## 海外でも高評価。八丁味噌の伝統製法

江戸時代から始まった製法を、いまなお守り続ける「まるや八丁味噌」。その製法とは、原料に大豆と塩のみを使用し、6尺（※）の木桶のなかに塩分・水分を最小限に大豆麹を仕込み、木桶の上に3tの重石を積み、加熱などの発酵促進を一切せず2年以上天然熟成させ、製品に一切加工をしないというもの。

自然を読み、自然条件に合わせ、麹づくりから仕込み、石積み、掘り出しまで職人の手で丹念につくられるものが「八丁味噌」だ。その製法は海外でも高く評価され、ニーズに応えて同社の蔵ではオーガニック大豆を使った「有機八丁味噌」も製造。欧州などに輸出されている。

（※）直径・高さ約2m

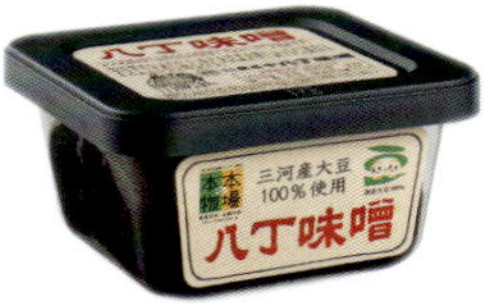


「三河産大豆の八丁味噌」

### COMPANY PROFILE

株式会社まるや八丁味噌　http://www.8miso.co.jp
本社：岡崎市八帖町往還通 52
電話：0564-22-0222　代表取締役：浅井信太郎
設立：1337 年
従業員数：48 人（2018 年 4 月現在）　インターンシップあり

働きやすさアピール！
新卒　中途　社食　車
住宅　産・育　文系

主な海外取引先

上）まるや八丁味噌の工場見学　左）「カクキュー八丁味噌の郷」では、歴史的な資料も展示

どて煮。味噌おでん、味噌カツなどと並ぶ八丁味噌を使った代表的な料理

## 八丁味噌の現在

色が濃くて塩辛そうに見えるが、塩味は強くなく、風味の濃さが特徴。本来は固い味噌だが米の味噌と合せた柔らかい「赤出し味噌」や「みそだれ」などの製品も多い。健康志向や和食ブームなどの波に乗り、仏、独、米国など海外からも高い評価を受けている。

2社共に工場見学を受入れており、岡崎市の産業観光にも貢献。

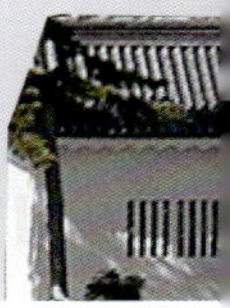

GOOD DESIGN賞
累計160アイテム受賞!

集いと学び空間をデザインする
教育・公共施設向け家具の専門メーカー

# 愛知 株式会社

[ISO9001 認証取得・ISO14001 認証取得]

デザイン性・収納性・モバイル性を兼ね備えた最新のネスタブルチェア:TiPO-NST

## オリジナルデザインの追求

大学をはじめとする教育関連施設や、官公庁・ホール・体育館などの公共施設を中心に、〝集いと学び空間をデザインする〟専門家具のトップメーカー。同社の強みは、開発・製造・販売までを一貫体制で行っていることであり、高いデザイン性と機能性を併せ持った高品位な製品を手がけていることにある。また、工作機器の設計を自社で行っていることが、オリジナルデザインを追求した製品開発を実現させている。

空間の中にある道具として美しくあること――代表取締役社長の島本迪彦氏は「企業規模の拡大ではなく、家具によって空間の快適性と美しさを追求する」という信念を貫いており、デザイン性を重視した製品開発を心掛けてきた。日本で唯一の総合的デザイン評価・推奨の仕組みであるGOOD DESIGN賞を受賞した製品は、１９６３年の初受賞以降、累計で１６０アイテムに上る（２０１８年現在）。「製造品出荷額等総額で全国第1位をキープし続けている愛知県に本社を置く企業の中では第3位の受賞数であり、日本を代表する大企業と比較しても全く遜色がない」（同社長）という。

２００６年には〝企業活動自体がデザインされている企業〟を表彰するデザイン・エクセレント・カンパニー賞（財団法人日本産業デザイン振興会）も受賞し、製品だけではなく、企業活動全体としてのデザイン性も高い評価を得ている。

スローガン:目指すはファーストコールカンパニー ～世界水準のデザイン、技術、コストの実現へ向けて～

TOPICS

## 産学共同開発で生まれた新しいコンセプトのコミュニケーション家具

名古屋大学の産学官連携を目的としたNIC棟には、当社研究開発統括部と名古屋大学工学部との共同開発により新しく開発されたイスとテーブルが設置された。これにより自由な討論が促され、新しい発想が生み出される空間が誕生した。

世界最高峰のオフィス家具展示会 ORGATEC（ドイツ）に出展

MESSAGE

代表取締役社長 島本 迪彦

イスとテーブルの専門メーカーである当社は、日本初、世界初の製品開発により新しい市場を創造しています。また、優れたデザインや高品質で高度な機能を重視した製品作りで空間全体をプロデュースし、それらの製品は欧米市場で高く評価され数々のアワードを受賞しています。axona AICHI のマーケットは、グローバルに拡がっています。

COMPANY PROFILE

**愛知株式会社**

**http://www.axona-aichi.com**

**本社：名古屋市東区筒井町 3-27-25**
**電話：052-937-5931（代）**
**代表取締役社長：島本迪彦**
**設立：1939 年 12 月**
**売上高：70 億 4,000 万円（2017 年 6 月期）**
**従業員数：234 人**

働きやすさアピール!

新卒 中途 社食 車 産・育 文系 研修

**主な海外取引先**

ほかにヨーロッパ、中東・東南アジアなど

## グローバルマーケットへの取り組み

２００６年のアメリカへの輸出を皮切りに、グローバルマーケットにも積極的に展開し、２０１０年からは世界最大級のコントラクト市場向け家具展示会ORGATEC展（ドイツ／ケルン）に出展して市場を拡大し、現在では欧米を中心に世界30カ国以上に輸出されている。グローバルマーケットを見据えて開発されたスタッキングチェアシリーズ〝Tipo〟は、機能美を追求したデザイン性と環境に配慮したプログラムが高く評価され、reddot design award（ドイツ）・iF design award（ドイツ）・German Design Award Winner（ドイツ）・The Chicago Athenaeum Good Design（アメリカ）など、世界的に著名なデザイン賞を数多く受賞している。

**国内最大級のバイオマス発電事業に合弁事業で取組む**

木質資源を循環するビジネスを通して
地球環境に貢献

# フルハシEPO 株式会社

木質チップを効率的かつ安定的に製造する愛知第二工場（事務所）

## 木質チップを「新たな資源」として提案

創業以来、木質チップの製造を通して資源循環型のビジネスモデルを追求してきたフルハシＥＰＯ。製材・製函業から事業を開始、その後、製材時に出る端材を木質チップ加工し、紙・パルプ原料として大手製紙会社に供給した。従来は暖をとるなど燃やされていた木材を、バイオマスとして資源活用する取組は、製材端材だけでなく、家屋解体時の梁や柱、金属や塗料が付着している古材利用に拡大していった。そして、製品として木質チップは紙・パルプ用原料、木質ボード用原料ならびにボイラー向け燃料の三分野に活用が広まった。

## 資源とエネルギー、そしてバイオマス発電への展開

１９７３年の石油危機を契機に、石油に比べると低コストである木質チップの燃料ニーズが拡大、木質チップの用途がさらに押し開かれ、同チップを採用する企業が増加していった。１９８５年には、木質チップ協会を設立。同年の急激な為替変動に対応するべく、業界の結束と資源・燃料の安定供給体制を固いものとしていった。

資源循環型ビジネスをさらに高度化、拡大していくため次に手がけたのが、木質チップを再生可能エネルギーとして活用する33メガワットの川崎バイオマス発電所。住友林業ならびに住友共同電力と共同して２０１１年２月に稼働。同社は、発電所へ木質チップ燃料を製造・供給する役割を担う。２０１９年には中部電力グループのシーエナジーと共同で半田市に約１１９，０００世帯に電力供給できる50メガワットのＣＥＰＯ半田バイオマス発電所を稼働させる予定。

木質バイオマスを、資源・エネルギーとして安定供給できる体制を確立し、地球環境の未来を創造する木質チップメーカーとして、さらなる発展をめざす。

経営理念：環境で未来をクリエイトする

バイオマス発電燃料、紙・パルプ原料、建材原料となる木質チップ

## COMPANY PROFILE

**フルハシ EPO 株式会社**

http://www.fuluhashi.co.jp
本社：名古屋市中区金山1-14-18
A-PLACE金山6階
電話：052-324-9088
代表取締役社長：山口直彦
設立：1948 年
売上高：55億8,500万円（2018 年 3 月期）
従業員数：250 人（2018 年 3 月現在）

インターンシップあり

働きやすさアピール!

新卒 中途 車 産・育 文系 研修

主な海外取引先

## MESSAGE

代表取締役社長 山口 直彦

日本には「木材」という豊富な資源があり、自前のエネルギー源として有効活用することが地域のため、社会のためになります。川崎バイオマス発電所での実績が愛知県内でのバイオマス発電事業への参画につながりました。木にこだわり木質バイオマスの可能性を追求した事業が社会貢献となっています。

## あいちTOPICS 愛知県の基礎知識①

### サムライのふるさと&工業圏にして「花王国」

本州のほぼ真ん中。南は太平洋に面し、静岡、長野、岐阜、三重の４県と接している。「桜田へ鶴鳴き渡る年魚市潟（あゆちがた）…」と万葉集に謳われたのが県名の由来とか。織田信長・豊臣秀吉・徳川家康は「三英傑」と呼ばれ、武将輩出の地。「サムライ」のふるさとともいえるだろう。

人口は７４８万人４千人強で、全国４位（平成27年）。圧倒的なものづくり王国で、トヨタグループを筆頭に、ブラザー工業や日本特殊陶業、リンナイなど名だたる企業の本社所在地であり、コンタクトレンズのメニコン、ヘアカラー（髪染化粧品）のホーユーなどユニークな企業も多い。

一方で農業産出額も全国8位。中でもバラや菊などの花卉は昭和37年から全国1位の「花王国」でもある。

**独自の高い加工技術を用いて薄い積層包装材を一貫生産!**

食品パッケージを中心とする
機能性包装材の専業メーカー

# 睦化学工業 株式会社

おにぎりや惣菜用などの多種多様な包装材を製造。受注品だけでなく、自社ブランド製品も多数開発している

## 6ミクロンの薄いラミネート加工を実現

1966年創業の睦化学工業は、食品パッケージを中心とする機能性包装材の専業メーカー。材質の異なる、破れやすく切れやすい紙や不織布などを薄く積層（樹脂ラミネート）し、過剰包装とせず低コスト提供を得意とする。たとえば紙や不織布とポリエチレンのラミネートは、10ミクロン以上の厚みになるのが業界の常識だが、6ミクロンまでの薄さを実現。それが可能なのは、製品の設計から、絵柄などの印刷、押出コーティングによるラミネート、必要な寸法に裁断するスリット、製袋までを一貫して行っているからである。それに加え、専用の加工機械も自社開発する独自技術があるからだ。

固有技術を生かし、企業から依頼された受注製品のみならず、一般消費者向けの自社ブランド製品も多数手がけている。そのうちの一つ、炊飯用包材「ライスパック」は、御飯のべたつきを抑えられるのが特長で、全国各地の学校給食センターをはじめ、米国や欧州などでも採用されている。

## 他社の後を追わず、独自性で勝負していく

業界のトップランナーをめざす睦化学工業は、他社の真似を嫌い、新しいことに果敢にチャレンジする。2017年には、「食品パッケージの安全・安心の先駆者であり続ける」を方針に掲げ、ISO9001やHACCPの考え方も組み込まれた、食品安全マネジメントシステムの国際規格「FSSC22000」を業界でいち早く取得した。高度な加工技術に加え、食品と同等の衛生管理に力を注ぐなど、独自性で勝負する。

経営理念：人の笑顔、人から必要とされる喜びをモノ作りを通じて従業員と共に学び、笑い、泣いて…次世代に引き継いで行きたい。

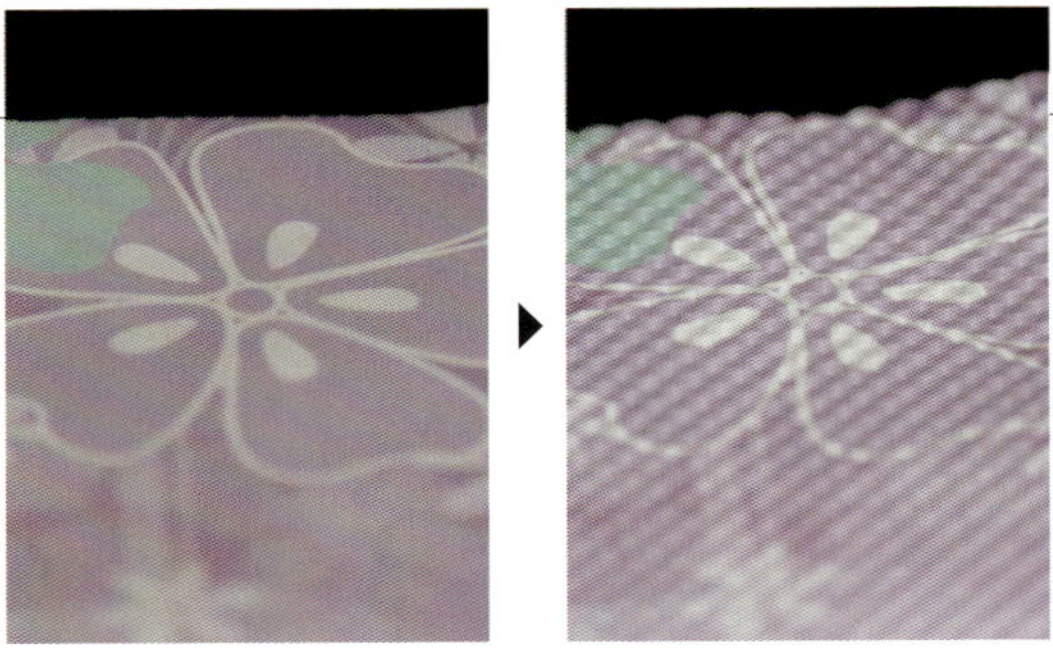

薄い紙パッケージに凹凸（エンボス）を付与する技術を確立。
複数のコンテスト受賞歴を誇る

## COMPANY PROFILE

**睦化学工業株式会社**
http://www.mutumikagaku.co.jp

本社：名古屋市西区浮野町 144
電話：052-502-2505
代表取締役社長：和田成博
創業：1966 年 4 月
売上高：26億4,000万円（2017年9月期）
従業員数：80 人（2017 年 9 月現在）

インターンシップあり

働きやすさアピール!

新卒　中途　社食　車　産･育　文系

## MESSAGE

代表取締役社長 和田 成博

従業員は良きパートナーであり、家族です。ビジネスを進めていくうえで顧客満足度の向上を図っていくのは当たり前のことで、そのためにまずは従業員満足度を高めていくことが大切だと私は考えています。

## Column

### 世界で通用する技術を保証するブランド

愛知県は製造品出荷額で1977年から40年連続で全国一を誇り、トヨタ自動車をはじめ、世界的に有名な企業を数多く輩出している、まさに日本のモノづくりの中心地です。私はアメリカ人に「It's where "made in Japan" is made」（メイドインジャパンが作られているのはまさにこの地域）と表現するほどです。

独自の技術や製品をもつ企業を評価する愛知ブランドはその誇るべき伝統をしっかりと支えています。厳正な審査があり、また継続して認定を受けるために日々の企業努力が求められています。ですから、愛知ブランドに認定された企業は世界で通用すると私は確信しています。そのような強みを持った多くの企業がアメリカに進出して活躍することを望んでおり、私が首席領事を務めている在名古屋米国領事館が何らかの形で支援ができれば幸いです。

在名古屋米国領事館
首席領事　ゲーリー・シェイファー
※愛知ブランド推進委員会委員

**2018年秋、今風デザインの新作仏壇を発表!**

匠の伝等技術を次世代に継承する
三河仏壇のリーディングカンパニー

# 株式会社 愛知屋佛壇本舗

[ISO14001 認証取得・JIS Q 9100 認証取得]

木地の巧みなライン、精巧な彫刻など伝統工芸技術の粋を集めた同社オリジナル三河仏壇

## 職人の技術を引き出すプロデュース力

伝統的工芸品に指定されている「三河仏壇」を手がける愛知屋佛壇本舗。三河仏壇とは、江戸時代中期より愛知県三河地方でつくられている金仏壇のこと。押入に仏壇を安置するこの地域ならではの生活様式から生まれた、下台の低い「三杯引き出し」、御本尊を拝みやすい「うねり長押（なげし）」、釘の使用を抑えた「ほぞ組み」などのつくりが特徴だ。製造工程は8段階あり、「八職(※)」と呼ばれる伝統工芸師が各要素を手作業で丹念につくり上げていく。

同社の強みは、伝統工芸師の技を最大限に引き出すプロデュース力。企画段階から重ねる職人との打合せといった密な連携により、仏壇の製造にとどまらず、修理やリフォームなどにも対応する。

（※）八職（はっしょく）とは、木地師、宮殿師、彫刻師、錺金具師、塗師、蒔絵師、箔押師、組立師のこと

明るくオシャレな店舗。中央には小観音が祀られている

**MESSAGE**

代表取締役社長 太田 智子

店舗には仏事コーディネーターが常駐し、お仏壇や仏事に関するご相談を承っています（無料）。伝統工芸の技術を盛り込んだ日用品やユニークな品を取り揃えていますので、お気軽に足をお運びください。

## 伝統技術を踏襲したスタイリッシュな仏壇

300年の歴史を誇る三河仏壇の技術を守り続ける一方で、伝統工芸技術を使った現代の暮らしに合った仏壇の提案にも力を入れる。

2018年秋には、同社四代目でクリエイティブディレクターの太田壮一郎氏が考案した、15インチテレビサイズの〝伝統工芸師がつくるスタイリッシュな仏壇〟が発表される予定だ。新作の仏壇には「テレビのようにお仏壇をご安定し、気軽に手を合わせて一日の感謝や気持ちのリセットをしてほしい」という同社の思いが込められている。伝統技術の継承と共に、日本古来の祈りの文化を伝え続ける。

**COMPANY PROFILE**

**株式会社愛知屋佛壇本舗**
http://www.aichiya.co.jp
本社：岡崎市能見通 1-81
電話：0564-21-3341
代表取締役社長：太田智子
設立：1951 年
売上高：3 億円（2017 年 5 月期）
従業員数：17 人（2018 年 4 月現在）

インターンシップあり

働きやすさアピール!

新卒 中途 車 産・育 文系 研修

社是：感謝の合掌、明るい家庭

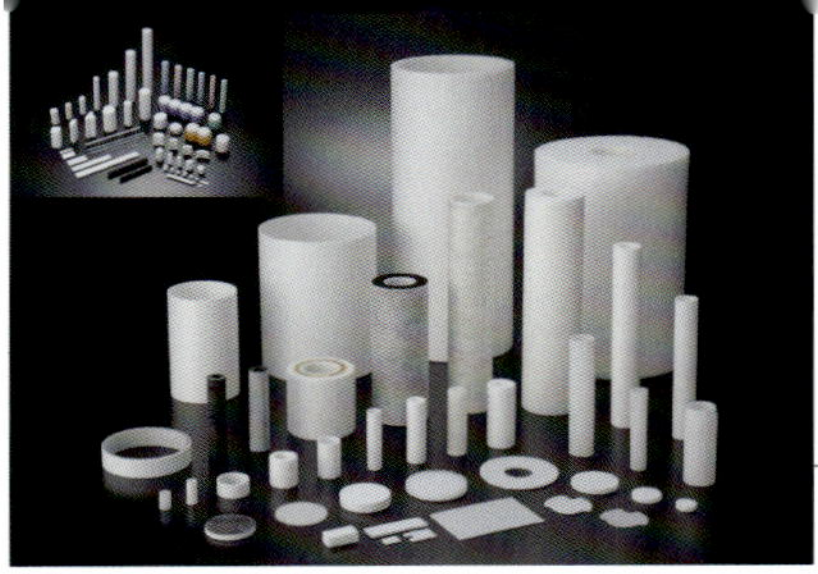

各種不織布やろ紙を巻き込んで成型できるMFフィルター。ファイバーロッド（左上写真）

開発から量産まで、繊維を使った
特殊加工品ならなんでもお任せ

# アサヒ繊維工業 株式会社

［ISO9001 認証取得・ISO14001 認証取得］

## 繊維を生かし、新たな分野へ

毛織物の産地にある企業として、ウール糸の加工などを手がけてきたアサヒ繊維工業。現在はその技術を生かし、空圧機器用のフィルターや芳香剤の吸い上げ芯、筆記用具のインキの吸蔵体など繊維を加工した製品をつくり出している。

同社は、様々な分野からの依頼があるため、クライアントごとの規格に沿えるように、生産設備を自社で開発している。また、100%オーダーメイド制を生かし、自分たちの技術を何かに応用できないか展示会に出展。ジャンルにとらわれず、様々な企業から課題をもらい開発を行っている。現在は、医療用の止血パッドなどもつくり、さらに広い分野に進出できないか日々開発を行っている。

本社門前にて

### COMPANY PROFILE

**アサヒ繊維工業株式会社** http://www.asahi-fiber.co.jp
本社：稲沢市高重東町 51　電話：0587-32-1176
代表取締役社長：浅井耕治　設立：1949 年 12 月
売上高：7 億 3600 万円（2018 年 3 月期）
従業員数：50 人（2018 年 6 月現在）

働きやすさアピール!
新卒　中途　社食　車　産・育　文系　研修

主な海外取引先

## 「変貌するクルマの世界」①

### 新・モビリティ時代のMaaSというコンセプト

クルマを取り巻く世界は激変している。たとえばこれまでの100年間、多くのクルマは個人が所有するものだった。しかし、ネットを介したシェアリング経済の波に洗われ、クルマ社会も大きな変容を遂げようとしている。その変化を端的に表しているのがMaaS (Mobility as a Service)「移動のサービス化」だ。これが自動運転技術と結ばれて劇的な変革を生む。

クルマを持たない人でも玄関のドアを開けると自動運転シェア車が待っている。モノの移動にも商品情報や決済機能を連携させた新しくて高付加価値なサービスが誕生してくる。そんな時代が、もうそこまで来ているのだ。

数々の課題を抱えながらも、世界は既に変わりつつある。しかし、モノづくりの重要性は不変だ。たとえばMaaSにふさわしいのはどんなクルマだろう?一緒に学び、考え、変わっていきたいと考えている。（談）

トヨタ自動車株式会社
コネクティッドカンパニー　MaaS事業部
担当部長　木津　雅文

超精密金型&成形技術のパイオニア!

精密分野で世界をリード
金型から成形品まで一貫生産

# 株式会社 三琇プレシジョン

［ISO9001 認証取得・ISO14001 認証取得］

超精密部品を成形するためのクリーンルーム

## 国内でも海外でも精密部品を安定供給

髪の毛の1／30〜1／40（2〜3ミクロン）という、精密度の高いプラスチック部品を手がける三琇プレシジョン。事務機や自動車などの精密機構部品の金型から成形品までを一貫製造している。同社が精密分野を得意とするのは50年以上前の創業当時、腕時計の部品を製造していた歴史に由来する。針や竜頭（りゅうず）などの部品を手がけていたことから、プラスチック素材でも数ミクロンのオーダーに対する抵抗感がなく、時代のニーズに応えながら「超小型精密成形」「超薄肉成形」「異種材一体成形」といった独自のノウハウを積み上げていった。

そうして確立された「オール三琇技術」によるものづくりは、現在では国内にとどまらず香港、シンガポール、インドネシア、北米、フィリピンへと展開されている。特徴は、金型や設備、材料、生産管理、検査方式などの一切が〝日本製〟ということ。どこの国の工場でも同社の高品質な精密部品が製造されることから「金型が壊れず、不良を出さず、製品が安定供給される」と高い評価を得ているという。

## 地域でも世界でも活躍できる企業風土

海外にいくつかの生産拠点を持つ三琇プレシジョンだが、国内拠点は本社がある高浜市の工場と、そこから3㎞ほど離れた半田工場の2カ所に集中している。ものづくり王国・愛知に根ざして活躍するチャンスと、世界に羽ばたいて活躍するチャンスの両方が整っていることは、働く人にとって大きな魅力といえそうだ。

そのような同社では、出身学部や学歴、過去の経験や国籍などにかかわらず多様な人材を採用し、顧客も含めて関係者が活発に交

品作りをする為の活動を進め、信頼される協力会社としての地位を確立し続ける。

流できる風土づくりに努めている。社長の岡本徹氏は「会社は野球やサッカーなどのチームと同じ。一人一人がチームにうまく溶け込みながら、ときにはちょっと出っ張ったメンバーがいてくれることで改革や改善につながるのです」と話す。一人一人の人材を大切に育んでいる同社では現在、これまで扱ったことのない材料を使った製品や、金型の構造などの製造に取組んでいる。近い将来、同社が手がけた製品と、身近なところで関わる機会があるかもしれない。

0.1mmの穴、超精密加工、レーザーマーキングなど、三琇の技術が盛り込まれている

## MESSAGE

代表取締役社長 岡本 徹

学部も学歴も男女も国籍も関係なく、当社に興味を持ってくれた人を迎え入れ、人材を大事に育て上げています。そして、社員が仕事を楽しいと感じてくれるよう、固定概念にとらわれず、様々な製品やサービスを生み出しています。その根源となるのは、やはり技術。常に技術力向上に取組んでいる会社ですので、興味があれば、ぜひ仲間になってください。

## COMPANY PROFILE

**株式会社 三琇プレシジョン**

http://www.sansyu-pr.co.jp

本社：高浜市稗田町 4-1-55

電話：0566-53-1140（代）

0566-52-3421（営業）

代表取締役社長：岡本 徹

設立：1963 年

売上高：47 億円（2017 年 12 月期）

従業員数：298 人（2018 年 3 月現在）

インターンシップあり

**働きやすさアピール!**

新卒 中途 社食 車 住宅 産・育 文系 研修

**主な海外取引先**

## TOPICS

### ボーダーレスな技術交流でスキルアップ

三琇プレシジョンでは、海外の工場に勤務する技術者やリーダーが1年間、日本の工場で実際に仕事をする技術交流を行っている。高いスキルを持った海外のメンバーが、日本でより高い技術を身に付け、現地で展開することで全体的なスキルアップを図る。日本の工場の若手リーダーが海外のメンバーから学ぶことも多く、互いに技術を磨き合っている。

社是：客先第一主義の徹底／常に客先ニーズを把握し、その要求に応えられる製

**世界シェアトップクラスを誇る 水性グラビア印刷**

食品パッケージの印刷・製造で
ヒット商品を支える

# 富士特殊紙業 株式会社

［ISO14001 認証取得］

VOC を極力抑えて食品の香りと品質を守る水性グラビア印刷。 おなじみのパッケージに使われている

## 蝋紙《ろうがみ》の時代から食品包装技術をけん引

2020年に創業70周年を迎える富士特殊紙業は、食品包装フィルムの印刷や製袋《せいたい》加工を手がける食品パッケージメーカー。現在では当たり前になっているプラスチックフィルム包装がまだない時代から、静岡県富士市でキャラメルやパンなどを包む蝋紙《ろうがみ》の製造をスタートした、まさに食品包装の草分け的存在だ。高度経済成長期には、大手菓子メーカーや菓子問屋が多く食品パッケージ需要の多い名古屋に本社と工場を移転。1993年には事業拡張に伴って本社と生産拠点を瀬戸市に移し、以来、環境と安全に配慮した独自技術の開発に精力的に取組んでいる。

## 水性印刷技術の実用化に成功！

人と環境にやさしいパッケージづくりをめざす同社の数ある技術のなかでも、特に注目したいのが「水性グラビア印刷」だ。水を弾く素材の特性上、プラスチックフィルムのグラビア印刷といえばVOC（※）を含む油性インクを使用するのが一般的だが、地球環境や働く人の健康面から改善が求められていた。そこで同社が立ち上がり、蝋紙《ろうがみ》の時代から培ってきた知識と技術を中心に、印刷機メーカー、フィルムメーカー、インクメーカーと共同でグラビア印刷の水性化に着手。「水性グラビア印刷」の実用化に世界で初めて成功し、地球環境大賞を受賞するなど高く評価されている。

この水性グラビア印刷は、応用が利くという点でも優れている。同社ではグラビア印刷技術と最新のデジタル印刷技術を組合わせた世界初の技術を開発。「FUJI・M・O®」と名づけられた技術は、小ロット対応可能、複数デザインの印刷が可能、耐熱包装印刷可能

社是：・誇りの持てる良いパッケージを社会に提供する　・会社の繁栄と社員の幸福が常に一致する経営を行う

若手女子社員も活躍している「FUJI・M・O®」の工程

など現代の市場ニーズにマッチしている上、重い材料を運ぶ必要がない、作業中の汚れが少ないなど、製造工程で働く社員にとっても多くの利点をもたらしている。

環境や安全に配慮した技術を多く生み出している同社では、2017年中国大手食品メーカーと合弁で現地にパッケージ工場を建設。

同社の持つ技術を世界に向けて発信し同社の愛称である「パッケージワールド」の構築に取組んでいる。

（※）揮発性有機化合物

## MESSAGE

代表取締役社長 杉山 真一郎

食品があってもパッケージがなければ、スーパーやコンビニの店頭に食品が並ぶことはありません。つまり、食品パッケージは人々の暮らしになくてはならないもので、それをつくっている当社は社会インフラを支える重要な使命を担っているということ。世の中の役に立つ仕事をしている当社で一緒に頑張ってみませんか。努力する人は必ず評価されますよ！

## COMPANY PROFILE

**富士特殊紙業株式会社**

http://www.fujitoku.net

本社：瀬戸市暁町 3-143
電話：0561-86-8511
代表取締役社長：杉山真一郎
設立：1950 年
売上高：148 億円（2017 年 9 月期）
従業員数：519 人（2018 年 4 月現在）

インターンシップあり

働きやすさアピール！

新卒　中途　社食　車　住宅　産・育　文系　研修

主な海外取引先

## TOPICS

### 長く働きやすい職場環境づくり

働きやすい職場づくりに力を入れる同社では、本社工場の敷地内に、国の企業主導型保育事業制度を利用した認可外保育所を設置。社員の子どもをはじめ、地域の幼児を受け入れている。社員からは「職場の近くに子どもがいるので安心して仕事ができる」と好評。ほかにも66 歳定年制など、労働環境向上のために様々な取組を行っている。

「包む心を科学する」をテーマに
80年以上にわたって事業を展開

独自性ある技術を追求した高機能性フィルムで
業界トップクラスのシェアを持つ

# 株式会社 アイセロ

［ISO9001 認証取得・ISO14001 認証取得］

クリーンボトルをはじめとしたアイセロの製品群

## 企業の海外展開と共に伸長した防錆フィルム

40年以上にわたってアイセロのロングセラー商品となっている、金属製品を包んで錆を防ぐ防錆フィルム「ボーセロン」。自動車メーカーの〝包むだけで部品の錆を防ぎたい〟という要望に応え、原料のポリエチレンに気化性の防錆剤を練り込む技術を独自に開発。同製品は、海外への部品供給が進む自動車業界で広く使用されるようになった。

以降、優れた防錆機能を発揮できる防錆剤を改良し、幅広い産業で活用されている。ほかに帯電防止性、バリア性、難燃性、感光性、曇りを防ぐなど様々な機能別の高機能フィルムを製造している。一回分の洗濯用洗剤を包装したものを洗濯機に入れると洗剤が溶け出すという水溶性フィルムもある。開発の要点は「包まれるものが要求する機能」を満たすものづくりという。

## 半導体の高性能化で新たな需要を開拓

近年、特に需要が増大しているのが半導体や液晶パネル向けの洗浄液を入れるクリーンボトル。開発して30年以上経つが、半導体やパネルの高性能化に伴い洗浄液も高純度化し、ボトル製造時には各種金属イオンの混入を防ぐなど従来とは桁違いのクリーンさが求められる。こうした社会のニーズにも確実に応え、技術力を高めてきた。

同社の強みはボーセロン、水溶性フィルム、クリーンボトルという、原料が異なり製造方法も違う三種の製品を手がけていること。こうした技術ノウハウを融合し、時代や環境の変化に対応しつつ、新技術・新商品を開発し、顧客の求める高い要求水準に応えうる「進化し続ける企業」をめざしている。

社是：高度の企業性の発揮・全社一体・社業を通じて社会に奉仕する

本社ロビーに隣接して、品質検査室を設置

## COMPANY PROFILE

**株式会社アイセロ**

http://www.aicello.co.jp
本社：豊橋市石巻本町字越川 45
電話：0532-88-4111
代表取締役社長：牧野 渉
設立：1933 年
売上高：163億2300万円（2017年3月期）
従業員数：487人（2018年3月現在）

インターンシップあり

働きやすさアピール!

新卒　中途　社食　車
住宅　産・育　文系　研修

主な海外取引先

## MESSAGE

代表取締役社長 牧野 渉

インジェクション、ブロー、インフレーションと様々なプラスチック成形の製造方法を確立し、顧客の要望に見合った高品質な製品を提供。グレードの高い製品づくりを行うことで、常に技術の先端にいます。

## あいちTOPICS　愛知県の基礎知識②

### 国内外に進出さかん！豊かな食文化

細かく刻んだ鰻の蒲焼とご飯を茶碗によそい、最初はそのまま、最後はお茶漬けにしていただく「ひつまぶし」は名古屋発祥。小倉トーストや茶碗蒸がつくなど、驚くほど多彩なモーニングサービスは一宮発祥。八丁味噌を使った料理はもちろん三河発祥…と、愛知の食文化は独創的でバラエティー豊かだ。

愛知で創業し、全国にそして世界に進出している企業も数多くある。

蟹料理の札幌かに本家の本社が名古屋だということは県民にも意外と知られていないが、今や外国人にも大人気。カレーのCOCO壱番屋は国内外に1466店舗（平成30年）。麺や和食で知られるサガミチェーンは21都道府県、海外2カ国に進出。みそかつの矢場とんやコメダ珈琲も、台湾などに店舗展開中だ。

みそかつ矢場とん名物の「わらじとんかつ」
（写真提供：株式会社矢場とん）

加工難度の高い複合材料の射出成形に強みを持つ

CFRP（炭素繊維強化プラスチック）の加工分野で
最先端を行く、高技術開発型企業

# 小高精密 株式会社

［ISO9001 認証取得］

高付加価値な CFRP 製品群

## 新世代素材CFRPの用途拡大に貢献

金属に代わる素材として注目されるCFRPは、高価格な材料と加工の難しさからその用途は航空宇宙など特殊な分野に限られてきた。この新世代素材に30年前から注目し、プラスチックの射出成形事業を発展させてCFRPを射出成形機で製造することに成功したのが小高精密だ。当初、成形機メーカーに機械を発注してもうまくいかなかったため、既存の成形機を自社で改良することを選択。4～5年をかけて精度の高い金型を製造し成形ができるようになった。同社独自の成形ノウハウの確立により、以降、大手の光学機器・医療機器・自動車会社などからの発注が相次ぐことになる。

## 難易度の高い複合材の射出成形に強み

同社ではCFRPのほかに、CFRTP（炭素繊維強化熱可塑性プラスチック）やGFRP（ガラス繊維強化プラスチック）など、繊維とガラス、樹脂などをコンポジットした複合材料の射出成形にも強みを発揮している。その実力は、大手メーカーから同社に対して成形方法や素材の組合せについて問合せや相談が寄せられることも珍しくないほどの高さを誇る。

難易度の高い複合材の射出成形に対応できるのは、長年にわたってこうした材料に関して多くの経験と知識を蓄積したことによる。同社が手がける製品は一眼レフカメラの望遠レンズフード、内視鏡やレントゲン用品といった医療部品、自動車のブレーキ部品とすでに多岐にわたっている。しかし、年々高まっている複合材の需要と共に、同社の射出成形技術が必要とされ、その製品が活躍するシーンは、これからも拡大を続ける。

社是：日本人により開発された優れた炭素繊維を、小高精密の技術力によって普及させ、より良い社会の実現に貢献します。

COMPANY PROFILE

**小高精密株式会社**
http://www.kodakaseimitsu.co.jp
本社：北名古屋市鍜治ケ一色西 2-113
電話 :0568-23-1056
代表取締役社長：小形泰文
設立 :1979 年 10 月
従業員数 :18 人（2018 年 6 月現在）

インターンシップあり

働きやすさアピール!

新卒　中途　車
産・育　文系

主な海外取引先

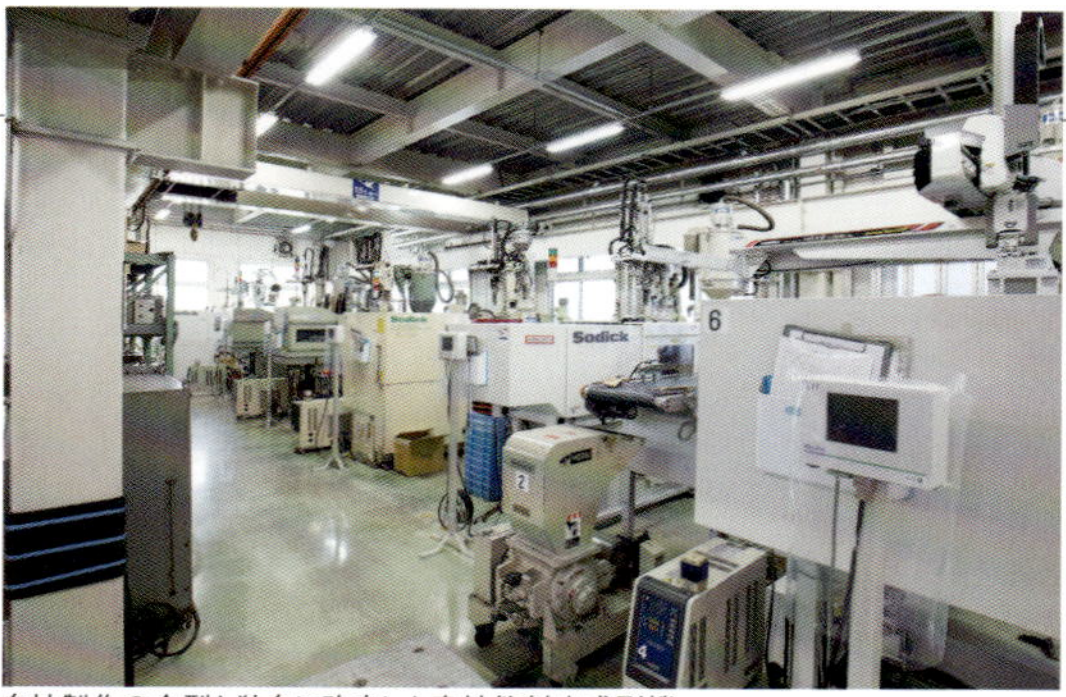

自社製作の金型と独自に改良した高性能射出成形機

MESSAGE

代表取締役社長 小形 泰文

ものづくりに責任を持ち、メイドインジャパンにこだわること。また「小さな組織で高い技術力」を社是とし、社名も「小高精密」としています。今では海外の大手素材メーカーから用途開発の相談を受けるまで成長しています。

Column

## 日本の発展を支え 世界に貢献する素晴らしさ

広く知られている企業ばかりとは限らない。

しかし持っている技術力は抜群である。磨き抜かれた繊細な技、最新鋭の知能を組み込んだ技術、大きな展開が期待される将来性などなど、それぞれが超一流である。

これらの優秀な企業がさらに伸長することが我が国の将来にわたる発展にとって重要である。世界への一層の貢献が要請される。

そのための課題は多い。洗練された技をさらに深める必要がある。時代を先取りして新分野へ進出することも考えなければならない。

それらを支援するために愛知県は長年にわたり地道な支援を続けてきた。

あらゆる機会を利用して、愛知ブランドの企業が伸展していくことを願っている。

名古屋大学
客員教授　水谷 研治
※愛知ブランド推進委員会委員長

## 精密成形と溶着技術で水素自動車部品も手がける

高度化した製造技術により、
自動車向け保安重要部品を製造

# 株式会社 鈴木化学工業所

［ISO9001 認証取得］

樹脂製水素充填口など、次世代自動車用部品を多数製造している

### ガラス繊維強化プラスチックも得意分野

射出成形による精密樹脂部品製造と樹脂部品の高度な溶着技術を持つ鈴木化学工業所。同社の主要製品は自動車向け燃料タンクやブレーキオイルタンクで、高い信頼性が求められる保安重要部品ばかり。タンク類のような中空製品製造ではブロー成形を行うが、この方法では製品の肉厚にばらつきが生じるため品質上問題となることがある。そこで、同社ではタンクを2つに分けて樹脂成形を行い、均一な肉厚の製品を「熱板溶着」している。そうすることで強度の高いタンクをローコストで製造し、日本のほとんどの自動車メーカーで採用されるほどの実力を有している。

また、樹脂成形においては材料の個体ペレットを徐々に溶かしながら成形機に流し込んでいくが、この時に射出する温度や時間、圧力や速度によって品質が左右される。同社では素材や形状に合わせた最適な加工条件やノウハウも独自に蓄積。長年にわたって培われた技術をベースに、ガラス繊維強化プラスチックなど成形難易度の高いオーダーにも応じ、高品質な製品を大量に製造している。

### 設計・開発に力を入れ成形技能士を育成

現在、同社は燃料タンクの内圧調整弁や水素自動車向けの樹脂製の水素充填口のリッドなども手がけている。このような高度な製造技術が求められる分野に対応できるのは、従業員166人中36人（平成30年1月現在）がプラスチック成形技能士（国家資格）を有し、日々研鑽を続けているからである。樹脂成形分野で高度なノウハウを持つ同社は、液体で耐圧性の必要な製品に強みを発揮し、冷却水タンクなど新分野にも進出。人と共働できるロボットなど新規技術の導入も積極的に行っている。

社是：誠実みのある人間になろう。　信頼される製品を創ろう。　信頼される会社になろう。

## COMPANY PROFILE

**株式会社鈴木化学工業所**

http://www.suzukikagaku.co.jp

本社：額田郡幸田町大字六栗字左右作2-1
電話：0564-64-1058
代表取締役社長：小幡和史
設立：1960 年
売上高：27億7,000万円（2017年９月期）
従業員数：166 人（2018 年３月現在）

インターンシップあり

働きやすさアピール!

新卒 中途 社食 車
住宅 産・育 文系 研修

主な海外取引先

様々なブースに分かれた工程には、ロボットと人との「共働」工程もある

## MESSAGE

代表取締役社長 小幡 和史

人材面では、大卒者は入社後にプラスチック専門学校で1年間勉強（週末）を行い、2級のプラスチック成形技能士の取得をめざし、次に1級、特級へと挑戦します。高付加価値な製品づくりに欠かせないのは何よりも高度な技能を有した技術者です。

## Column

### "強み"を伸ばすためにリソースの集中を!

ものづくり王国愛知県で独自の技術・製品や特徴ある経営理念を持つと認められた皆さまは、世界を代表する企業だと思います。ただ、昨今はものづくり力強化だけでなく、ESG（環境・社会・ガバナンス）、SDGs（持続可能な開発目標）等、様々な社会的課題の対応が企業に求められており、大変な思いをされていると思います。

勿論これらの対応は重要ですが複雑化する課題に対してリソースを分散し過ぎるより、皆さまの技術・製品の独自性を伸ばす方向、すなわち強みを伸ばすためリソースを集中することが何よりも重要ではないでしょうか。

愛知ブランド企業の皆さまのさらなる飛躍こそが、愛知県ひいては世界のさらなる発展に繋がると信じています。

㈱日本政策投資銀行　東海支店
次長　塙　賢治
※愛知ブランド推進委員会委員

ドラッグストア売上
9年連続No.1の「大麦若葉」

漢方と生薬と通して世界中の人々の
健康に貢献する

# 山本漢方製薬 株式会社

ロングセラー製品が多く、プレゼントキャンペーンでは3年間で10回以上応募するファンもいる

## 安全性確保のため全製品を自社で一貫生産

小牧市に本社を置く山本漢方製薬は、全国各地のドラッグストアで販売されている生薬や漢方薬、健康食品を手がける製薬メーカー。単一の薬草を使う「単味（たんみ）」の生薬を得意とし、ISO22000（※）認定を受けた国内自社工場で一貫生産することで安全性を確保している。創業当時より支持されているセンナなどの医薬品に加え、2000年の発売以来、主力製品となっているのが累計販売実績5400万箱（2018年4月現在）にのぼる青汁「大麦若葉」だ。風味が良く飲みやすく、ビタミンやアミノ酸などの栄養価が高い同製品は、原料である大麦の栽培段階から同社が手がけている。

（※）食品安全マネジメントシステムに関する国際基準規格のこと。「食品安全マネジメントシステム・フードチェーンに関わる組織に対する要求事項」

## 考えながらスピーディーに動く社員が原動力

社長の山本整氏自ら赴いて選んだという栽培地は、中国・イタリア・ニュージーランドの水と空気がきれいな地域にある。大麦は農薬を使わずにすむ10〜2月に栽培し、一番初めに出た新芽だけを使い、刈り取りはすべて人の手で行う。製造は先に紹介した認定工場で行い、風味を保つための熱が発生しない殺菌機や、ほどよい粒の粗さにする粉砕機などの専用機を駆使している。原料の栽培から専用機の開発、製造まで自社で手がけることができるのは、長年にわたって生薬と漢方で培われた知識と経験があればこそだ。

同社では製造と開発、営業と開発という具合に業務を兼任する社員が多いという。多様な業務に携わることで視野が広がり、アイデアが浮かびやすくなる。そんな風土で〝考えながらスピーディーに動く社員〟が育まれ、市場で高く評価される製品を生み出している。

経営理念：商品に価格以上の価値を提供

柔らかくて味の良い根元の白い部分を使用

## COMPANY PROFILE

**山本漢方製薬株式会社**

http://www.kanpo-yamamoto.com/

本社：小牧市多気東町 157
電話：0568-77-2211
代表取締役社長：山本 整
設立：1977 年
売上高：73 億円（2017 年 4 月期）
従業員数：41 人（2018 年 4 月現在）

インターンシップあり

働きやすさアピール!

新卒 中途 社食 車 住宅 産・育 文系 研修

主な海外取引先

## MESSAGE

代表取締役社長 山本 整

海外にも進出し業務の幅が広がっています。入社 1 年目の社員が商品開発に携わったこともあるので「いろいろな経験がしたい」「様々な仕事に挑戦したい」という人は当社に向いていると思います。

## あいちTOPICS 愛知県の基礎知識③

### 日本一住みやすい愛知

愛知県には、強い経済基盤に支えられた恵まれた雇用環境に加え、高い交通利便性や充実した教育環境、大都市圏にありながら比較的安価で良質な住宅、豊かな自然などがあり、バランスのとれた「住みやすさ」は我が国屈指といえる。

愛知県、東京都、大阪府の三大都市のデータを比べてみると、愛知県の消費者物価地域差指数は98・4と東京（102・5）や大阪（100・0）より低く、全国平均（100・0）より低い水準だ。

また、一戸建て住宅の価格、民間賃貸住宅の家賃、25歳～34歳の完全失業率が三大都市の中で最も低く、通勤時間や保育所待機児童数が最も少なく、一人あたり都市公園面積が最も広いことなどが統計データから読み取れる。

※愛知の住みやすさ発信サイトをご覧ください。

愛知の住みやすさ　検索

# 世界初のハンディ磁気センサほか メディカル分野で独自製品が続々

社員の潜在力を掘り起こし
社会が求める価値をつくる

# フジデノロ 株式会社

## メディカル製品群を生んだ挑戦心

フジデノロは二つの顔を持っている。一つは産業界の難題を引き受けるプラスチック部品メーカーとしての顔だ。特に半導体業界から高い評価を受け、強靭かつ余裕ある企業基盤を育ててきた。

もう一つは自社製品を開発するメーカーの顔であり、医療分野を中心としたユニークな独自製品を開発している。同社は戦略的に医療機器分野への参入をめざしてきた結果、数々の自社製品が誕生していったのである。

成功の裏には膨大な失敗例がある。それらを受け止められる企業体力と挑戦を重んじる気風はフジデノロの特色だ

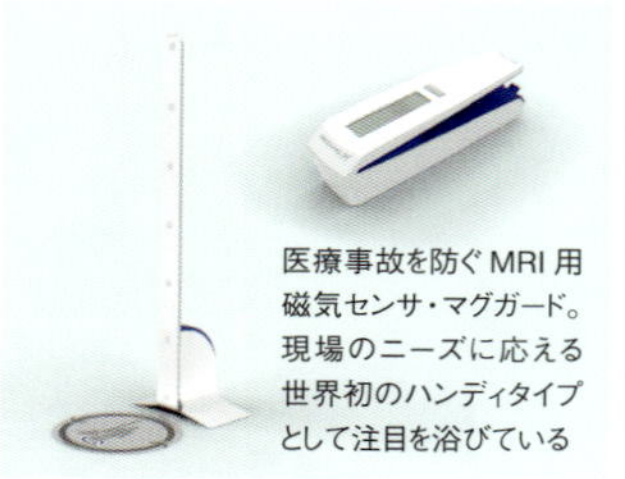

医療事故を防ぐMRI用磁気センサ・マグガード。現場のニーズに応える世界初のハンディタイプとして注目を浴びている

**MESSAGE**

代表取締役社長 渡邊 樹志

挑戦と成長を奨励し、人の可能性を引き出すデノロシップ。この気風でどんなものでも受託生産できる“デノロモデル”と自社製品“デノロブランド”の二つを育てるのが私の夢。賛同者の参加を待っています。

家庭用の炭酸泉生成装置、がんの陽子線治療に使われるボーラス、MRIの安全を守る磁気センサ、食中毒を防止する酵素センサなど、ユニークな製品群の裏側には、常に社員たちが主役の物語がある。

社長の渡邊樹志氏いわく「人の可能性を生かすことで、他社にはできない付加価値の高いものづくりを行うのがフジデノロ。これは基盤のプラスチック加工も、独自製品開発でも同様です」。安易に大量生産を志向しないバリュー重視の姿勢が徹底して貫かれている。

## 達成感を得たい、自己成長したい人の集団

渡邊氏は、アメリカで経営学を学んだアグレッシブな経営者だ。その行動力の根源にあるのは「自己成長」への強い欲求だという。誰もが自分の可能性を発見し、みずから伸ばし、達成感を得るのが同社の基本。だから前向きな失敗が問題になることはない。失敗を避けようとする姿勢こそが最大の敵なのである。

### COMPANY PROFILE

フジデノロ株式会社
http://www.fujidenolo.co.jp
本社：小牧市多気南町 361-1
電話：0568-73-7575（代）
代表取締役社長：渡邊樹志
設立：1970 年 6 月
売上高：61 億円（2018 年 3 月期）
従業員数：325 人（2018 年 6 月現在）

インターンシップあり

働きやすさアピール！

新卒 中途 車 住宅 産育 文系 研修

主な海外取引先

社是：人間の素晴らしい可能性を最大限に生かし、新しい価値を創造することで社会に貢献する

## 社会に究極の「形」を提供するプラスチック製品メーカーの先駆者

ダイレクトブロー成形の分野で
世界レベルの技術を誇るトップメーカー

# 本多プラス 株式会社

［ISO9001 認証取得］

### 独創的な技術を武器に歩んだ70余年

溶かした樹脂を金型で挟み、高圧空気を吹き込んで成形するダイレクトブロー成形。本多プラスは、この分野で世界レベルの固有技術を持つプラスチック製品のトップメーカーだ。

１９４６年創業。毛筆の鞘の製造販売から始まり、１９９０年代には修正液などの文具容器で国内トップクラスのシェアを誇るほどに。その後、修正テープなどの台頭により危機感を覚えた、３代目で現代表取締役社長の本多孝充氏が、下請け体質の操業から脱しようと、方向転換を図る。１９９９年には、ＰＥＮ樹脂のブロー成形技術を確立。化粧品のボトルなどを中心に、文具などの容器のデザイン、製造、販売を手がけるメーカーへと成長した。

### あらゆる業務を経験した最強のデザイナーによる営業が強み

発展のカギは、〝自社でのデザイン〟にある。２００４年からデザイナーの採用を始め、東京・青山にデザインオフィスを設立。デザイナーはまず、製造部門に入り、金型設計・製作や成形などの業務を経験する。それによりコストや技術などを具体的かつ的確にアドバイスできる営業として活躍。その結果、顧客満足度が高まり、現在では４０００社と取引を行うほどになった。

ほかにも近年の活動での注目は、アートとブロー成形が融合したオリジナルブランド「ａｍｅ（雨・天）」の展開だ。製品の製造時に出る廃材を使い、アーティストとコラボしたブランドで、プラスチックの潜在的な美しさなどを新たな価値として提案。東京・青山の自社ショップやノリタケスクエア（名古屋）などで購入が可能だ。

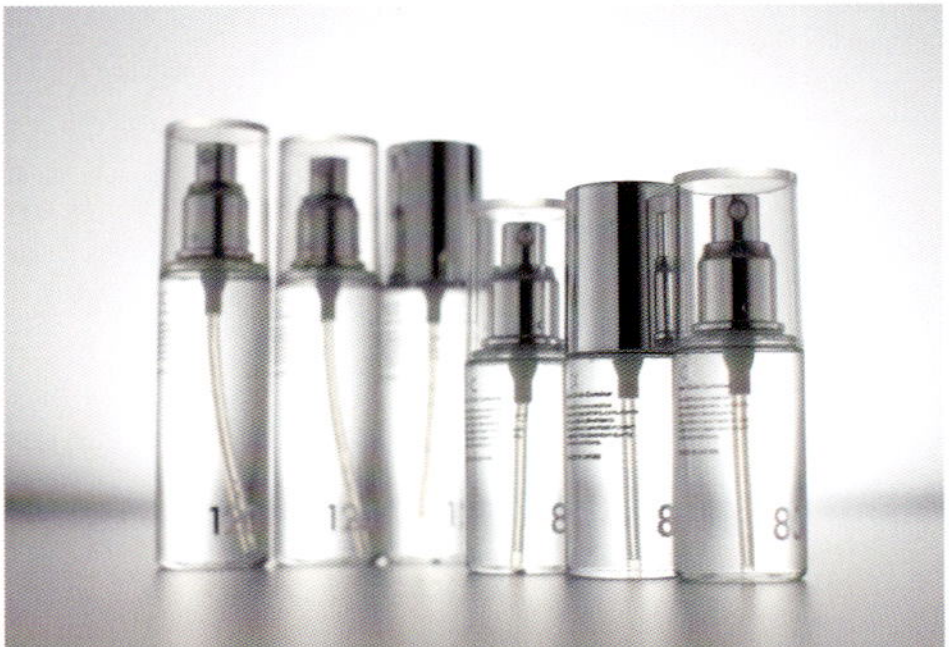

自社ブランド化粧品向け容器「ICC」シリーズ

**MESSAGE**

代表取締役社長 本多 孝充

形のないものに形を与え、新たな価値を生み出す。これはブロー成形の得意分野。高い技術力と豊かな経験・感性が要求されますが、社会に究極の「形」を提供する先駆者になるべく、歩み続けます。

オリジナルブランド「ame」

**COMPANY PROFILE**

**本多プラス株式会社**
http://www.hondaplus.co.jp
本社：新城市川路字夜燈 23-2
電話：0536-23-1351
代表取締役社長：本多孝充
創業：1946 年
売上高：4,659,250千円（2018年6月期）
従業員数：200 人（2018 年 7 月現在）

インターンシップあり

働きやすさアピール!

新卒　中途　車
住宅　産・育　文系　研修

主な海外取引先

スローガン：「他人（ひと）のやらないことをやる。」

伝統的な和蝋燭を仕上げるまでの全 15 工程をすべて手作業で行っている

約400年の伝統を受け継ぐ
昔ながらの本格和蝋燭づくり

# 松井本和蝋燭工房

## 植物性原料を使用した手づくり和蝋燭

室町時代後期から江戸時代初期にかけてつくられるようになった和蝋燭。その伝統を受け継ぐ松井本和蝋燭工房は、江戸幕府の初代将軍・徳川家康公生誕の地である岡崎市に工房を構え、昔と変わらぬ原料と製法で和蝋燭をつくり続けている。

原料には、ウルシ科のハゼの実から抽出した木蝋など、純国産の植物性のものだけを使用し、灯芯づくりから仕上げまでの全15工程をすべて手作業で行っている。一切の妥協を許さず、手間と時間を惜しみなく注ぐ。炭火で溶かした木蝋を素手で薄く塗っては乾かす作業を何十回と繰り返すことで生まれる美しい年輪模様は、昔ながらの和蝋燭にしかない特徴である。

気品が漂い、風に強くて消えにくいやわらかな炎を生み出す和蝋燭。その伝統を絶やさず、魅力を広く伝えていくため、三代目の松井規有氏は、和蝋燭の炎のリラックス効果について大学と共同研究に取組むなど様々なことに挑戦している。

絵蝋燭や墨絵蝋燭なども手がける

**COMPANY PROFILE**

松井本和蝋燭工房
http://www.mis.ne.jp/~matsui-1
本社：岡崎市十王町 2-33
電話：0564-21-4207
代表者：松井規有
設立：1907 年
従業員数：4 人（2018 年 3 月現在）

あいちTOPICS　愛知県の基礎知識④

## 愛知県の地域区分・「尾張」と「三河」

愛知県は、尾張と三河に分けられることが多い。戦国武将でいえば、織田信長、豊臣秀吉の尾張、徳川家康の三河、という領分だ。

尾張はさらに、名古屋（名古屋市）と尾張（一宮市、瀬戸市、犬山市など）、海部《あま》（津島市、あま市など）、知多（半田市、常滑市、知多市など）の4地方に分けられる。三河も、西三河（豊田市、刈谷市、岡崎市など）と東三河（豊橋市、蒲郡市、田原市など）に区分される。

日本の地方の多くが時折そうであるように、尾張と三河も隣り合ってはいても、文化も気質も異なっている。

言葉は語尾が違う。大まかには三河弁が「じゃん・だら・りん」、尾張・名古屋弁は「だがね・みゃあ」言葉と呼ばれる。「そうだね。食べてみて？」という時に、尾張人は「そうだがや、食べやぁ」。三河人は「そうじゃん、食べりん」。

もっとも今の若い人は「やっとかめだなも」（尾張弁）とか「ほーだらぁ」（三河弁）なんていう会話はしていない（ような気がする）。

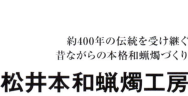

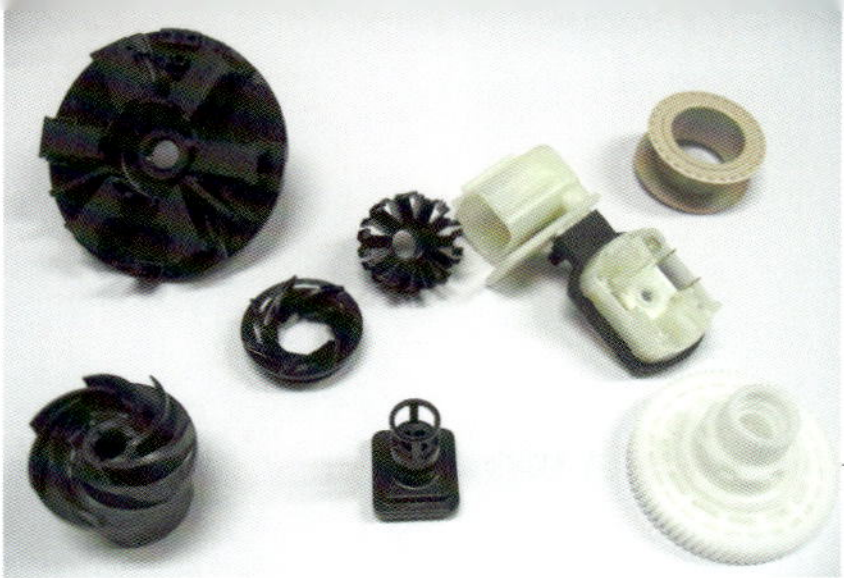

超精密なプラスチック部品

“世界品質”を目標にする
プラスチック部品メーカー

# イトモル 株式会社

[ISO9001 認証取得・ISO14001 認証取得]

本社外観

## 1ミクロンにまでこだわる技術

自動車用、IT・OA用精密機能部品として使用される工業用小物精密プラスチック複合部品を製造する部品メーカー。

スーパーエンプラ（耐熱性能などに優れた特殊な樹脂）を使った超精密成形を実現し、生産工程に移行する前段階として、形状・精度・コストを考慮に入れて、量産までのラインづくりを構築。金型の設計・製造からプラスチック製品の成形まで自社で一貫生産し、1ミクロンにまでこだわった、小物精密プラスチック複合部品の製造ができるのが強みだ。

技術と創意を集結し、「イトモルにしかできないオンリーワン部品」を実現すべく、チャレンジを続ける企業だ。

### COMPANY PROFILE

イトモル株式会社　http://www.itomol.co.jp
本社：豊川市穂ノ原 2-1-17　電話：0533-85-1127
代表取締役社長：伊藤 愼太郎　創業：1970 年
売上高：122 億円（2018 年 8 月期）
従業員数：358 人（2018 年 8 月現在）　インターンシップあり

働きやすさアピール！
新卒　中途　社食　車
住宅　産・育　文系　研修

主な海外取引先

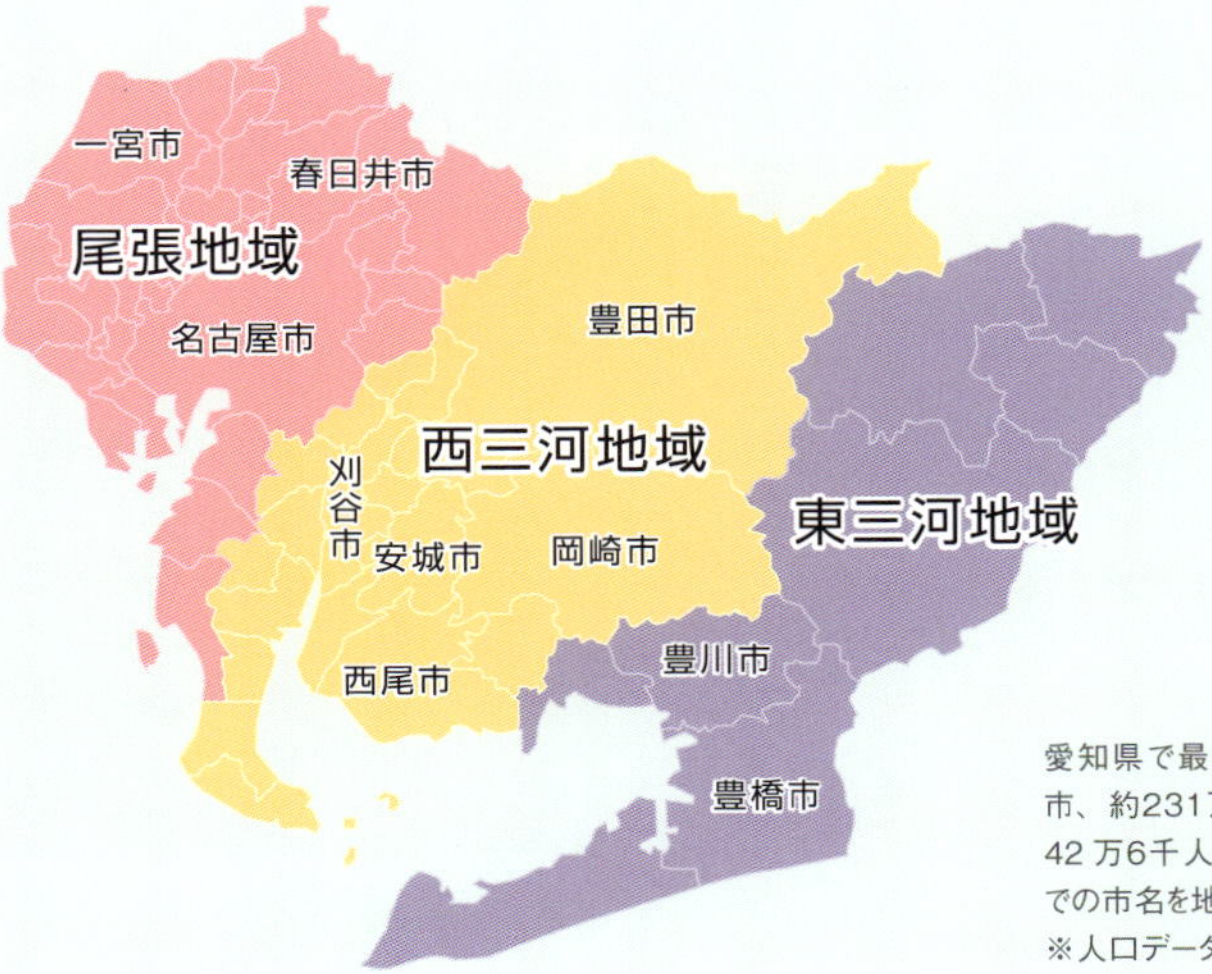



愛知県で最も人口が多いのは名古屋市、約231万5千人。2位は豊田市で42万6千人。人口ランキング 10 位までの市名を地図に記した。
※人口データは 2017年10月1日現在

本社社屋

研究開発に注力する
次世代複合繊維メーカー

# 福井ファイバーテック 株式会社

［ISO9001 認証取得］

## 独自製品を保有

ファイバーテクノロジーにより次世代複合繊維製品の実現に向け、各種研究開発を続ける複合繊維メーカー。ナイロンからカーボンファイバーまで、あらゆる繊維の編立て加工、成形加工を得意としている。テキスタイル（繊維資材）でもコンポジット（FRP）でも、独自技術で開発した製品を多く保有しているのが特徴だ。

同社の製品は、水産業やスポーツ関連、車両関連など幅広い分野で利用されている。名古屋大学との共同開発をはじめ、フランスのアルザスで地元企業と合弁会社の設立を計画し、フロンティア精神を掲げてチャレンジを続けている。

### COMPANY PROFILE

福井ファイバーテック株式会社
http://www.fukui-fibertech.co.jp
本社：豊橋市中原町岩西 5-1
電話：0532-41-1211
代表取締役社長：福井英輔
創業：1905 年
売上高：23 億円（2018 年 3 月期）
従業員数：100 人（2018 年 3 月現在）

インターンシップあり

働きやすさアピール!

新卒　中途　社食　車
住宅　産・育　文系　研修

主な海外取引先

### MESSAGE

代表取締役社長 福井 英輔

過去、漁網を世界中に売り歩いた頃のように、今後は革新的で独創性のある開発製品を担いで、世界にうって出ていく予定。私たちはチャレンジを続けます。

自動車、建築、鉄道関連向けの
防音材、制振材、シーリング材メーカー

# イイダ産業 株式会社

［ISO9001 認証取得・ISO14001 認証取得］

### COMPANY PROFILE

イイダ産業株式会社
http://www.orotex.co.jp/
本社：稲沢市目比町一町割 770-1
電話：0587-36-7258
代表取締役社長：飯田耕介　設立：1954 年
売上高：73 億円（2017 年 4 月期）
従業員数：235 人（2018 年 5 月現在）

インターンシップあり

働きやすさアピール!

新卒　中途　車　住宅　産・育　文系　研修

吸音性能に優れた防音材をつくり出す企業

**防音、制振、補強材等の材料開発や独自技術、効果解析で快適な車内・室内空間を陰で支える**

# 細径サイズの六角穴付ボルトとホーローセットスクリューに強みを持つ

80年来の技術と充実の設備で
高強度・高精度なねじを製造

## 株式会社 アンスコ

［ISO9001 認証取得・ISO14001 認証取得］

瀬戸工場の圧造工程の様子。アンスコの工場では圧造から梱包まで一貫生産が可能

### 自社開発の機械を強みに高級ねじを製造

〝安藤スクリューコーポレーション〟から名づけられたアンスコは、その名のとおり、ねじを製造販売する企業。一口にねじといっても様々あり、同社が製造しているのはパソコンやATM、産業用工作機械などに使われている精密さや強度を要する高級ねじ。クロムモリブデン鋼やステンレスといった硬い素材を、ねじ部直径2~12㎜という小さなサイズに加工できる高い技術を持っているのは、創業当時、ねじの工作機械を製造するメーカーだったという強みがあるためだ。現在も切削機や転造機を自社開発し、高級ねじの精密な先端形状や、振動に強くてゆるまないねじの加工などを実現している。

ニーズに応じねじを製造。細径サイズの六角穴付ボルトとホーローセットスクリューに強みを持つ

**MESSAGE**

代表取締役社長 安藤 秀文

上司や会社の考え方を押し付けるのではなく、誰もが自由に発想して発言できる職場環境づくりを心がけています。高度化している世界のものづくり産業に貢献する楽しさを、当社で実感してみませんか。熱意あふれる皆さんの力に期待しています！

### ねじ製造技能検定を活用して若手を育成

２０１９年に創業80周年を迎える同社では現在、瀬戸市と佐賀県有田町、タイに拠点を置く。近年、工業製品の進化に伴ってねじ市場にも変化が見られることから、将来に向け、拠点拡充などに柔軟に対応できるよう人材教育や技術継承に取組んでいる。ＯＪＴでベテラン技術者が若手の教育を行うほか、日本ねじ工業協会が実施する「ねじ製造技能検定」の資格取得を推奨。講習に参加し、自社で製造しているねじだけでなく、あらゆるねじの製造に関する知識や技術を幅広く身に付けている。ベテランが持つ強みに若手の新たな感性をプラスして、技術に一層磨きをかける。

**COMPANY PROFILE**

株式会社アンスコ
http://www.ansco.co.jp
本社：瀬戸市穴田町 984
電話：0561-48-2430
代表取締役社長：安藤秀文
設立：1939 年
売上高：15 億円（2018 年 3 月期）
従業員数：110 人（2018 年 7 月現在）

インターンシップあり

働きやすさアピール！

新卒 中途 車
住宅 産・育 文系 研修

主な海外取引先

社是：技術革新と人の和

**次世代自動車の金属部品開発で2016年に特許を取得!**

未来の自動車を支える
精密金属プレスの専門メーカー

# 株式会社 志水製作所

[ISO9001 認証取得・ISO14001 認証取得]

厚さ0.04mmの金属箔から4.5mmの金属板まで多様な素材の精密プレス部品を製造する設備

## 試作から量産までワンストップサービス

2017年度、新たに愛知ブランド企業として認定された「志水製作所」は、50年以上にわたり自動車用精密プレス部品や金型の設計製作を手がけてきた金属加工専門メーカー。主力製品は、自動車に欠かすことのできない排気ガスセンサーをはじめ、パワーウインドウやウインカーといったスイッチの金属部品、シートベルト内部の金属部品などがある。同社の大きな強みは社内に試作専門の部署を設けていること。次世代自動車(※)の研究開発が進む昨今、新たな部品を製造するにあたり、開発段階から参画を求められる機会が増えているという。創業当時から金型の設計製作技術を持つ同社だけに、顧客が思い描く部品のイメージを具現化した試作品が製造できるのはもちろん、コスト面や効率面まで考慮した付加価値提案を得意とする。こうして培った技術力を発揮し、まさにこれからの時代に必要とされる金属部品を開発。2016年には特許を取得した。

(※)ハイブリッド車、電気自動車、燃料電池車など大気汚染物質の排出が少ない、または排出しない自動車

## 最優秀パートナー企業として高い評価

〝海外進出しておらず世界に誇れる技術があるわけでもない〟と自社を厳しく評価する志水製作所だが、取引先から最も優秀なパートナー企業として表彰されるなど外部の評価は高い。製品の品質や技術力の高さもさることながら、とりわけ高く評価されているのが総合的な管理体制だ。現代社会で製造業に求められるのは技術力だけでなく、環境品質やコンプライアンス、安全対策、社会貢献など多

社是:「技術立社」「人間力向上」

岐にわたる。同社では取引先や社会の動向に注視しながら、数十年前から管理体制の一つ一つを地道に築き上げてきた。その成果は、現在の整理・整頓・清掃・清潔の行き届いた工場内や、訪れた人に明るく丁寧に対応する従業員の様子などから一目瞭然だ。そんな実直な同社が未来に向けた目標として掲げるのが「技術立社」と「人間力向上」。現状に満足せず、より高い技術を追い求め、社長以下全員で人間力を高めながら、日本随一の精密金属プレス専門メーカーとしての地位を確立すべく着実な歩みを進めている。

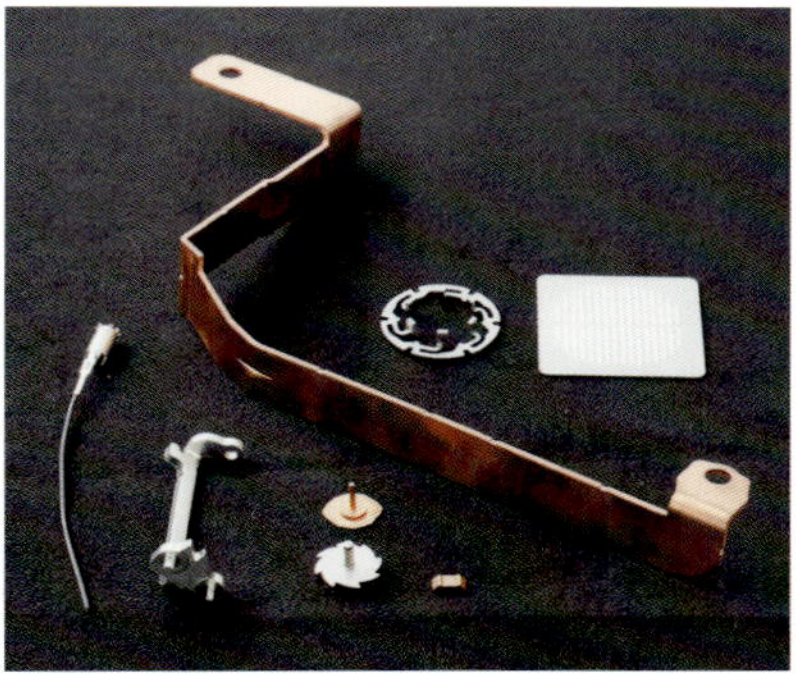
精度の高い加工技術で生み出された様々な製品

## MESSAGE

常務取締役 志水 宏臣

創業者である会長が好んだ「新聞紙を26回折ったら富士山より高くなる」という言葉は、当社の2つの考え方をよく表しています。1つは、小さな努力の積み重ねが大きな成果を生むということ。もう1つは、自分でも計算してみようという行動力を持つこと。この考え方に共感でき、明るく・キビキビ・ハキハキとした行動ができる若い仲間を待っています。

## COMPANY PROFILE

**株式会社志水製作所**

http://www.shimizu-seisakusyo.co.jp/

本社：一宮市明地字南古城 5-1

電話：0586-67-3221

代表取締役：志水義幸

設立：1967年10月

売上高：38億円（2017年7月期）

従業員数：110人（2018年4月現在）

インターンシップあり

働きやすさアピール!

新卒 中途 社食 車 産・育 文系 研修

## TOPICS

### 地球にやさしい工場でものづくり

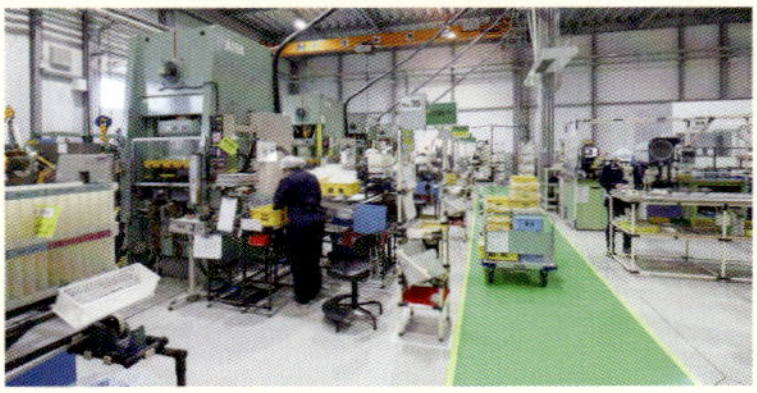

志水製作所の本社工場は環境に優しいCO2ゼロ工場。建屋の屋上には最大出力500Kwの太陽光パネルが設置され、千秋工場を含む総電力使用量の5割を賄っている。全工場の照明にはすべてLEDを使用し、空調は省エネタイプのものを採用。また、工場内に温度や湿度を表示する電光掲示板を設置し、従業員が働きやすい職場環境づくりに努めている。

**YATOMEテクノロジーが 空調設備・塗装プラントの 両設備分野で革新の波を起こす**

独自の特許・ノウハウで空調ダクト「ラインエコ」を開発
成型機までも手がける業界最先端企業

# 矢留工業 株式会社

［ISO9001 認証取得］

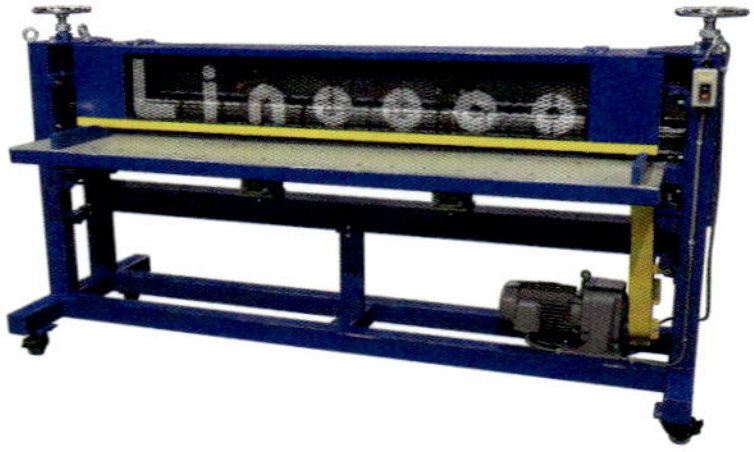

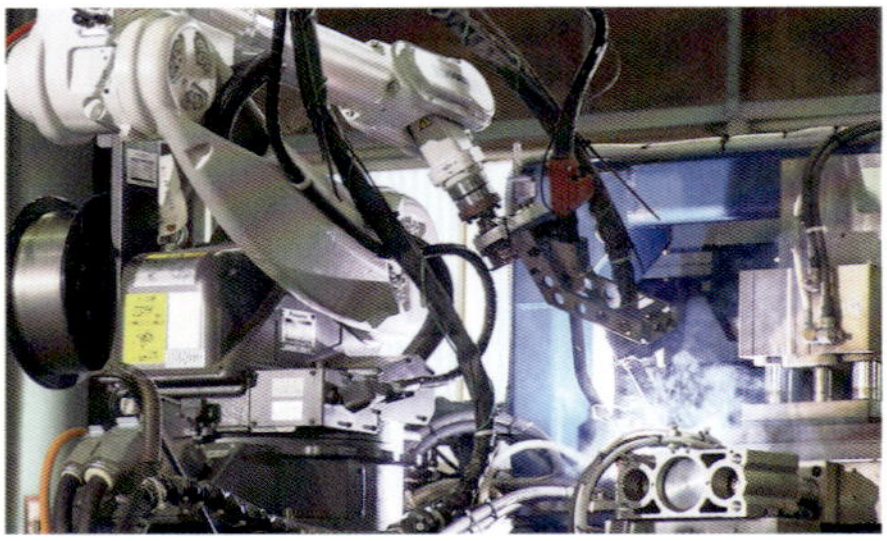

高い開発力と技術力で「ラインエコ」や「ラインエコ成型機」など独自製品を生み出す

## 技術面、環境面で高評価を得る自社製品群

空調設備や塗装プラントなど、環境・生産設備の設計から製造、施工まで一貫して行っている矢留工業。空調ダクトメーカーとしての経験とノウハウを盛り込んだ自社製品「ラインエコ」は、販売開始から約10年で全国各地の商業施設やビル、工場や学校など多数の納入実績を誇っている。

この「ラインエコ」は軽量化のため薄い鋼板を使い、薄板に凸凹のリブを入れることで補強し、高強度・高剛性を実現した画期的な空調ダクトだ。さらに、難接合材の溶接技術や金属加工技術にも磨きをかけ、既存空調ダクトの剛性を保持しつつ、最大50％もの軽量化も可能にした。また、省資源、省エネルギーをはじめとした環境側面でも高い評価を得て、愛知環境賞の優秀賞を受賞している。

そして、そのダクト成型機も自社で開発・製造しているため、低コストで提供できるという点で大きな魅力となって全国へ普及拡大されている。

また、溶接技術の基礎研究も行い、品質が安定する溶接ダクトの課題解決のために、同社はティグ溶接と炭酸ガス溶接の全く異なる2種類の溶接を併用できる専用溶接ロボットを開発した。

一方、塗装プラントなどの生産設備では半導体から自動車、航空機まで、様々な塗装ラインの設計と工程設備を手がけ、納入企業の作業性向上や効率化に貢献している。

## 最新の機械設備と若手の自由な発想で業績を拡大

手がけた高品質な空調設備や塗装プラントの背景には、最新製造設備や数々の特許と共に、開発、設計、技術のそれぞれが高い力

企業理念：矢留工業は意欲的な自己革新とテクノロジーの進歩を追求し、環境設備と生産設備の創造により人々の快適環境に貢献します。

を持っていることがある。しかし、何よりも一貫体制のチームワーク力が大きな役割を果たしてきた。

社是を「人の和」とし、社員同士の信頼を重視する経営を行っている同社。新年会、社員旅行といった定期的な交流や、野球部など親交を深める機会も多い。自由に発言できる企業風土の中で、活発にコミュニケーションが行われ、今日も様々なアイデアが生み出されている。

塗装プラント製造では自動車や航空機まで手がける

## MESSAGE

代表取締役社長　東海林 昌仁

当社はいち早く最新設備を導入し、効率化をはかり、意欲的に自己革新とテクノロジーの進歩を追求しています。そして、「技術」と人材育成による「人の和」を調和させ、人々が快適に過ごせる環境づくりのために技術を駆使し、社会の発展に取組んでいます。

## COMPANY PROFILE

**矢留工業株式会社**
http://www.yatome.co.jp

本社：春日井市牛山町神明土 2797-1
電話：0568-31-8152
代表取締役社長：東海林昌仁
設立：1970 年 10 月
売上高：13 億円
従業員数：53人（2018 年 9 月現在）

インターンシップあり

働きやすさアピール!

新卒　中途　社食　車　住宅　産・育　文系　研修

## TOPICS

### 居住空間をより快適に!

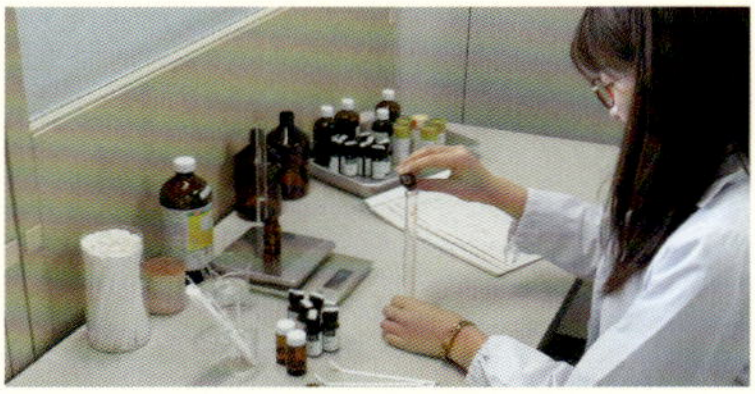

矢留工業では、空調設備や塗装プラントをはじめ各種環境設備や生産設備、クリーンルーム設備、集塵設備などの設計からメンテナンスまで幅広い事業に取組んでいる。2010 年には、空調や換気・送風などの環境設備からさらに一歩進み、居住空間により一層の快適さを提供しようと、香りで快適空間を提供するアロマエアー事業部が発足。オリジナルアロマオイルの開発と拡販にも注力している。

**扱い商品は、なんと約15万アイテム!**

ねじを中心に、
産業界・ホームセンター向け製品を開発・製造・販売

# 株式会社 八幡ねじ

［ISO9001 認証取得・ISO14001 認証取得］

2016 年に竣工したテクノセンター（岐阜県各務原市）では、おもに産業用締結部品を扱っている。自社開発システムにより、数万点に及ぶ製品の効率的で正確な入出荷・在庫管理を可能にした

## 多岐にわたる取引業界のニーズに柔軟な対応

私たちの身の周り半径1m以内に必ずあるといっても過言ではないねじ。八幡ねじは、電機、自動車、機械、建築・土木など産業界向けのねじをはじめとする締結部品や、ホームセンター向け製品を開発・製造・販売している。その扱いは15万アイテムに及ぶ。

八幡ねじの強みは、多岐にわたる取引業界のそれぞれ異なる要求品質など豊富な情報を保有しており、各ニーズに柔軟に応えられること。具体的な取組の一つとして、膨大な取扱い製品の中から顧客が求める製品をスピーディーかつ確実に届けるため、製品の受注や入出荷のリアルタイム処理、在庫管理などを効率的に行う独自のITシステムをいち早く導入してきた。

もう一つ、同社が誇る競争力が製品のデザインマネジメントだ。特にホームセンター向けのねじは、少量・サイズ別にパッケージ化され、ねじの形状や数量、サイズなどの違いがひと目でわかる。ユーザーが欲しいものを簡単に見つけられるようにした工夫はグッドデザイン賞受賞にもつながり、今はスタンダードになっている。

## 製造から物流までをトータルにデザイン

商社機能を備えたメーカーともいえる八幡ねじには、ものづくりに対する独自の考えがある。代表取締役社長の鈴木則之氏は「材料を加工し、組立を行うことだけがものづくりでしょうか?」と疑問を投げかける。ユーザーが求める製品をリーズナブルな価格で提供するため、製品の企画・設計から製造の環

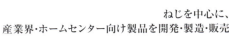

境・工程・在庫管理・物流の方法までを含めてトータルにデザインする、それが八幡ねじ流のものづくりだ。

　この考えを事業の柱とし、主力製品であるねじの技術開発に注力すると共に、ユーザーの幅広いニーズに応えるため、園芸やインテリア、キッチンアイテム、生活日用品などの新製品開発にも果敢に取組む。そんな多面性のある八幡ねじは、揺るぎない軸を持ちながら変化し続ける、驚きに満ちた企業である。

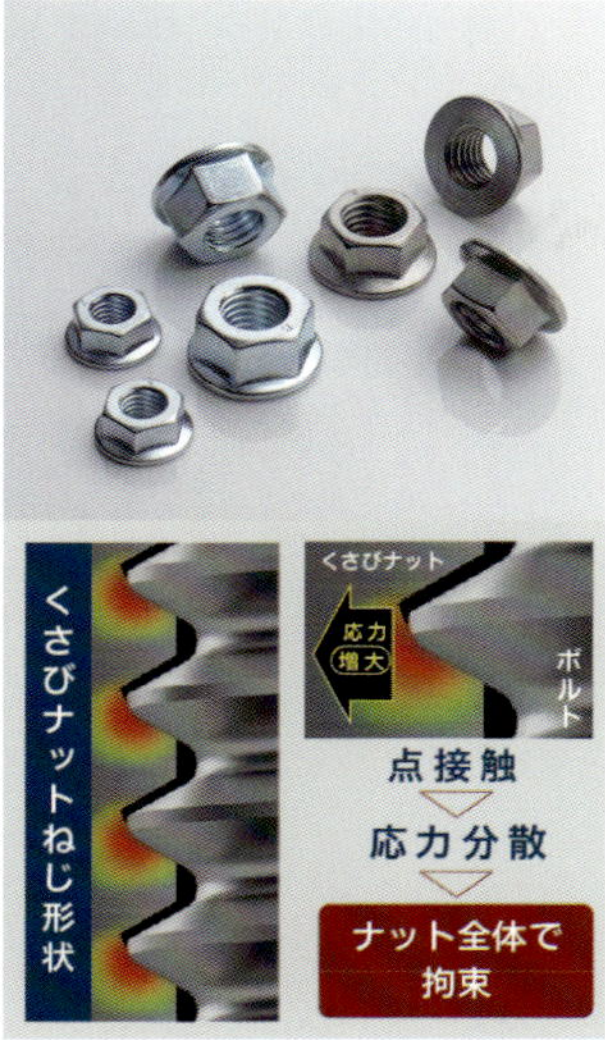


強力なゆるみ止め性能を発揮する「くさびナット」も開発。ねじ溝の谷底部に傾斜面を持たせた特殊な形状がくさび効果を生み、ボルトをがっちりロックする

## MESSAGE

代表取締役社長 鈴木 則之

当社が社員に求めるもの。それは、仕事を本気で楽しむ精神。「楽しい」の反対は「辛い」ではなく、辛いこともひっくるめて楽しむ。そういう前向きな意志を持って主体的に行動できる人は必ず活躍できます。

## COMPANY PROFILE

**株式会社八幡ねじ**

http://www.yht.co.jp/index.html

**本社：北名古屋市山之腰天神東 18**

**電話：0568-22-2629**

**代表取締役社長：鈴木則之**

**創業：1946 年 9 月 10 日**

**売上高：260 億円（グループ計、2017年6月期）**

**従業員数：1,036 人（グループ計、2017年6月現在）**

インターンシップあり

働きやすさアピール!

新卒 中途 社食 車 住宅 産・育 文系 研修

**主な海外取引先**

（生産・販売拠点）

## TOPICS

### ねじだけじゃない!驚きの製品開発

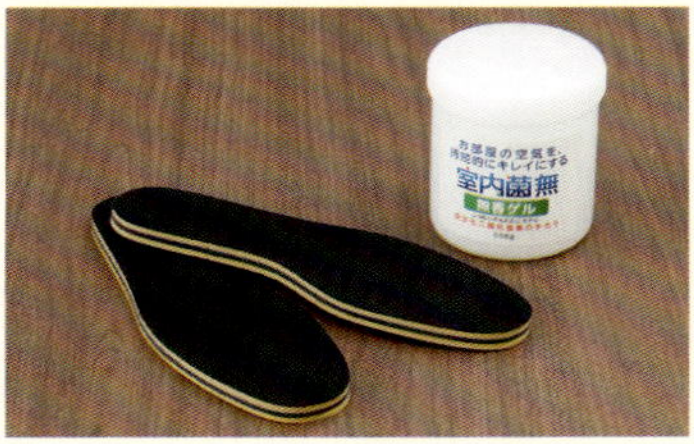


ユーザーが求めるものは潜在的なニーズを含めて何でも提供したい。そんな想いから、八幡ねじは様々なメーカーと手を組み、例えばブカブカの靴でもしっかりフィットする「極厚インソール」や、安全性に優れた室内環境浄化剤「室内菌無」など、ねじのイメージとはかけ離れた新製品も、次々に開発している。

大手メーカーのマフラーカッターで高いシェア！

独自の生産ライン構築で
多品種少量生産から量産まで

# 株式会社 河村工機製作所

［ISO9001 認証取得・ISO14001 認証取得］

RP 専用機で生産する板巻きパイプは「RP パイプ」とも呼ばれる。丁寧な検査で高品質を維持

## サッカーを通じ人材活性化や地域貢献に尽力

河村工機製作所は、自動車の排気システムを構成する板巻きパイプやバルジパイプ、マフラーカッターを主に手がける金属プレス部品加工メーカー。名古屋・知多・北九州に生産拠点を有し製品を安定供給しているのはもとより、特筆すべきは知多郡にある阿久比工場に総天然芝・照明完備のサッカーグラウンドを備えていること。社会人知多リーグに所属するサッカーチーム河村工機FCを持ち、なでしこチャレンジリーグのサポート企業を務める同社では、就職支援、試合や練習時のグラウンド提供、地域の高校生チームを招いての河村工機杯サッカー大会開催など、人材活性化や地域貢献に注力している。こうした取組みが会社全体の一体感を生み出し、チームワークを必要とする製造現場にも良い影響をもたらしているという。

## 愛知環境賞優秀賞受賞、地域未来牽引企業選定

ものづくりにおける同社の強みは、板巻きパイプを製造する際、プレスと溶接の工程を1台の専用機で行うことができる「RP（ロール・プラズマ）」技術。従来はプレスと溶接の工程が別になっていたが、生産スピードに差があることから中間在庫が多く、生産効率が悪いという課題があった。そこで、技術と専用機を自社開発。結果、工程スペースが従来の1／3、消費電力が1／8に縮小した。その功績が認められ2015年には愛知環境賞優秀賞を受賞。さらに2017年には経済産業省の地域未来牽引企業に選定された。

時代に応じた独自の技術で量産から少ロットまで対応する同社では、2018年秋に広島に生産拠点を増やす予定。今後は大型金属プレス加工や自動車部品以外のプレス加工にも取組んでいく。

社是：他社よりも一歩先んじた技術力

仕事とサッカーを両立する 4 人の女子が活躍中!

## COMPANY PROFILE

**株式会社河村工機製作所**

http://www.kawamura-koki.co.jp

本社：名古屋市緑区鳴海町字太鼓田4-1
電話：052-621-8111
代表取締役社長：藤本 徹
設立：1952 年
売上高：67 億 6,000 万円
（2018 年 2 月期）
従業員数：185 人（2018 年 4 月現在）

働きやすさアピール!

新卒　中途　社食　車
産・育　文系　研修

## MESSAGE

代表取締役社長 藤本 徹

一人でできる仕事には限りがあります。それぞれが持つ個性や能力を発揮できるのは良いチームワークがあるからこそ。河村工機製作所というチームで仕事もプライベートも充実させ、未来を切り拓きましょう!

## Column

### 歴史に学ぶ次世代のものづくり

愛知発の製品は数多あるが、いきなりポッと出たものは何一つない。例えば、ファインセラミックス製品も戦後になって突然誕生したわけではない。千数百年におよぶ窯業の歩みを背景に生み出されたものである。

古墳期、窯業に適した環境の名古屋市東部で須恵器生産が始まった。やがてこの技は西三河を経て瀬戸や常滑へと伝播し、施釉陶器、染付磁器、朱泥陶器等の特徴的な製品が誕生する。明治期には欧米技術が移入され、白磁洋食器、タイル、がいし等、従来なかった製品も生み出された。こうした活動を通じて蓄積された陶磁器の製造技術が応用され、ファインセラミックス誕生に至っている。

過去から現在へと歴史には連続性がある。昨今、次世代のものづくりが議論されているが、まずは過去をしっかりと振り返るところから始めたい。方向性の是非や足りないものを歴史が教えてくれる。

富士精工株式会社
総務部長　堀部 徹哉

高機能表面処理のプロフェッショナル!

世界のものづくりを支える
「表面処理加工」の専門メーカー

# 山旺理研 株式会社

［ISO9001 認証取得・ISO14001 認証取得］

本社社屋

## 40槽のめっき槽であらゆる製品に対応

２０１８年２月に創業50周年を迎えた山旺理研は、〝硬質クロムめっき〟や〝無電解ニッケルめっき〟による表面処理加工を専業とするメーカー。フォークリフトや自動車、産業機械などの重要部品のめっき加工を手がける。同社の特筆すべき特徴は、大小40槽のめっき槽を備え、数㎝から５ｍの部品、１品物から月産数万本の量産品まで、特殊化・多様化するニーズに応じてあらゆる製品を加工できるということだ。

さらに、量産品に対応するために、めっき液のブレンド割合や温度管理、電気量、時間などをデータ化することで、職人の手に頼らない自動化ラインを構築。縦型の自動機ラインの導入で、長尺の金属棒を真円かつ均一にめっき加工する技術を確立した。また、めっき工程の前後工程のバフ工程に独自の研磨技術を構築している。

そのような企業努力の結果、年間加工本数の約半数は、輸出され海外で使用される製品に取付けられているそうである。

## 翌日納期にも対応可能な独自の管理システム

専用工作機など、特殊な機械部品のめっき加工にも対応する同社では、たとえば翌日納品といった「特急品対応」を求められることも多いため、独自の在庫管理システムを構築し短納期を実現している。また、同社の環境に対する配慮は、排風設備が整い、液剤による床の汚れなどが少ない工場の様子からもうかがわれる。こうした高い企業意識のもとで人材が育ち、「錆びず、耐摩耗性のある」めっき加工技術が生み出されている。今後は、「唯一無二の表面処理加工業として安定供給を継続し、１００年企業となる」ことを経営目標に、全社一丸となって取組んでいる。

経営理念：表面処理加工技術で世界のモノづくり産業を支え、
高付加価値、高品質な独創技術でお客様の問題解決に貢献する。

**MESSAGE**

営業部課長 吉川 直幹

「品質が安定しない」「不良が多く出る」といったお客様が抱える問題点は当社が解決。蓄積されたノウハウを活用して部品の耐摩耗性と硬度の向上を追求し、あらゆる表面処理技術の可能性をご提案しています。

**COMPANY PROFILE**

**山旺理研株式会社**

http://www.sannouriken.co.jp

本社工場：名古屋市西区玉池町 5
第二工場：北名古屋市九之坪鴨田 74
電話：052-502-1151
代表取締役：松浪秀晃
設立：1968 年
売上高：10.1 億円（2018 年 6 月期）
従業員数：30 人（2018 年 4 月現在）

働きやすさアピール!

中途　車　住宅　産・育　文系

3mの縦型長尺めっきライン

14 機のバフ研磨ラインを備える

あいちTOPICS　愛知県の基礎知識⑤

## ノーベル賞受賞者、なんと7人も！

ノーベル賞を受賞した日本人は16人だが、うち7人もが愛知県にゆかりがある。

赤﨑勇・名城大学終身教授と天野浩・名古屋大学教授は、今や世の中に欠かせない青色LEDの発明で、中村修二・カリフォルニア大学教授と共に2014年の物理学賞を受賞。岡崎市にある基礎生物学研究所名誉教授の大隅良典氏は、オートファジー（細胞の自食作用）の仕組みを解明し、2016年に生理学・医学賞を受賞した。

名古屋大学の博物館には化学賞の野依良治氏、下村脩氏、物理学賞の益川敏英氏、小林誠氏を称える「ノーベル賞研究コーナー」が常設され、「野依記念物質科学研究館」の一部も公開されている。また、2020年には名古屋市科学館内に「ノーベル賞受賞者顕彰施設」が設けられる。ワクワクしながらOPENを待ちたい。

ノーベル賞受賞者顕彰施設のパース
（提供：名古屋市科学館）

量産品に強い！
高機能製品に採用

ふっ素樹脂コーティングの
総合コンサルタントメーカー

# 株式会社 フロロコート名古屋

［ISO9001 認証取得］

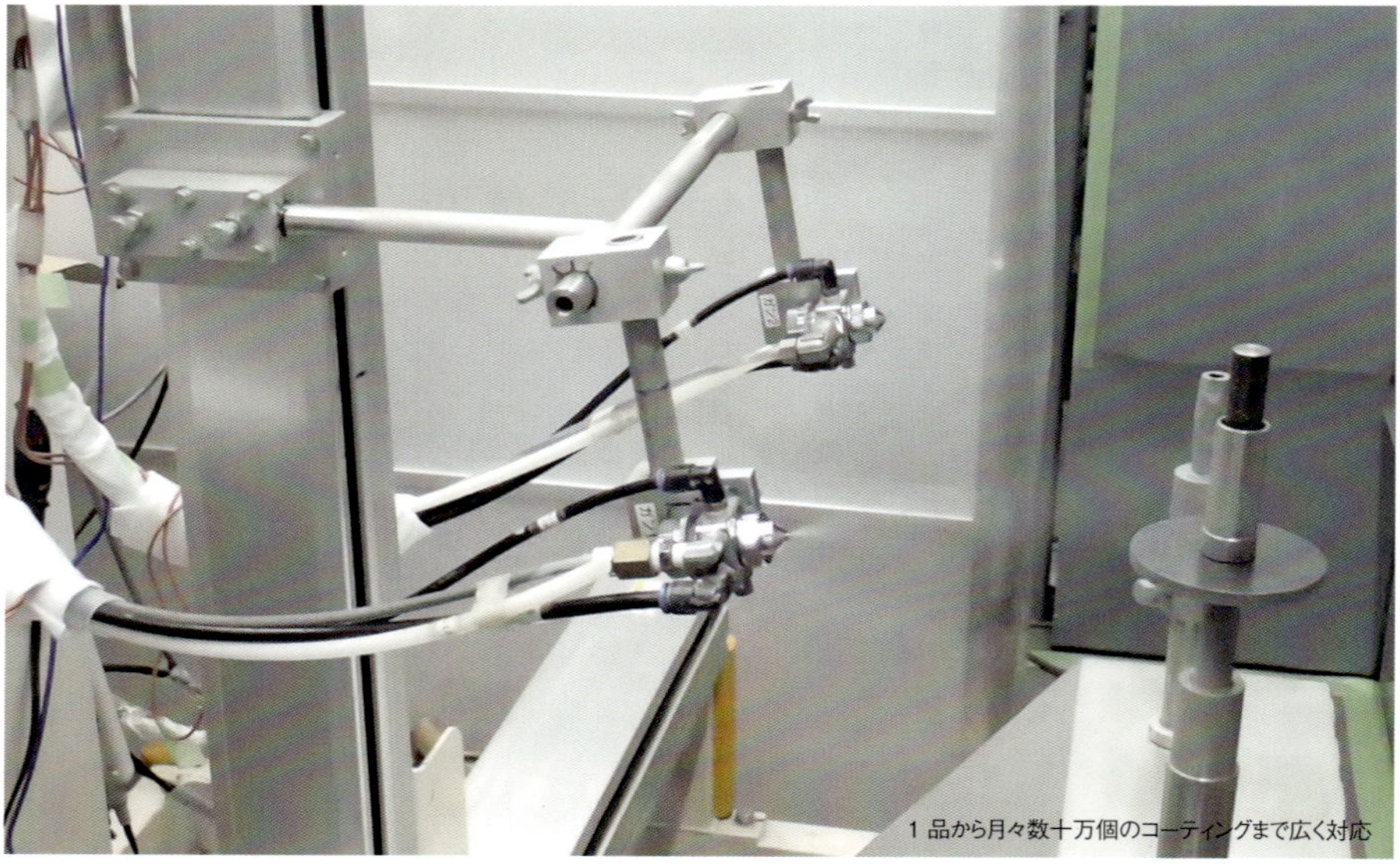

1品から月々数十万個のコーティングまで広く対応

## いち早く、ふっ素樹脂コーティングを導入

フロロコート名古屋は、「ふっ素樹脂コーティング」という加工技術によって、医療製品や自動車部品などのより高い〝機能〟を売っている企業。ふっ素樹脂というのはプラスチックの一種で、くっつかない・熱に強い・滑りやすい・薬品に侵されにくい・電気特性が良いなどの特性を持つ。これをコーティングすることにより、耐久性や耐摩耗性などの機能が高まるため、様々な環境にさらされる自動車部品には欠かせない加工となっている。

シリコーン樹脂や、ふっ素樹脂によるコーティング加工を60年前に日本でいち早く導入したのは、実はフロロコート名古屋の創業者。同社では「材料・評価・加工の3つの技術を大切に」という創業者の教えを今日まで堅実に守り続けている。

## 塗膜の機能を100%発揮させる技術

「3つの技術を大切に」という教えを具現化している一つが、充実した評価設備だ。表面を細かく分析する装置や、膜の密着性を測る装置などを取り揃え、加工精度などをデータで見えるようにしている。こうしたデータは試作や開発に活用されるだけでなく、出荷時には検査成績書として添付されてもいる。

また〝塗膜の機能を100%発揮させる〟ことを目標に掲げ、それを実現するために、適切な粗さで行う下処理、厚さの均一な塗膜、適切な温度条件下での焼付塗装などに徹底してこだわった加工を行っている。こうした厳しい姿勢が技術を高め、顧客からの信頼獲得につながっている。

社是：表面改質技術で社会に貢献する。貢献を通じて社員及び関係者の生活を物心両面に亘って豊かにする。

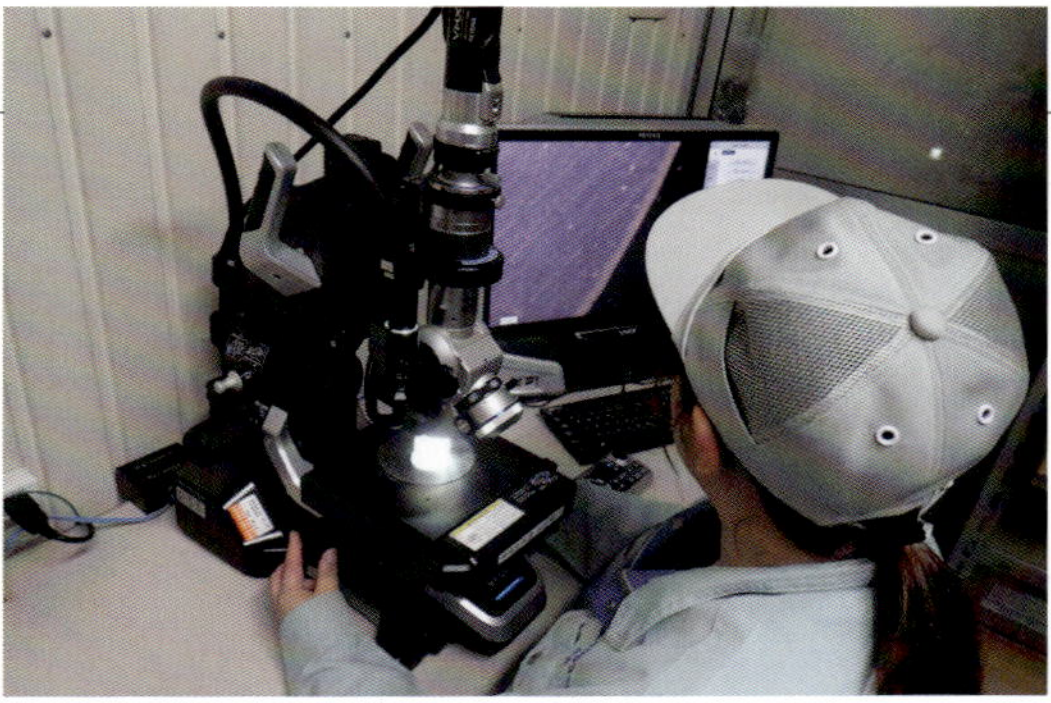

研究所では試験片や製品の塗膜の評価比較や精密分析を実施

COMPANY PROFILE

**株式会社フロロコート名古屋**
http://www.fluorocoat-nagoya.co.jp
本社：一宮市三条字野間4
電話：0586-62-2261
代表取締役社長：諏訪部充弘
設立：1967 年 7 月
売上高：7億6,700万円（2017年4月期）
従業員数：48 人（2018 年 5 月現在）

働きやすさアピール！

新卒　中途　社食　車
住宅　産・育　文系　研修

MESSAGE

代表取締役社長 諏訪部 充弘

ふっ素樹脂コーティングに関して「知らない・解らない・できない」と言わないというのが、業界のパイオニアである私どもの基本姿勢。コーティングに関するお客様の困り事を解決し、「助かった、ありがとう」と感謝の言葉をいただいたとき、大きなやりがいを感じます。

Column

## ガンバレ！愛知のモノ作り！

「テレビが観てもらえない」このご時世、しかしほんの5年前に視聴率40％以上の大ヒットドラマが生まれた。『半沢直樹（TBS）』だ。一方、ドキュメンタリーの分野でも、いまだに復活の声が多く寄せられるのが『プロジェクトX（NHK）』。

この両者に多分に描かれるもの、それは「モノ作りの輝き」だ。「より良いものを」という真摯な思い、高い壁に挑む勇気、技術を磨き続けるひたむきさ。いずれもが勤勉な日本人の象徴であり、そこに人々は共感し、涙する。どんなにメディアが多様化しても、この「輝き」は朽ちることのない普遍的なコンテンツなのだ。

愛知の町工場や研究所には、決して派手さはないが「確かな技術」があり「具体的な未来」がある。私たちは、そうした輝きを一つでも多く社会に伝え、「明日への活力」をお届けしたい。ガンバレ！愛知のモノ作り！

NHK名古屋放送局制作部
チーフプロデューサー　小川 康之
※愛知ブランド評価委員会委員

工業用ボールタップ
国内シェアNo.1

品質の高さで支持を得ている
水道用バルブの専門メーカー

# 兼工業 株式会社

[ISO9001 認定取得・ISO14001 認定取得]

原材料の青銅を溶かし、型に素早く流し込んで製品の原型をつくる。安定した品質を支えるのは職人の高度な技術だ

## 設計から組立までのすべてを自社で完結

愛知県小牧市に本社と工場を構える兼工業は、水道用バルブの専門メーカー。1954年の創業以来、製品の設計から鋳造、加工、組立までのすべてを自社で一貫して行っている。そのため、様々なオーダーに柔軟に応えられると共に、製品の品質、納期、コストをコントロールできるのが強みだ。

自社ブランド「KKK」製品として市場に送り出している多種多様なバルブのなかでも、工業用ボールタップは国内シェア80%以上（2017年実績・自社調べ）でナンバーワン。それを支えているのが、独自の技術力である。たとえばボールタップ本体の内側に、弁の固着を防ぐために施すテフロンコーティング技術もその一つ。ほかにも、故障の要因となる弁の急開閉を防ぐ技術など、品質を向上させる数々の技術を先駆けて開発し、「ボールタップといえば兼工業」と言われるほどの圧倒的な支持を得ている。

## 新しい技術・新しい分野への挑戦を続ける

兼工業はシンガポールに販売拠点を置いており、近年はシンガポールやインドネシア、ベトナムなどアジアを中心に海外への水道用バルブの販売に注力。またスリランカでは、水の届かない地域や水が届きにくい地域への適正な配水を実現するなど、独自の技術を用いて支援する取り組みも行っている。その一方で、水道用バルブメーカーとしてのさらなる成長をめざしながら、技術力を生かして、生産設備や部品を開発するなど、新しい技術、新しい分野への挑戦を続けている。

### MESSAGE

代表取締役社長 落合 潔

当社は技術力・生産力・企画提案力で64年の歴史を歩んできました。「感性、気力、信頼、創造」の精神で、インフラにかかわる企業として確かな品質を保ちながら、海外展開など新たな挑戦をし続けます。

品質に優れるバルブ製品の数々

### COMPANY PROFILE

**兼工業株式会社**
http://www.kkkvalve.jp
本社：小牧市大草 2036
電話：0568-79-2476
代表取締役社長：落合 潔
設立：1954年5月15日
売上高：31.8億円（2018年2月期）
従業員数：146人（2018年2月現在）

インターンシップあり

働きやすさアピール!

新卒　中途　社食　車
住宅　産・育　文系　研修

主な海外拠点
（生産拠点）　（販売拠点）

会社方針：感性、気力、信頼、創造

全国各地で活躍するエアーバック式止水工法

水道用接合部品で
シェアNo.1の鋳造メーカー

# クロダイト工業 株式会社

［ISO9001 認証取得］

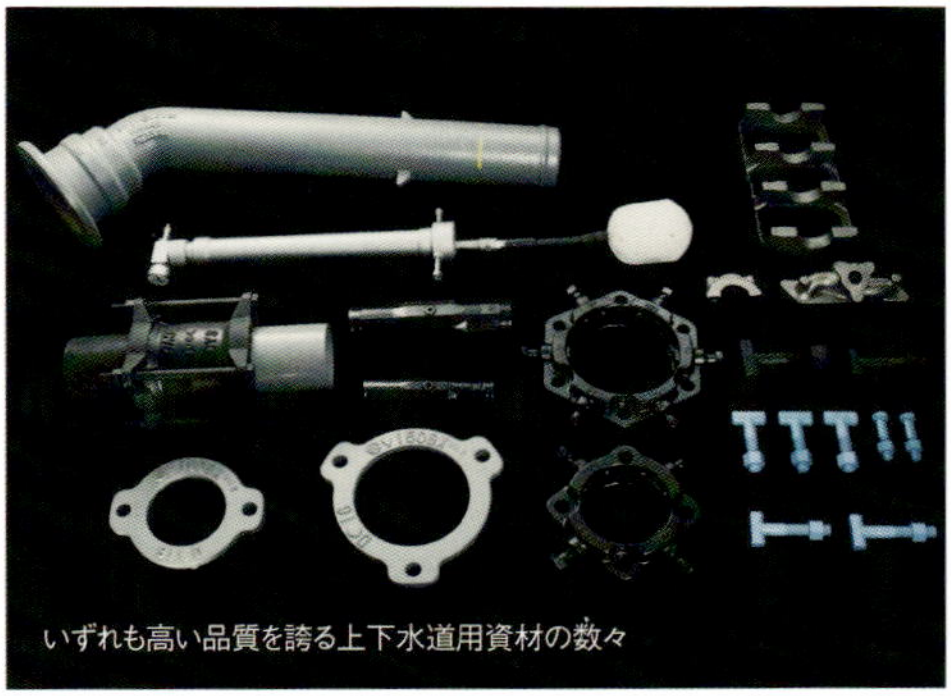

いずれも高い品質を誇る上下水道用資材の数々

## 上下水道に欠かせない接合部品を製造

２０１８年に創業90周年を迎えたクロダイト工業のコアコンピタンスはダクタイル鋳鉄にある。この鋳鉄は延性・強じん性に優れていることから、上下水道用資材や自動車部品、建築資材に採用され、見えないところで生活を支えている。

特に独自に開発した水道用フッ素合金ボルトナットは、耐食性・耐衝撃性・耐荷重性など、あらゆる面で高い品質を誇り、約50%以上の国内トップシェア（自社調べ）を誇っている。

エアーバッグ式の資材で局部止水工事を実現

MESSAGE

代表取締役社長 黒田 英嗣

水道関連の製品や自動車部品に限定せず、新たな分野に取り組んでいくため、自分のアイデアをもち、それを具現化できる人材を求めています。モチベーションの高い方なら、年齢・性別・国籍を問わず活躍していただける環境も整備し、お待ちしています。

また上水道用継手部品の押輪も小口径から大口径まで生産しており、なかでも口径１０００㎜上ではオンリーワン企業として評価を得ている。

## 維持管理・復旧に貢献する工法も高い実績

こうした技術に、長年にわたり培ってきた上下水道に関する知識とノウハウを組み合わせた高付加価値の製品を、施工まで一貫したシステムとして提供しているのがエアーバッグ式止水工法だ。これはゴムと布の二重構造になったバッグを水道管内の所定の位置に挿入し、バッグを膨らませることで管路を局部止水する不断水工法。維持管理はもちろん、突然の水道管破裂や地震後の復旧などに活躍し、日本全国で累計5万件以上の実績を誇る。

鋳鉄や水道に軸足を置きつつも、アメリカやヨーロッパへの海外進出を計画し、さらに新分野にも挑戦することで、１００周年、２００周年続く企業をめざしている。

### COMPANY PROFILE

クロダイト工業株式会社
http://www.kurodite.co.jp
本社：碧南市羽根町 4-58
電話：0566-41-2151
代表取締役社長：黒田英嗣
創業：1928 年 4 月
売上高：41億2,800万円（2018年4月期）
従業員数：150 人
（グループ計、2018 年 8 月現在）

インターンシップあり

働きやすさアピール!

新卒 中途 社食 車 産・育 文系 研修

スローガン：ニーズと信頼にお応えする、クロダイトグループ

**平均年齢34歳!**
**各部署で若手技術者が活躍中**

限りある資源「鉄」を再生させ
自由なカタチをつくり出す

# 株式会社 古久根

## 薄くて軽量「チップマウンター鋳物フレーム」

古久根は、鉄を原料とする製品をつくっている鋳物パーツメーカー。おもに水道用バルブや工作機械のパーツ、ＩＣチップ実装設備の内部パーツなどを手がけ、なかでも「チップマウンター鋳物フレーム」という、プリント基板にＩＣチップを取り付けるロボットの内部フレームが主力製品だ。このフレームの特徴は、複雑な形状でありながら一つの型からつくられていることと、従来の製品に比べ薄くて軽量であること。複数の鉄板を溶接して組み合わせても同様のフレームをつくることはできるが、鋳物でつくることによって設備を動かしたときの音や振動を抑えられ、ＩＣチップを取り付ける精度を格段に高められる。

大型５面加工機を用いた「チップマウンター鋳造フレーム」の機械加工。高い加工技術を保有している

1500℃で溶かした鉄を炉から取出す出湯作業

**MESSAGE**

代表取締役社長 古久根 靖

何もないところからさまざまな形のものを生み出せるのが鋳物づくりの面白さ。鋳物には、アイデア次第でこれまでにないものづくりができる可能性があります。当社の仕事は1500℃で金属を熱する業務から、パソコンで最新ソフトを使う業務までさまざま。一緒に鋳物の可能性を引き出しましょう!

## 日本の技術×先端ソフトで鋳物の可能性をＵＰ

古久根では日本古来の鋳物づくりの技術を守りつつ、３次元ＣＡＤやトポロジー最適化といったソフトウェアを取り入れ、時代に先駆けたものづくりを行っている。そのきっかけとなったのは、半導体製造装置関連分野における機械装置フレームを鋳造にて具現化することへの挑戦であった。２０１３年には同製品が、最新技術を用いた優れた鋳物に与えられる日本鋳造工学会の「キャスティングスオブザイヤー賞」を受賞した。あらゆるものに電子部品が搭載されている現代、製造・加工・組立の一貫生産を強みに高まる需要に応えている。

### COMPANY PROFILE

**株式会社古久根**
http://www.kokune.net
本社：碧南市須磨町 1-22
電話：0566-41-0503
代表取締役社長：古久根靖
設立：1950 年
売上高：35 億円（グループ計、2018年4月期）
従業員数：140人（グループ計、2018年7月現在）

インターンシップあり

働きやすさアピール!

新卒 中途 車
住宅 産・育 文系 研修

社是：信頼と勇気

**電気炉鋼材の適用で $CO_2$排出量75%削減!**

鉄鋼資源のリサイクルで
環境保全に貢献する電炉鉄鋼メーカー

# 東京製鐵 株式会社 田原工場

［ISO9001 認証取得・ISO14001 認証取得］

世界最大級の420t電気炉

## 4工場で最大の敷地面積を誇る田原工場

国内大手の電気炉メーカーとして知られる東京製鐵が構える国内4工場のうち、最大の敷地面積を誇るのが2009年に操業を開始した田原工場だ。同工場ではグリーンフィールドに工場を建設し、構内物流に強く効率的な生産工程を実現。環境・品質・省エネ性に優れた世界最大級の420tの電気炉を備え、1回で300tの溶鋼を製造することができる。

主力製品はホットコイルや縞コイル、レーザー切断性に優れた鋼板で、国土交通大臣認定のトウテツコラム（角形鋼管）も製造している。一般にはなじみのない製品のように感じられるが、実は家電や産業・建設機械、建築物など、生活の身近にある様々なものに使用されている。

## 循環型社会と低炭素社会の実現に向けて

製鉄の方法には高炉と電炉の2通りがある。高炉材は1t生産した場合、約2tの$CO_2$を排出するが、電炉材は約0.5tしか排出しない。すなわち高炉材から電炉材に置き換えることで、$CO_2$排出量を75%削減でき、地球温暖化防止に大きく貢献できる。

平成28年度に愛知ブランド企業の認定を受けた田原工場を含め、東証一部上場企業の東京製鐵では長期環境ビジョン「Tokyo steel Eco Vision 2050」を策定し、低炭素・循環型鋼材である電炉鋼材の供給を通じて日本の$CO_2$排出量の大幅な削減、貴重な鉄スクラップの国内でのさらなる有効利用を通じて資源効率性向上を図り、2050年のあるべき社会の実現に取組んでいる。

粗圧延

### MESSAGE

常務取締役 田原工場長 足立 俊雄

鉄鋼資源のリサイクルを通じて、環境負荷が少なく低コストな製品を世の中に送り出しています。元気があってガッツのある人、大歓迎!資源リサイクルの最前線に立つ当社で、共に地球にやさしい未来を築いていきましょう。

### COMPANY PROFILE

**東京製鐵株式会社 田原工場**
http://www.tokyosteel.co.jp
住所：田原市白浜二号 1-3
電話：0531-24-0810
常務取締役工場長：足立俊雄
操業開始：2009 年
従業員数：200 人
（田原工場 2018 年 4 月現在）
本社：東京都千代田区霞が関 3-7-1
霞が関東急ビル 15F
代表取締役社長：西本利一
設立：1934 年
売上高：1,641 億円（2018 年 3 月期）

働きやすさアピール!

新卒　中途　車
住宅　産・育　文系　研修

企業理念：鉄鋼資源のリサイクルを通じて省エネルギーと省資源を実現し環境保全に貢献

## フロンガスの回収・再生・破壊装置を一手に引き受ける、世界でも希少なメーカー

オゾン層保護・地球温暖化防止に貢献し
国の機関や国連とも協力している企業

# アサダ株式会社

犬山開発棟。「適地適産」をめざして６カ国に拠点を構え、グループ従業員の半分以上が外国人というグローバル企業だ

### 日本で先陣を切り、オイルレス式フロン回収装置を開発

フロンガスはエアコンの冷媒などに使用されてきた有用な化合物だが、国際社会ではオゾン層破壊や地球温暖化の危険性が指摘され、80年代末から規制が始まろうとしていた。この潮流を敏感にとらえ、国内では先陣を切ってオイルレス式フロン回収装置を開発したのがアサダである。

同社はパイプにねじを切る配管機械を主とするメーカーで、多彩な工具類を各国に提供していたが、環境分野では経験ゼロだった。しかしとあるアメリカの展示会で、ひとりの社員がフロン関連技術に目を留めた。彼は直感的に重要性を確信し、帰国後すぐに周囲を説得してフロン回収装置の開発をスタート。それから数年後、日本でもフロンの法規制が具体化して産業界をあわてさせたころ、アサダはすでに装置を完成させ、認定取得していたのである。製品オファーはもちろん、官公庁からも試験や講習会の依頼が舞い込んだ。

現在のアサダは、世界６カ国に拠点を持つ工具メーカーであると同時に、フロンの回収・再生・破壊装置をすべて自社開発し製造販売する、世界でも希少な企業である。２０１５年の改正フロン法に際しても高性能なフロン再生装置を開発。その担当者は、大学との共同研究中に新しい不純物除去技術を生み出し、博士号も取得した。これらオゾン層保護・地球温暖化防止に対するアプローチは高く評価され、国の機関や国連からも講演や助言を求められる存在となっている。

### 顧客も自分も大切にする文化

社長の浅田吉氏は言う。「売りっぱなしの商売は苦手です。現場

キーワード：Quality（生活や環境に役立つ）、Innovation（新基盤技術の確立）、Globalization（世界的視野）

高圧フロン回収再生装置「エコサイクルオーロラII」。
改正フロン法（2015）施行に伴い、ニーズはさらに拡大している

で使う工具類は壊れたら仕事ができません。そこで修理即応のサービス体制をつくり喜ばれてきましたが、環境分野ではより長期的な対応が必要。我々の環境負荷低減への取組に終わりはありません」。

仕事でも長く持続できる体制が基本で、ここでは男性も育休を取得。知恵を出し合うことで残業はほぼ1時間以内だ。先日は、社長自ら5日間の休暇をとり、プーケットのハーフマラソンに参加してきたとか。そんな「人」を重んじる風土も強みなのである。

**MESSAGE**

代表取締役社長 浅田 吉

オイルレス式フロン回収装置の開発で、当社を環境分野へ導いた社員。彼はもう 70 歳ですが、いまも現役で新たな開発に取り組んでいます。挑戦する気持ちに枠や限界はありません。前例がないことには不安が伴いますが、挑戦が人と企業を成長させてくれます。我々が恐れるのは画一的になること。だからこそ多様な個性を認め、生かせる会社をめざします。

**COMPANY PROFILE**

**アサダ株式会社**

http://www.asada.co.jp

本社：名古屋市北区上飯田西町 3-60
電話：052-914-1207
代表取締役社長：浅田 吉
設立：1941 年 6 月
売上高：11 億 3600 万円
（グループ計、2017 年 12 月期）
従業員数：315 人（グループ計、2017年12月現在）

**働きやすさアピール!**

新卒 中途 車 住宅 産・育 文系 研修

**主な海外子会社**

**TOPICS**

## アメリカ環境保護庁（EPA）からも表彰

アサダは環境問題への貢献などにより、国内外で数多くの表彰を受けてきた。例えば 2007 年と 2017 年にはオゾン層保護・地球温暖化防止大賞「環境大臣賞」を受賞。アメリカ環境保護庁（EPA）からも 2008 年に「オゾン層保護賞」を授与されている。また国際連合から依頼を受け、社員が国際会議（ジュネーブ）でスピーチしたことも。これもグローバルカンパニーたるゆえんだ。

血管内治療用ガイドワイヤー
グローバルトップシェア!

医療用デバイスと産業用極細ステンレスワイヤーロープの
研究開発型メーカー

# 朝日インテック 株式会社

［ISO13485 認証取得・ISO9001 認証取得・ISO14001 認証取得］

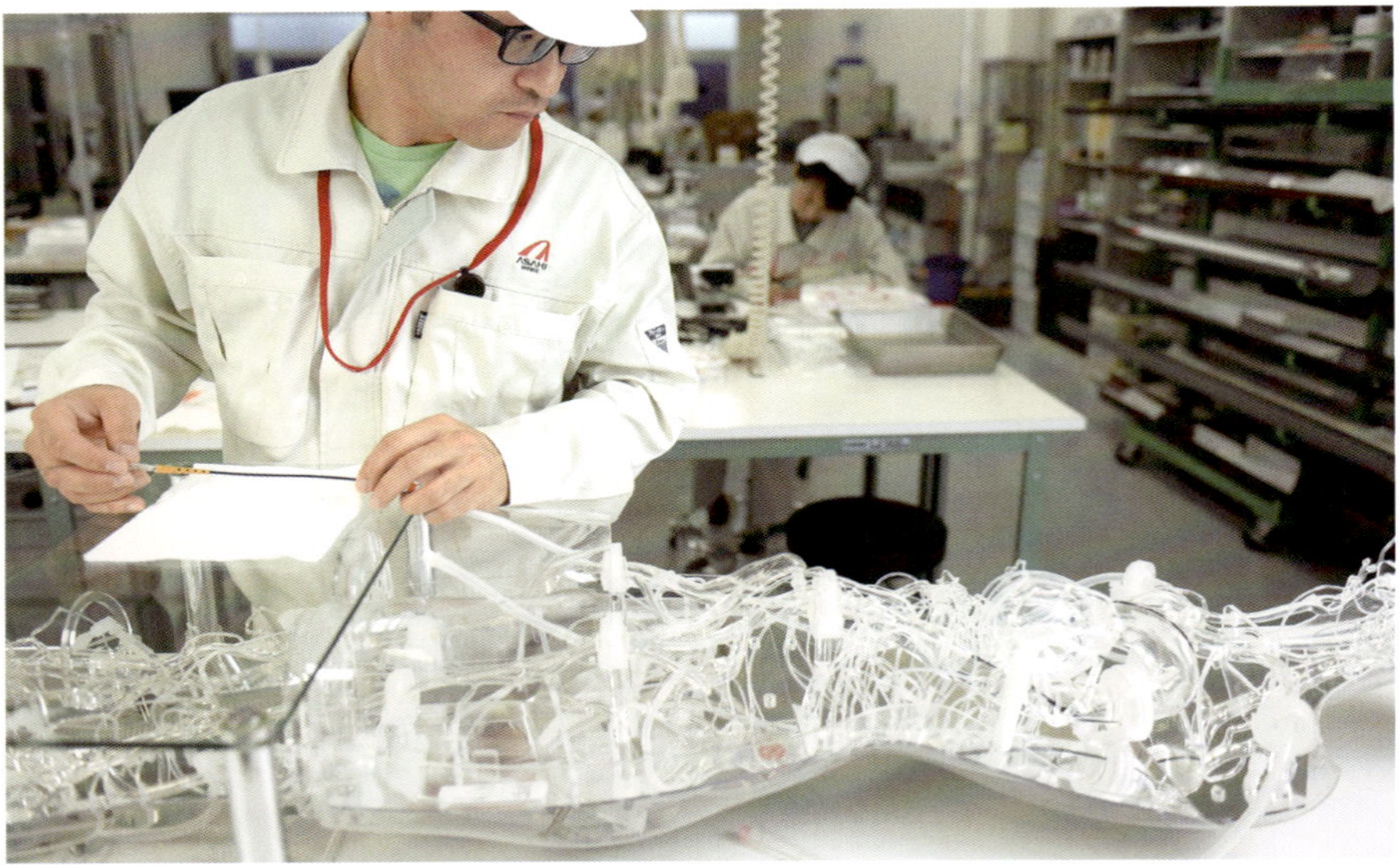

人体模擬血管模型でガイドワイヤーの操作性テストを行うメディカルエンジニア

## CTO治療を世界に広めたガイドワイヤー

極細ステンレスワイヤーロープの専門メーカー朝日インテック。創業時より自動車や家電、ＯＡ機器、建築など多様な分野のワイヤーロープを手がけるなか、現在の主力製品となっているのが、虚血性心疾患（※1）の血管内治療に使われるガイドワイヤーやバルーンカテーテルといった医療機器だ。

同社が医療分野で世界的に知られる契機となったのは、1995年に発売したCTO（※2）治療用の高性能ガイドワイヤーだ。日本のドクターが、極細ステンレスワイヤーロープの高い技術力を見込んで機器の開発を依頼。期待以上のガイドワイヤーを完成させ、CTO治療の成功率向上に貢献した。同社のガイドワイヤーの評価は高く、108の国と地域に展開され、自社推計で世界トップシェアを占めている。

（※1） 狭心症と心筋梗塞の総称
（※2） 慢性完全閉塞。3カ月以上にわたり冠動脈が閉塞している病気

## 売上の10％を研究開発に投じる意義

同社のガイドワイヤーの特徴は、どんな曲がりくねった血管内にもスムーズに入っていける操作性の良さ。それを実現しているのが、産業用ワイヤーロープを主力とする時代から培われた伸線・ワイヤーフォーミング・コーティング・トルク加工という4つの技術だ。同社の心臓ともいえる4つのコア技術は、〝想像を絶するほど開発意欲が高かった〟とベテラン社員が舌を巻くほどの技術者だった創業者により確立された。そのDNAがしっかりと次世代に受け継がれ、現在では「毎年売上の10％を研究開発費に投じる」という方針を掲げ、独自の技術による世界に二つとない製品を

企業理念：「Only One」技術や「Number One」製品を世界に発信

誕生させている。

研究開発を担う技術者の採用や育成においても、同社は特徴的な取組をしている。院卒・学卒はもちろん高専卒・高卒の垣根をなくし、意欲と適性のある人材を積極的に採用。早くからプロジェクトに携わる体制を整えることで、若手技術者の成長と研究開発の活性化を促している。そんな同社では、消化器やロボティクスなど新しい分野への参入を推進中。今後も産業分野と医療分野の技術を循環させながら、オリジナル製品を生み出していく。

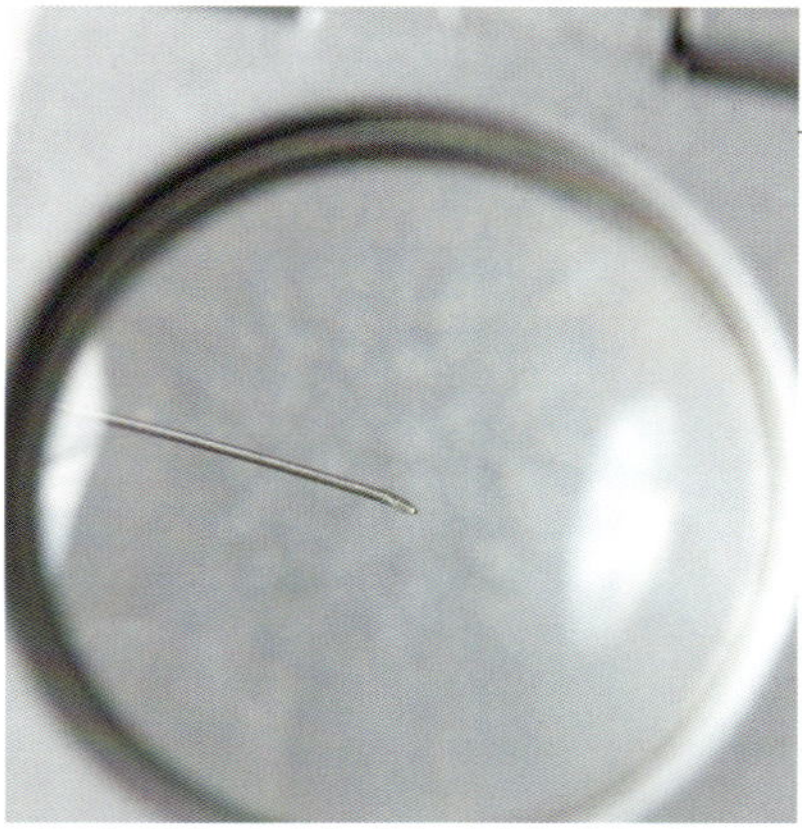
先端を多重構造にする独自の技術で操作性を格段に向上させた

## MESSAGE

代表取締役社長　宮田 昌彦

朝日インテックグループの競争力の源泉となる優れた技術力により、ドクターやお客様が求める製品を開発し、世界に向けて「Only One」技術や「Number One」製品を供給し続けていくことが私たちの使命です。グローバルな仕事をしたい人、医療に対する使命感・倫理観の高い人、仲間を大切にできる人、当社の一員として共に大きな使命を果たしていきましょう。

## COMPANY PROFILE

**朝日インテック株式会社**
http://www.asahi-intecc.co.jp
本社：名古屋市守山区脇田町 1703
(2018 年 12 月より瀬戸市暁町 3 番地100)
電話：052-768-1211
代表取締役社長：宮田昌彦
設立：1976 年 7 月
売上高：連結 427 億 9 百万円、
単体 332 億 90 百万円（2018 年 6 月期）
従業員数：連結 6998 人、単体 666 人
(2018 年 6 月期)

新社屋完成予想図

**働きやすさアピール!**

新卒　中途　社食　車　住宅　産・育　文系　研修

主な海外取引先

## TOPICS

### 2018 年 12 月、瀬戸市に本社が移転!

2018 年 12 月、朝日インテック本社が瀬戸市暁町の研究施設敷地内に移転する。7階建ての新社屋は、1フロアだけで現在の本社がすべて収まってしまうほどの広さ。開発力を強化するため新しい設備を充実させるほか、本格的なフィットネスジムやメニューにこだわった食堂なども完備する。さらに技術者の増員を継続し、女性技術者の継続的な採用にも力を入れている。また、2018 年 6 月には、首都圏や関西地区からの利便性を高めるため、ささしまライブ 24 地区内に名古屋オフィスを開設した。

**世界33カ国に生産・営業拠点を展開!**

タップ・エンドミル・ドリルなど
精密切削工具のトップメーカー

# オーエスジー 株式会社

［ISO9001 認証取得・ISO14001 認証取得］

OSG の革新的技術を詰め込んだ A ブランド。どの製品も膨大な切削試験を行い、大量のテクニカルデータが性能・信頼の裏付けになると考えている

## 開発から人材育成まで事業を支える頭脳の存在

ＯＳＧはタップやエンドミル、ドリルといった切削工具と、転造ダイスなど（※）を製造・販売する総合工具メーカー。２０１８年現在、世界33カ国に営業・生産拠点を置き、グローバルに事業を展開している。創業当時に日本でいち早く研削仕上げのタップ製造を始めた歴史があり、多様な製品を手がけるなかでも特にタップは、今や世界シェア30％超、国内シェア50％超を占めるロングセラーの主力製品となっている。

同社の特徴の一つに「オーエスジーアカデミー」というシンクタンクのような機関を設けていることが挙げられる。アカデミーには設計部門、開発・試験部門、研究部門、研修部門というように役割別の専門施設が置かれ、新製品の開発から素材の研究、最新加工機を導入した切削試験、人材育成などを一貫して手がけている。こうした事業を支える盤石な体制が築かれていることにより、カタログ品から一点一様品まで時代が求める優れた製品を生み出すことができ、多岐にわたる顧客ニーズに迅速に対応できるのである。

（※）タップ／穴の内側にねじ山をつくる工具　エンドミル／金属を削り出して形をつくる工具　ドリル／穴をあける工具　転造ダイス／丸棒状の素材にねじ山を転写する工具

## 最新の取組「スマートファクトリー化」

近年、ＯＳＧでは「Ａブランド」の充実に力を注いでいる。Ａブランドは２０１４年に同社が販売を開始した新ブランドで〝「高品質」「安心」「満足」というプレミアムな価値をお客様に実感していただきたい〟という高い理念を実現する形で誕生した。現在はタップ、ドリル、エンドミルがそろい、種類を増やすべく研究開発

社是：お客様の夢をカタチに

を進めている。

また、最新の取組として、自社の生産ラインのスマートファクトリー化を推進している。これは、産業用ロボットと組合わせて工具の取付・測定・調整などを自動で行うという全自動生産システム。72時間無人稼働をめざして構築を進めており、成果は確実に上がっているという。さらに、生産稼働状況を一元管理できるよう工場にＩｏＴを導入。国内外の生産拠点のラインや機械の稼働や受注などの状況を、即時にパソコンやスマートフォンで確認できる。生産管理や在庫管理の効率化はもとより、見える化による生産性向上にも貢献している。

主力工場の稼働状況を一元管理。
緻密な生産スケジュールを立てられる

## MESSAGE

代表取締役社長兼CEO 石川 則男

当社ではコミュニケーションを重視しています。単に人や部署が情報共有するということではなく、互いに尊重し合える風通しの良い企業風土を目指し、それぞれが強みを活かして交流することを言います。最先端のものづくりの現場で当社の精密切削工具が使用されています。社員一人ひとりの成長が会社の成長、ものづくりの成長につながっています。

## COMPANY PROFILE

**オーエスジー株式会社**

https://www.osg.co.jp

本社：豊川市本野ケ原 3-22
電話：0533-82-1111
代表取締役社長兼 CEO：石川則男
設立：1938 年
売上高：1,201 億円（連結 2017 年 11 月期）
従業員数：連結 6,956 人、
単独 1,819 人（2018 年 5 月現在）

インターンシップあり

働きやすさアピール!

新卒　中途　社食　車　住宅　産・育　文系　研修

主な海外取引先

## TOPICS

### 人材を育てる充実の研修制度

OSG ではスキルレベルに合わせて学べる研修制度が充実。特に若手の育成に力を入れ、基礎技術を身に付けるため研修として技能五輪に挑戦したり、新入社員がチームで加工技術を競う「工具オリンピック」を自社で開催したりして、若手の成長を促している。また、コミュニケーション力アップのために自社内で「話し方教室」なども行っており、多様なスキルを身に付けることができる。

## 新生児の血管内治療を可能に！ 世界最細カテーテルを開発

救命救急用バルーンカテーテルで
国産トップの医療機器メーカー

# 株式会社 東海メディカルプロダクツ

［ISO13485 認証取得］

クリーンルームでのカテーテル組立作業。 全数検査を行って品質を厳しくチェックする

### 医師が求める機能や形状を徹底的に追求

東海メディカルプロダクツは、心臓や脳などの血管内治療に使用するカテーテルを専門に手がける医療機器メーカーだ。1987年には日本で初めて、急性心筋梗塞などを発症した患者の救急処置に用いる「IABPバルーンカテーテル」を開発、製造。その技術を元に、詰まった冠動脈を治療するカテーテル、腕や足などの血管の狭窄治療に用いるカテーテル、がん治療に用いるカテーテル、脳血管内治療に使われるカテーテルなど全身領域へと広がり、心臓・癌・脳という日本人の三大疾病治療に貢献している。

同社の特徴は、現場の医師の声を、医療器具の開発から改良・改善まですべての段階において反映させていること。テクニカル営業担当者が病院や研究機関に何度も足を運んで直接アイデアや意見をもらい、自社の技術者に伝える。臨床経験豊富な医師との連携が、治療に求められる機能や形状を備えた器具の製造を支えているのだ。そして、その背景には利益追求ではなく「生命を救う」ことを何にも増して重んじる使命感がある。

日本人の三大疾病を治療するカテーテルについても、国内の大学病院や医療機関のドクターと共同開発。国内だけでなく、世界各国の医療関係者から注目を集めている。

### 子供の血管内で用いる世界最細のカテーテル誕生

さらに、小児肺動脈弁閉鎖症を治療する「PEDバルーンカテーテル」も同様に誕生した。小児肺動脈弁閉鎖症は、心臓から肺に流れる血液の逆流を防ぐ弁が正常に機能しない先天性疾患。この病気を治療する器具は世界中から求められており、ある日本の小児

社是：創業の精神「一人でも多くの生命を救いたい」

新生児の肺動脈弁拡張用カテーテルを
国内医療機器メーカーとして初めて開発

科医が同社に開発を依頼した。小児の血管内で用いる繊細な器具とあって開発は困難を極めたが、培った技術を生かし、管の直径０・７㎜、バルーンの幅10㎜と、生後２カ月の赤ちゃんにも使用できる世界最細のカテーテルをつくり上げた。

「ＰＥＤバルーンカテーテル」を用いた治療は国内で約１２０症例、海外ではその30〜40倍が行われ、安定的な供給が求められているという。利益度外視の開発が、アジア・欧米への輸出の本格化、海外工場の稼働など、海外市場進出によって報われる展開だ。

## MESSAGE

会長 筒井 宣政

“一人でも多くの命を救う”医療機器をつくってこられたのは、私一人の力ではありません。ドクターをはじめ医療関係の方々のご協力、協力企業様のご支援があるからこそです。日々努力を惜しまない一枚岩の社員たちにも恵まれ、家族にも支えられてきました。多くの方々のご協力のもと、品質の高い医療機器をつくることができています。心から皆さんに感謝しております。

## COMPANY PROFILE

**株式会社東海メディカルプロダクツ**
http://www.tokaimedpro.co.jp
本社：春日井市田楽町更屋敷 1485
電話：0568-81-7954
代表取締役社長：筒井康弘
設立：1981年
売上高：40 億 1 千万円（2017 年 9 月期）
従業員数：226人（正社員・パート・派遣・関係会社含む、2017 年 9 月現在）

インターンシップあり

働きやすさアピール!

新卒 中途 車 住宅 産・育 文系 研修

主な海外取引先

このほか北欧など

## TOPICS

### アントレプレナー優秀経営者受賞

次女の故・佳美（よしみ）さんの先天性心疾患を治療したい。この切実な思いから医療機器製造に踏み出した会長の筒井氏。長年にわたる功績が認められ、2016 年には世界の優れた起業家を称える「EY ワールド・アントレプレナー・オブ・ザ・イヤー」で優秀経営者として表彰された。「佳美が『人の命を助ける IABP をつくってくれたお父さんは私の誇り』と言ってくれた日を思い出す。きっと天国で喜んでくれていると思う」と胸中を明かした。

**製品に適切な工業炉をオーダーメードで製造**

世界レベルの工業炉で
日本のものづくりを支える企業

# 中日本炉工業 株式会社

［ISO9001 認証取得］

熱処理部門がある第3工場。「魅せる工場」として大型の炉などが並ぶ

## 熱処理に関するあらゆるニーズに応えるオーダーメードカンパニー

工業炉の設計から製造、販売、メンテナンスまですべて一貫で行う工業炉専門メーカー。真空熱処理炉や焼戻し炉、焼結炉、プラズマ浸炭炉、台車式熱処理炉など多彩な製品に加え、顧客との綿密な打合せにより、加工する製品に最適な工業炉をオーダーメードで製造している。

また、社内に金属熱処理部門を持ち、ステンレス鋼の熱処理や小ロット多品種の耐熱鋼（ＳＵＨ）、耐熱合金（インコネル）、電磁材料（パーマロイ）などの特殊合金の長時間時効硬化処理、ＣＶＤ・ＴｉＣコーティング処理などの受注加工も行う。

第１工場から第４工場までが近隣にあり、第１工場では、研究開発、第２工場では炉の組立作業など、区分ごとに分けられている。なかでも、熱処理部門のある第３工場は、熱処理の受注加工をこなすとともにＩｏＴ、レイアウト、炉の性能など実際に何ができるかを見ることができるモデルルームとしての役割を持つ。

## 常にチャレンジし続ける精神

製造、開発に常にチャレンジしている同社だが、工場の設備にも新しい試みを導入している。５月に新設された第４工場は、ＩｏＴ利用が本格化するまえに、ＩｏＴ対応可能なスマート炉専用の工場として稼働。第３工場での経験をもとに、各センサーや通信ユニットを標準搭載した炉を製造し、今後の差別化をはかる。

そんな同社だが、過去には、研究開発や熱処理などを行うための人員が不足している時代もあった。そのなかで、２００８年に起こったリーマンショック。これをチャンスと感じた代表取締役社長

経営理念：顧客に利益を与え社会に貢献する

第4工場はエアコン完備。社員と顧客両方を大切にしている

後藤峰男氏は、ほかの企業が採用を控えるなか、積極的な採用を行い人員を確保。これにより、当時は50人程度だった社員が数年で100人を超えるほどとなった。

また同社は、社員への投資も積極的に行う。海外への旅行やバーベキューパーティーなどのイベントをはじめ、予備の会議室をフットサルの練習場にしてしまうなど社員が積極的に行うチャレンジまでも後押しする。その環境で育つ社員は、チャレンジ精神溢れる人材になること間違いないだろう。

## MESSAGE

代表取締役社長 後藤 峰男

当社では、お客様の要望に応える為、常に新しいことにチャレンジしています。失敗はつきものですが、対策を構築すれば、必ず成功につながります。チャレンジを恐れるのではなく、挑んでいこうという“志”をもった若者にぜひ、入社していただきたいですね。

## COMPANY PROFILE

**中日本炉工業株式会社**

http://www.nakanihon-ro.co.jp/

本社：あま市木折字八畝割 8
電話：052-444-5141
代表取締役社長：後藤峰男
創業：1965 年 1 月
売上高：33 億円（2018 年 7 月期）
従業員数：107 人（2018 年 9 月現在）

インターンシップあり

働きやすさアピール!

新卒 中途 社食 車 住宅 産・育 文系 研修

主な海外取引先

## TOPICS

### プラズマ炉の研究・開発

第 1 工場には、環境配慮型企業をめざして、熱効率の向上のためプラズマを熱源とする装置の開発を行う研究室を併設。大型のアクティブスクリーンプラズマ窒化装置（Active Screen Plasma Nitriding furnace）の製造をはじめ、その装置を小型化、低コスト化できるようなプラズマ電源と制御装置の開発などを行っている。

**先端加工技術と熟練職人の磨き技で高難度の自動車ランプ用金型を製造**

美しい自動車ランプを生み出す
プラスチック用金型の専業メーカー

# 株式会社 名古屋精密金型

［ISO14001 認証取得］

高精度 NC 機械での切削加工と匠の腕によって三次元曲面の難易度が高い自動車ランプを生み出す金型が生まれる

## 国内大手ランプメーカー3社のすべてと直接取引

1975年創業の名古屋精密金型は、プラスチック射出成形用金型の専業メーカー。主力製品は自動車ランプ用金型で、国内大手ランプメーカー3社のすべてと直接取引がある。

〝自動車の顔〟としての高い意匠性と厳しい配光基準をクリアする機能性を備えていなければいけない自動車ランプ。そのデザインを手がけるデザイナーが思い描くイメージを厳密に具現化することが金型には求められる。

名古屋精密金型は、先端切削加工技術と職人の磨き技の融合により、美しい自動車ランプを生み出す高精度・高耐久の金型づくりを実現している。まずCAD／CAM、そして高精度なNC切削加工機械を駆使して1／100㎜レベルの面粗度の表面素地をつくり出し、最終仕上げとして名工と呼ばれる熟練の職人が一つ一つ手作業で丁寧に「鏡面磨き」を行い、1／1000㎜レベルまで面粗度を高める。こうして手間をかけて完成する名古屋精密金型の自動車ランプ用金型は、国内で発売された車種の1／3以上の生産に使用されている（2017年度実績）。

## 同業メーカーと連携し、海外でのブランド力を強化

名古屋精密金型は、2017年に新たな取組として、専門分野が異なるプラスチック用金型メーカー2社およびコンサルティング会社と業務提携を結んだ。国内で培ってきた高い技術力を生かし、海外におけるブランド力を高めていくためだ。

名古屋精密金型がベトナムとインドネシアに生産拠点を擁しているように、業務提携を結んだ金型メーカー2社もそれぞれアジア・

経営理念：「我が社は、『変化』に適応をした企業経営を行い、その主業たるモノ造りに必要な技術、知識等を無限に高め、人間生活における真の幸福を追求し、その共有化を実現し、広く社会に貢献することで持続可能な発展をし続ける。」

熟練職人が手技で鏡のように美しい金型面に磨き上げる

北米圏を中心に海外に複数の生産拠点を構えている。それらを互いに活用しあって現地での金型の生産やメンテナンスなどのニーズに迅速に対応していくほか、情報交換を図って新規顧客の開拓や人材育成にもつなげていく。さらにコンサルティング会社の協力を得て、AIやIoTといった先進技術を活用した新しいサービスを展開していくことも視野に入れている。

## MESSAGE

代表取締役社長 南谷 広章

金型は一般的に馴染みのあるものではありませんが、日本が世界に誇れる産業の一つであることは間違いありません。金型は“マザーツール”と表現されるように、ものづくりに必要不可欠なものです。そこにやりがいを見いだし、金型業界をめざす人が一人でも増えて欲しいと願っています。

## COMPANY PROFILE

**株式会社名古屋精密金型**

http://www.nagoya-sk.co.jp/

本社：知多郡東浦町大字緒川字北鶴根 66-5

電話：0562-84-7600

代表取締役社長：南谷広章

創業：1975 年 12 月 1 日

売上高：22 億 1,800 万円（2017 年 4 月期）

従業員数：150 人（2017 年 4 月現在）

インターンシップあり

働きやすさアピール!

新卒 中途 社食 車 住宅 産・育 文系 研修

主な海外取引先

（生産・販売拠点）

## TOPICS

### 海外従業員への技術教育を国内で実施

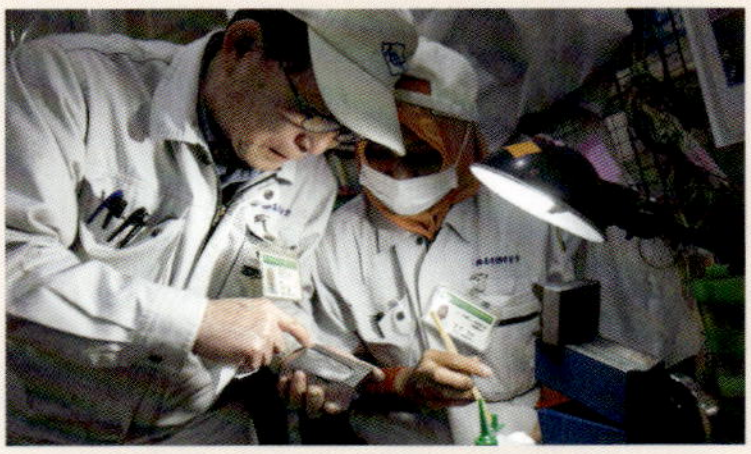

名古屋精密金型では独自の研修制度として、海外拠点で採用した優秀な人材を研修生として日本の工場で受け入れ、最先端の機械加工技術や熟練職人の手技などの習得を支援。これを約 1 年間のローテーションで行い、海外拠点全体の技術のスパイラルアップや愛社精神の醸成を図っている。

**眼に特化した3つの事業を展開**
**世界80カ国以上に製品を提供!**

最先端の光学・電子技術を駆使して
眼に関する多彩な製品を開発・製造

# 株式会社 ニデック

［ISO9001 認証取得・ISO14001 認証取得］

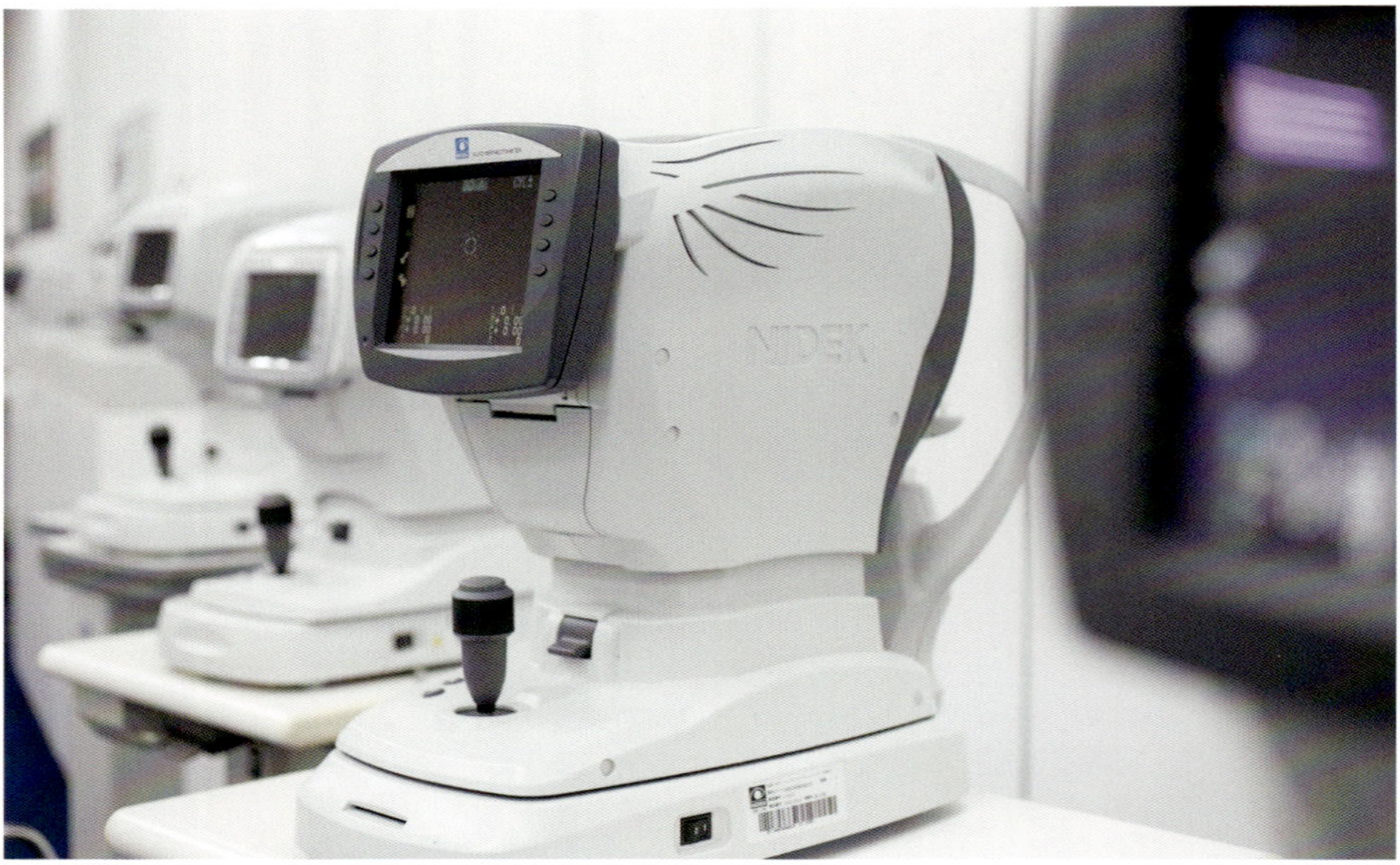


主力製品の一つとして、眼の屈折度や角膜形状、眼圧などを計測する多彩な検査機器を開発・製造している

## 世界の人々に〝見える喜び〟を届ける

「見えないものを見えるようにしたい」「見えたものを認識できるようにしたい」「眼に関する優れた機器をつくりたい」。その想いを１９７１年の創業以来抱き続けるニデックは、眼に特化した多彩な製品づくりを行う世界でも稀なメーカーだ。現在は、医療分野、眼鏡機器分野、コーティング分野の３つを軸として事業を展開している。

ニデックは眼科の機器が海外製でマニュアル操作のものがほとんどだった１９８０年に、眼の屈折度を瞬時に自動計測できる装置「オートレフラクトメータ」を開発したのをきっかけに飛躍を遂げた。このオートレフラクトメータに代表されるように、高度な光学技術と電子技術を融合し、検査機器、測定機器、レーザ機器等の競争力のある製品をつくり続け、世界市場で高いシェアを獲得している。

「Eye & Health Care」を事業ドメインに制定している現在は、眼だけでなく身体全体に事業領域を拡大。近年は、高齢化社会に伴いふくらみ続ける医療費や介護費用等の問題から関心が高まっている予防医学に貢献していくことをめざしている。

## 高品質・高機能な製品を、蒲郡から世界へ

ニデックでは、約４００人の充実した開発体制を整えるとともに、ほとんどの製品を愛知県蒲郡市にある自社工場で、流れ作業ではなく、１台ずつ組立てている。こうした高品質な製品づくりを行えるのも強みだ。

ニデックは創業初期から世界を相手にビジネスを展開してお

社是：基本姿勢“３つのAI”　“気概 KIGAI”“違い CHIGAI”“世界 SEKAI”

り、1982年に米国のシリコンバレーに海外拠点を設立して以降、フランス、イタリア等、8カ国に拠点を置き、積極的に海外展開をしている。現在、輸出比率は約60%。世界80カ国以上の人々に製品が届けられている。以前は米国や欧州への輸出が大きな割合を占めていたが、近年はアジア各国の市場開拓に注力。世界中の一人でも多くの人に〝見える喜び〟を届けるために、ニデックは新たな製品づくりに挑み続ける。

ニデックのほとんどの製品は自社工場で、流れ作業ではなく、1台ずつ組立てている

**MESSAGE**

代表取締役社長 小澤 素生

ニデックがめざしているのは、[Eye & Health Care] のリーディングカンパニー。世界中の人々に健康で快適な生活に役立つ製品やサービスを提供することを通じて、喜びと感動をお届けするとともに、QOL (Quality Of Life) の向上に貢献できる企業であり続けたいと考えています。

**COMPANY PROFILE**

**株式会社ニデック**
https://www.nidek.co.jp
本社：蒲郡市拾石町前浜 34-14
電話：0533-67-6611
代表取締役社長：小澤素生
設立：1971 年 7 月 7 日
売上高：417.3 億円（2018 年 3 月末）
従業員数：1,634 人（2018 年 3 月末現在）

インターンシップあり

働きやすさアピール!

新卒 中途 社食 車 住宅 産・育 文系 研修

主な海外取引先

（現地法人ならびに駐在員事務所）

**TOPICS**

## 「人工視覚」の研究開発に尽力

ニデックでは 2001 年に国内企業としては初めて「人工視覚の研究を行う人工視覚研究所」を設立。「見えないものを見えるようにしたい」という創業当時からの夢を受け継ぎ、失明者の視覚系の網膜神経細胞を電気刺激することで創出される複数の光点を画像として認識させて視覚を再建する、インプラント型医療機器の開発に複数の大学と共同で取組んでいる。

**創業以来45年、世界に一台だけの専用機を製造**

治具・専用機の設計から保守まで
社内一貫型システムのパイオニア！

# 株式会社 三技

［ISO14001 認証取得・JIS Q 9100 認証取得］

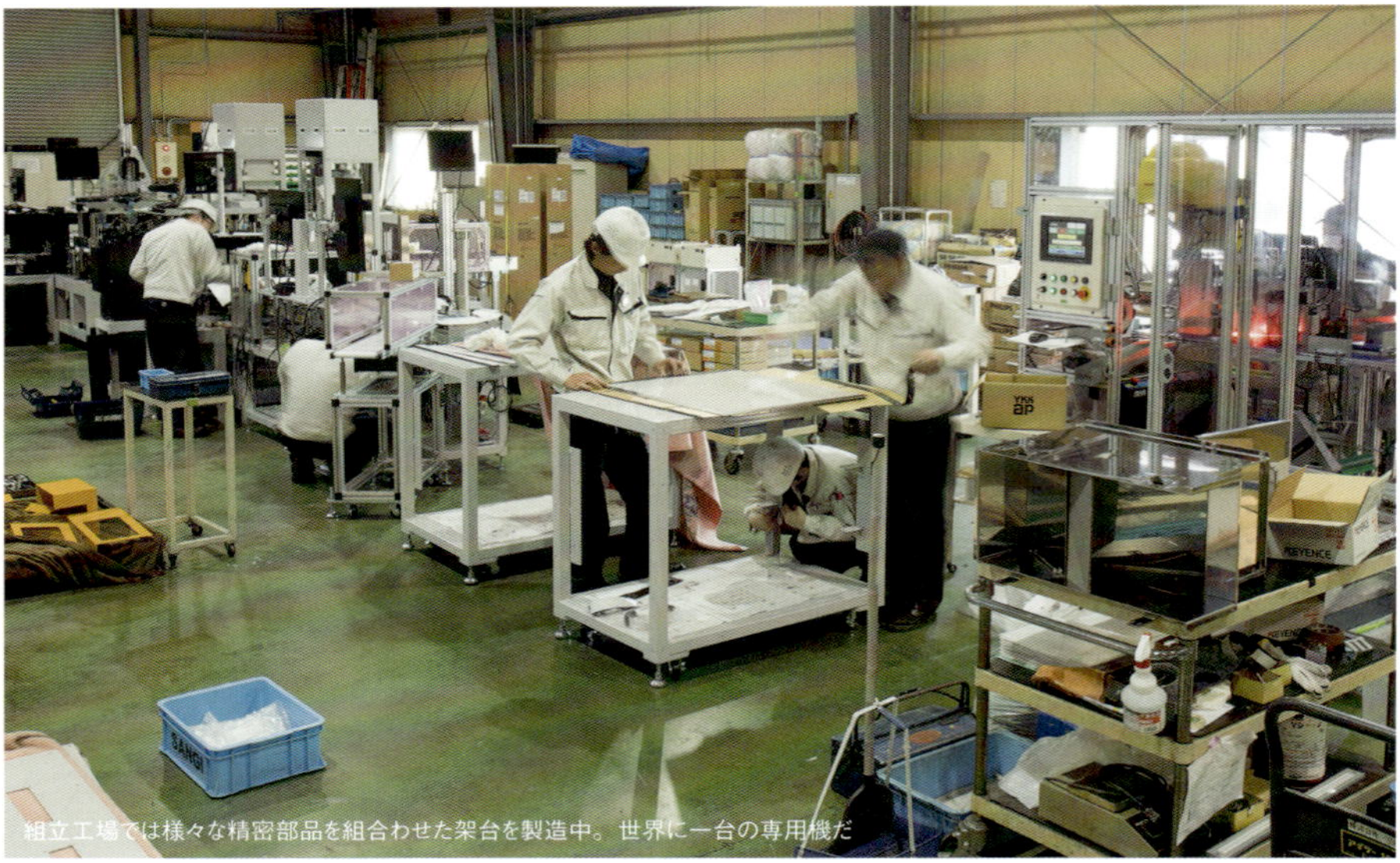

組立工場では様々な精密部品を組合わせた架台を製造中。世界に一台の専用機だ

## 専用機は常に新しい時代を創りつづける

三技は自動車部品メーカー等が新しいモデルの部品を開発したとき、その部品を大量生産するための専用機をオーダーメイドで製造している。その設計から加工、組立、据付、付帯サービスまでを一貫して行うことが短納期と高品質を約束し、スピード重視の顧客を離さない。車メーカー関連以外にも食品、家電、建設関係等、その時代を引っ張る勝ち馬と共に成長してきた。世の中の流行によって顧客の欲しい製品は刻々と変化する。その製品をつくる専用機では同じものの受注はほとんどなく、世界に一台の設備をつくることを得意としている。

専用機はまさに時代の寵児であり、世の中を作ってきたともいえる。製造業の現場では鉄、アルミニウム、樹脂まで素材の変化は著しい。その環境に柔軟に適応し技術を進化させ、新しい時代に生きる技を探り続けてきたことが今の三技につながっている。

## 創造力の鍛錬がアイディアと技術を生む

三技を支えている技術の源は創造力にある。技術者一人一人が創造力を発揮できるように、常に自由発想を促す職場づくりをしている。失敗もあるが、できるだけ個人の考えを尊重し、失敗することが見えていてもそのチャレンジ精神に期待する。そして、その経験を次の糧に改善できるまで皆で考える。そこにものづくりの肝があるという。

良い習慣や伝統は守るが、形だけのルールや作法は破っていくことも厭わない。その潔い姿が技術者の原点になっている。

**スローガン：「期待を上回る性能」「確かな品質」「量産計画に支障をきたさない短納期」**

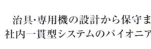

## COMPANY PROFILE

**株式会社三技**

http://www.sangi-sys.co.jp

本社：北名古屋市鍜治ケ一色東 2-115

電話：0568-24-1770

代表取締役：野間誠司

設立：1972 年 7 月

売上高：10 億 5,000万円（2018年3月期）

従業員数：47 人（2017 年 12 月現在）

インターンシップあり

働きやすさアピール!

新卒　中途　社食　車　産・育　研修

主な海外取引先

漢数字の「三」をあしらったロゴは末広がりを表す

## MESSAGE

取締役 清川 忠則／代表取締役 野間 誠司／取締役 山田 憲一

北米、ドイツ、中国など、世界に進出する日本企業の出先に納入しています。躍進の基本は人にあり、先輩の教えや研修を通して技術者が成長。今後も他社に真似できない力を発揮すると自負しています。

## あいちTOPICS　愛知県の基礎知識⑥

### 「あいち発明の日」とは

毎年8月1日は「あいち発明の日」。トヨタグループの創始者である豊田佐吉氏が発明した「木製人力織機」の特許を取得した日が、明治31年8月1日であったことにちなんで愛知県が定めた。

特許庁が選出した〝日本十大発明家〟のうち、豊田氏をはじめ、なんと6名が愛知県など中部地域の出身だ。先人達の発明への情熱は、愛知ブランド企業をはじめとするものづくり企業に脈々と受け継がれている。

【日本の十大発明家】

①豊田佐吉（木製人力織機）②御木本幸吉（養殖真珠）③高峰譲吉（アドレナリン）④池田菊苗（グルタミン酸ソーダ）⑤鈴木梅太郎（ビタミンB1）⑥杉本京太（邦文タイプライター）⑦本多光太郎（KS鋼）⑧八木秀次（八木アンテナ）⑨丹羽保次郎（写真電送方式）⑩三島徳七（MK磁石鋼）

**自社の保有技術を駆使して オンリーワンの製品を開発**

生産現場に革新をもたらす製品を
開発・製造する総合機械設備メーカー

# 三友工業 株式会社

［ISO9001 認証取得・ISO14001 認証取得・JIS Q 9100 認証取得］

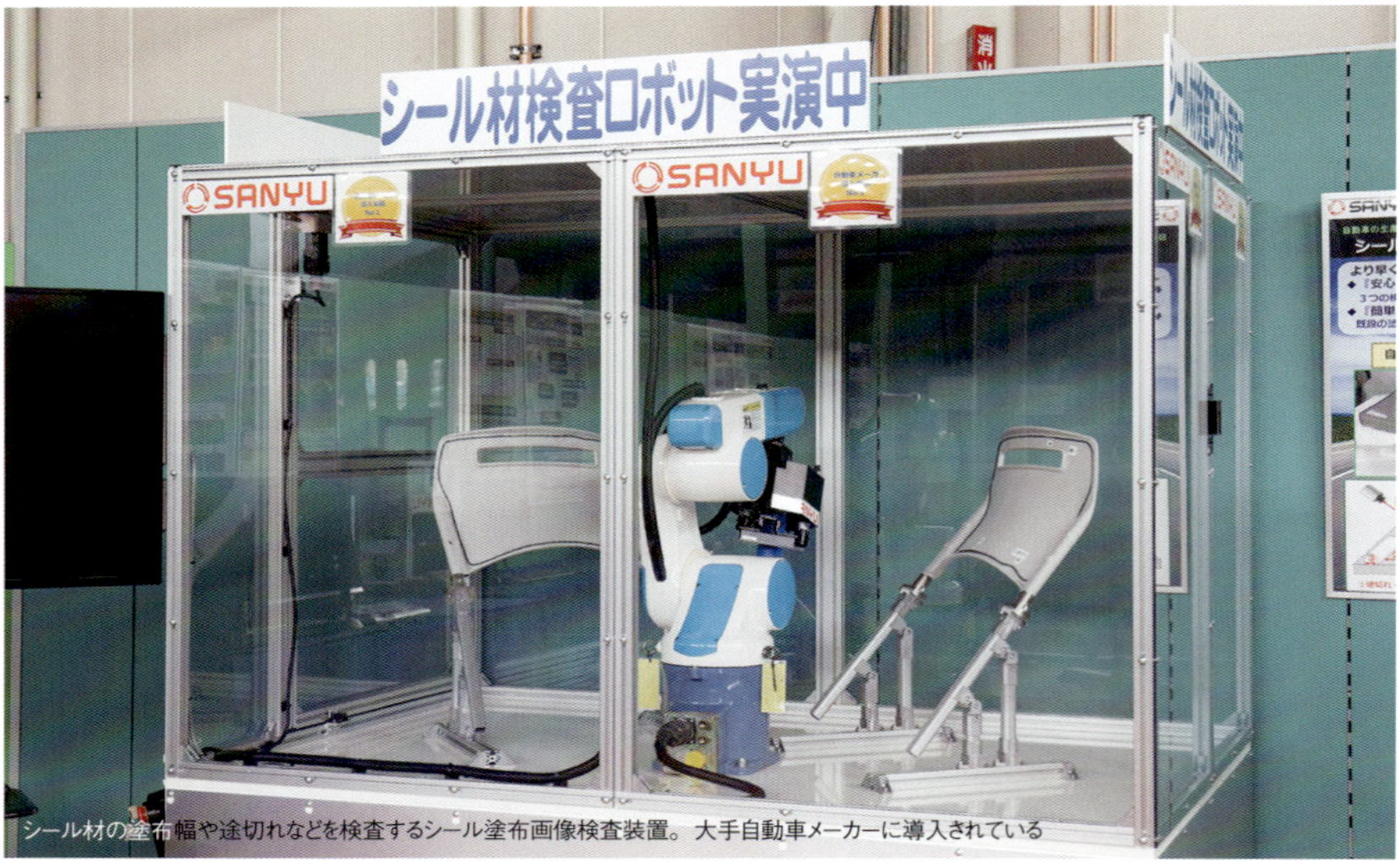


シール材の塗布幅や途切れなどを検査するシール塗布画像検査装置。大手自動車メーカーに導入されている

## AIを搭載した画像検査装置を開発

三友工業は、これまで自動車部品などに用いられるゴム部品の製造に欠かせないゴム射出成形機のメーカーとして国内外で君臨し、実績を築いてきた。それでも守りに入ることはない。現在は成形機事業、自動化事業、産機システム事業、エネルギー事業の4つをコア事業とし、各事業で〝オンリーワンの製品づくり〟に注力している。

たとえば自動化事業では、対象物の表面検査に特化した「画像検査装置」を開発。カメラとの組合わせや、高精度モニターから様々な照明パターンを照射する方法などにより、表面のキズや凹凸などの不具合を精密に検知する。検査結果のトレーサビリティも可能だ。

さらに現在、不具合の真因把握に寄与するAIを搭載した画像検査装置の開発も進めている。画像検査装置はすでに大手自動車メーカーで使われており、今後は医療機器や精密機器のメーカー等、幅広い分野で用いられるようになるだろう。

## 他社が真似できない保有技術で勝負する

画像検査装置のほかにも、産機システム事業では、従来の魚を高精度に切身加工できる「スーパーイタサン」のシリーズとして、肉と刺身用を開発。

またエネルギー事業では、災害発生時に信号機や通信施設などの非常用電源として活用できる小型非常用自家発電装置「キュートパワー」を開発・製造するなど、いまや自社の保有技術で生み出された製品が売上の約9割を占める。

創業以来、機電一体を掲げ、新製品開発に取組んできた同社。その独自技術や動向は、幅広い業種から注目を集めている。

社是：人柄と技術の向上に努めよ　全てに誠実を尽くせ　原理原則を守れ　物資を大切にせよ　改善と前進に努めよ

主力製品の一つ、ゴム射出成形機を製造中

**COMPANY PROFILE**

## 三友工業株式会社

http://www.sanyu-group.com
本社：小牧市大字舟津 1360
電話：0568-72-3169
代表取締役社長：片桐 忠
設立：1954 年 1 月 7 日
売上高：63 億円（2017 年 12 月期）
従業員数：270 人（2017 年 12 月現在）

インターンシップあり

働きやすさアピール!

新卒 中途 社食 車 住宅 産・育 文系 研修

主な海外取引先

**MESSAGE**

代表取締役社長 片桐 忠

私は「働くことを通して、人格を高めていく」という考えに共感します。人は苦労や失敗を重ねることで成長しますから、時には多少無理をすることも必要だと思います。同じ倒れる（失敗する）なら、前向きに倒れろと社員に言っています。

**Column**

## モノづくりを目指す学生の道しるべ

ノーベル賞を受賞した日本の研究者が「日本の科学は空洞化する」と警鐘を鳴らしました。基礎科学研究の一端を担う大学としても解決が求められる課題です。また、新卒学生の就職先で1990年代初めは製造業が26％とサービス業をやや上回っていましたが、2010年代に入ると海外への移転等により製造業は12％と半減し、サービス業が33％と逆転しています。資源の少ない日本にとり、科学技術、モノづくりはその発展に不可欠な分野です。

そのような中で愛知ブランドは、単に知名度を高めるのではなく、独自の強み、環境への配慮、顧客起点という認定要件に見られるように、継続して活性化が見込まれる製造業社を認定しています。認定企業には本学の卒業生も所属していますが、今後もUターンを希望する学生のみならず、モノづくりを目指すIターン学生にも大きな道しるべとなっています。

立教大学 キャリアセンター
事務部長 神山 正之

**木材を樹脂のように変形させる新技術に挑戦中!**

試作金型から量産金型まで
一貫生産の金型メーカー

# チヨダ工業 株式会社

［ISO9001 認証取得・ISO14001 認証取得］

完成した金型は、自社のチューニング工場で実際に動かして最終テストを行う

## 職人技とデジタル技術のコラボレーション

自動車の軽量化にいち早く取組んできた、金型専業メーカーのチヨダ工業。〝硬くて軽量だが成形しづらい〟という特性を持つ、「ウルトラハイテン材（超高張力鋼板）」を使った自動車部品を成形する金型を得意とする。

同社がこうした難易度の高い素材に対応できるのは、経験と実績を誇る職人の技術と、コンピューター上の解析を得意とする若手のデジタル技術を併せ持っているためだ。それぞれの強みを融合することで技術力が総合的に高まり、製品の品質向上にも大きく貢献する。

特に自動車部品に関する金型においては、開発段階から顧客と一体となって取組み、新技術、生産性、コスト、新工法等も提示し、不良低減や納期短縮に応える技術力も確立。こうした実績が認められ、２０１４年にはトヨタ自動車から新技術表彰を受けた。現在は、さらに上の素材を成形する金型の開発に取組み、さらなる技術力向上をめざしている。

## 木材を成形する新技術「木質流動」への挑戦

〝チャレンジ精神〟と〝発想の転換〟を重視するチヨダ工業。その社風の通り、２０１２年から、産業技術総合研究所と共同で「木質流動成形」という新技術の研究・開発に取組んでいる。

この技術は、同社が得意とする金型構造技術と温度管理により、木材の繊維と繊維をつなぐ物質の組織を滑り動かして成形するというもの。木材を使った工業製品の量産化や、間伐材の有効利用といった循環型社会の形成に貢献するビジネスとして、メディアからも注目されている。すでにスピーカーのコーンやおちょこなどが完成しており、現在は製品の実用化や市場投入に向けて動き出している。

2018年度スローガン：知恵は無限にある。「妥協しない、言い訳しない、諦めない」

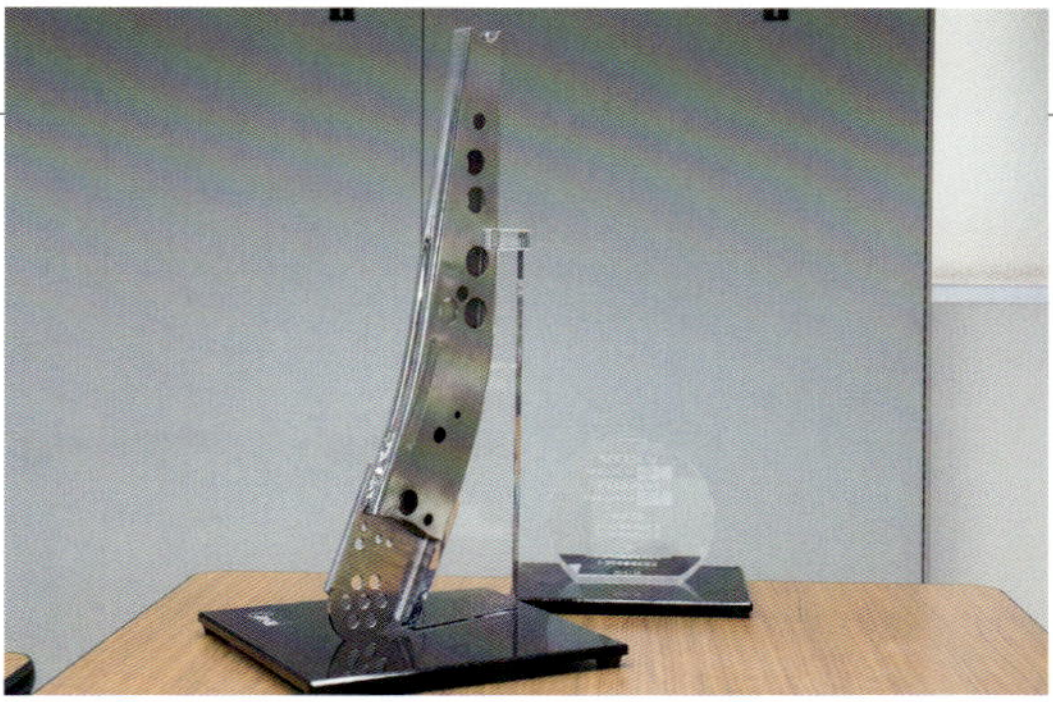

ウルトラハイテン材のシートフレーム。これをつくる金型の技術がトヨタ自動車から表彰された

## COMPANY PROFILE

**チヨダ工業株式会社**

http://www.t-chiyoda.co.jp
本社:愛知郡東郷町春木岩ヶ根 1
電話:0561-38-0005
代表取締役社長:早瀬一明
設立:1962 年
売上高:20 億円 (2018 年 1 月期)
従業員数:90 人 (2018 年 5 月現在)

インターンシップあり

働きやすさアピール!

新卒 中途 社食 車
住宅 産・育 文系 研修

主な海外取引先

## MESSAGE

代表取締役社長 早瀬 一明

失敗を恐れず新しいことに挑戦し、自分自身の成長に結び付けていくような人と一緒に仕事をしたいですね。新技術に取組んでいる当社では、化学系を得意とする人材を必要としています。木質流動という今までにない技術に携わることができるチャンスですよ。

## あいちTOPICS 愛知県の基礎知識⑦

### "大人の修学旅行"なら、愛知県へ!

企業博物館が数多いのも愛知県ならでは。なかでも繊維と自動車製造の歴史と今が分かる「トヨタ産業技術記念館」は、トリップアドバイザーの工場見学&社会科見学ランキングで1位を続け、外国人ビジターも数多い人気施設。「あいち航空ミュージアム」や「INAXライブミュージアム」「あいや西尾の抹茶ミュージアム 和く和く」など多彩な企業博物館があって愉しめる。チェックして、ぜひ訪ねてみたい。

【愛知県の主な企業博物館】
●INAXライブミュージアム ●ガスエネルギー館
●リニア・鉄道館 ●でんきの科学館
●鍛造技術の館 ●ブラザーミュージアム
●マザック工作機械ギャラリ
●三菱UFJ銀行貨幣資料館
●盛田味の館
●國盛酒の文化館
●九重みりん時代館
●カゴメ記念館
他にもまだまだたくさん!

リニア・鉄道館の展示
http://museum.jr-central.co.jp/

## ロボットで折り紙のように鉄板を曲げる技術を確立

ロボットの要素技術をより高度化していく
ロボットシステムインテグレータ

# トライエンジニアリング 株式会社

RHS を取付けたロボット群

### 自動車業界のスタンダードになった世界初のシステム

トライエンジニアリングの技術の中核は、ロボットによるヘミング加工（ヘム加工）で1993年に特許を取得している。ヘミングとは折り紙を指で折るように金属を曲げること。同社は既存のロボット先端に独自開発のヘミング用アタッチメントを取付け、ロボットメーカーと共同開発の加圧制御用ソフトでボンネットなど対象物の形状に合わせてヘム加工をする。

一般的には対象物を上下の型に挟みプレスするが、同社のロボットヘミングシステム（RHS）では下型だけで行えるのが強みだ。コスト低減と精密な加工、さらに省スペース化も可能にしたRHSは、すでに約800製品の納入実績を誇り、自動車工場のスタンダードとして活躍の場を広げている。

### 大手企業からも注目される高い技術

RHSの先駆者である同社は、ロボット先端の加圧機構を油圧式制御からサーボモーター制御へ進化させた。油圧式RHSはロボットアームを伸ばすとたわみが発生し、指示した加圧力の実行が難しいため、対象物を載せたテーブルを回転して加工する。サーボ制御はアーム自体が指示された箇所に伸び、たわんでも指示された加圧力が可能で、より精密な加工ができ、回転テーブルも不要になる。

これまでRHSで培ってきた技術とノウハウをベースにロボットシステムインテグレータをめざす同社では、その一環として2015年に大手企業（日立パワーソリューションズ）と共同でロボット摩擦撹拌接合（ロボットFSW）装置を開発。自動生産ラインでの高品質な異種材の接合と効率的な作業に貢献し、次世代の産業界に欠かせない存在となるよう拡大に向けて動いている。

社是：「取引先」、「社会」、「社員」から絶対の信頼を得る会社となる。

本社工場全景

## COMPANY PROFILE

**トライエンジニアリング株式会社**

http://www.trieg.co.jp

本社：名古屋市守山区花咲台 2-601

電話：052-725-8111

取締役社長：片山誠二

設立：1974 年 2 月

売上高：10 億4,363 万円（2018 年3月期）

従業員数：33 人（2018 年 5 月現在）

インターンシップあり

**働きやすさアピール！**

新卒 中途 社食 車 住宅 産・育 文系 研修

**主な海外取引先**

## MESSAGE

取締役社長 片山 誠二

現在、RHS はロボット自体のハードとソフトの進化により自動車業界や家電業界など多くのメーカーに採用されています。ロボット FSW は当社の回転や制御の技術をベースにし、アルミや炭素繊維強化プラスチック（CFRP）などの接合に使われはじめています。

## あいちTOPICS

### 日本最大級！ビジネスが熱くなる 異業種交流展示会「メッセナゴヤ」

「毎年、秋はメッセ出展で社員が沸き立ってますよ」と語るのは、西三河地方の自動車部品メーカー社長。

それもそのはず。愛知万博の理念継承事業としてスタートした「メッセナゴヤ」は、2018年には1437の企業・団体が出展。6万人以上を集める日本最大級の展示会に育ち、新規顧客開拓や異業種企業との出会いなど、大きなビジネスチャンスを得られる場になっているのだ。多彩な業種で大企業も中小企業も、そして近年は海外からの出展も増え、会場は熱気に包まれる。

愛知ブランドでも、会場内に出展している認定企業ブースをめぐるクイズラリーや「愛知ブランド」ブースでの企業PRなど、メッセを積極的に活用。就活生にとっても生きた企業情報収集の機会になっている。

「メッセナゴヤ2017」の会場

自社製の機械設備を活用し
オリジナル製品を開発・製造

繊維機械や電線機械に欠かせない
糸道および関連装置の専門メーカー

# 湯浅糸道工業 株式会社



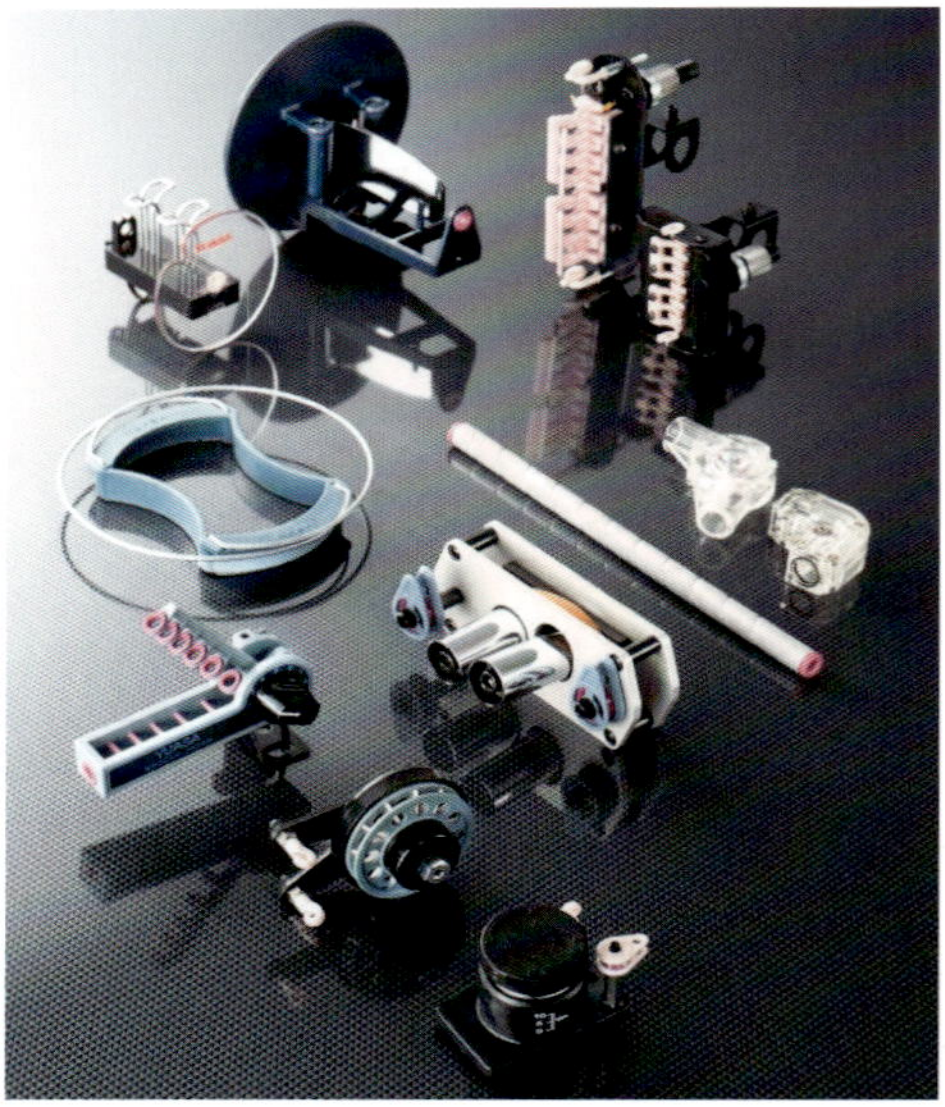

繊維機械や電線機械に使用される、高品質・高精度の部品を製造。写真は複数の材質から成り立つ製品

## 先駆けの製品を生むパイオニア精神

繊機、紡機、撚糸機など様々な繊維機械の各所に糸を送り込む役目を果たす「糸道（いとみち）」。繊維の仕上り品質を左右する重要な部品である。創業１９２４年の湯浅糸道工業は、糸道および関連装置の専門メーカー。現在は、繊維機械用だけでなく、電線機械用の糸道なども手がけている。

同社は創業以来受け継がれるパイオニア精神と独自の提案力・技術力で、品質に優れるオリジナル製品を数多く生み出す。材料にはセラミック、金属、樹脂を用い、それぞれの特長を生かすことはもちろん、複数の材料を組合わせてつくることも可能だ。既製品のみならず、特注品にも対応しており、特にセラミックと樹脂については金型の設計・製作から内製化している。

また、硬質クロムめっき梨地仕上げなどの高度な表面処理技術も強みの一つ。硬質クロムめっき梨地仕上げは、製品の耐久性を向上させると共に、表面の凹凸が糸をより滑らかに送り込む。めっきの再加工や研磨のみの注文を受けるほどの実力を誇っている。繊維機械メーカーに対して、繊維機械ユーザーから「湯浅の糸道を使って欲しい」と声が挙がるのは、品質が優れているからこそである。

## 最終検査をシビアに行い、良品だけを世界へ

同社は高品質・高精度の製品をつくるため、生産設備や治具、分析用測定機なども自社製のものを使用している。また品質検査を各生産工程で行った上で、製品一つ一つの最終検査を顕微鏡や拡大鏡なども用いて徹底的に実施。こうしてでき上がった良品だけを、国内のみならず、アメリカやヨーロッパ、中国をはじめとするアジアなど世界中に届けている。

社是：調和　社訓：誠実・迅速・創造

生産拠点として名古屋市に５工場を構える

## COMPANY PROFILE

**湯浅糸道工業株式会社**

http://www.yuasa-yarnguide.co.jp
本社：名古屋市天白区元八事 1-47
電話：052-831-7282
代表取締役社長：湯浅 滋
創業：1924 年 8 月 1 日
売上高：13億 2,000万円（2017 年9月期）
従業員数：63 人
（役員は除く、2018 年 1 月現在）

インターンシップあり

働きやすさアピール！

新卒　中途　産・育　文系

主な海外取引先

## MESSAGE

代表取締役社長 湯浅 滋

これからはお客様の声に広く耳を傾ける、風通しの良い会社をめざすと共に、開発により一層力を入れて、まだ世の中で確立されていない製品をつくっていきたいと思っています。

「変貌するクルマの世界」②

## 燃料は水素。$CO_2$排出ゼロの究極のエコカー

クルマを取り巻く世界は激変している。

30年前、水素で走るクルマなんて誰が想像しただろう。だが今は既にトヨタのMIRAI（ミライ）、ホンダのCLARITY（クラリティ）などが街を走っている。燃料電池という装置で水素と酸素を化学反応させて発電し、その電気でモーターを回して走るFCV（Fuel Cell Vehicle）だ。排出するのは水だけ。$CO_2$排出ゼロの究極のエコカーである。

ガソリンに代わる燃料となる水素は環境に優しく、多様な原料、たとえば今は価値のない下水汚泥などからも製造できる。資源の乏しい日本にとって、水素は有益な新エネルギーなのだ。

愛知県では「あいちFCV普及促進協議会」も設立され、官民連携で水素ステーションなどのインフラ整備を進めている。ものづくり集積地の愛知県だからこそ、世界が期待する「水素社会」の実現をリードするパワーが発揮できるだろう。

**かけがえのない専門メーカーをめざして**
**日本の産業を支える**

工場で使われる
ストレーナ、サイトグラスの専門メーカー

# ワシノ機器 株式会社

［ISO9001 認証取得］

カバーを取り外さずにスクリーンの清掃ができる画期的なストレーナ

## 高品質で独自性のある製品製造

　ワシノ機器は、配管内の液体に混じった異物をブロックする「ストレーナ」や、ガラスを通して配管内の液体の流れを目視できる「サイトグラス」を製造。ＬＮＧ船用コニカルストレーナでは国内市場トップを走っている（自社調べ）。高圧ガス設備製造大臣認定事業所として材質や形状・方式の異なる多種多様な製品群を生み出し、工場の循環冷却水系統、冷暖房設備、病院などに導入されている。なかでも「手動洗浄式Y型ストレーナ」は、配管内の液体を止めずに異物の清掃ができるワシノ機器独自の製品だ。製造方法は液体の圧力損失が少ない鋳造にこだわり、自社工場内に実験設備も有することで、確かな検証に基づいた製品を送り出している。

　このような高品質でオリジナリティにあふれる製品を生み出せるのは、２０１３年に就任した社長の加古眞氏による手腕が大きい。加古氏は約40年間デンソーで活躍し、デンソー流のものづくりやＴＰＳ（トヨタ生産方式）を熟知。そのノウハウを中小企業向けにアレンジしたことが、近年の躍進につながっている。

## 社員全員で新しいワシノ機器を創造

　加古氏の改革はそれだけにとどまらず、より活気のある会社にしようと「UW Vision 2020」を制定。２０２０年のありたい姿として「かけがえのない専門メーカーＵＷ」をスローガンに掲げた。会社をコンパクトな「体格」へ組み直し、魅力的で高品質な製品を短納期で届ける「体質」を強化、個人とチーム両面で強靭な「体力」をつくることをめざし、社員全員で新しいワシノ機器へ生まれ変わろうとしている。お客様から「ワシノ機器にしかできない」と言われることを最上の喜びとし、今後は機器製造だけでなく、自社製品のメンテナンスなどサービス面にも着手していきたいと意欲的だ。

**基本理念：一人ひとりの「やる気」を大切にし、進化し続ける会社**

## COMPANY PROFILE

**ワシノ機器株式会社**

https://www.wasinokiki.co.jp/

本社:名古屋市南区道全町 3-36
電話:052-822-8728
取締役社長:加古 眞
設立:1960 年 4 月
売上:19 億円（2018 年 3 月期）
従数:87 人（2018 年 1 月現在）

インターンシップあり

働きやすさアピール!

新卒　中途　社食　車
産・育　文系　研修

主な海外取引先

1996 年にストレーナ専門メーカー初のISO9001 を取得。
高圧ガス設備製造事業所の大臣認定も取得している

## MESSAGE

取締役社長 加古 眞

一緒に新しいワシノ機器をつくりあげていける人が理想。好奇心があり、チャレンジする意欲のある人は向いていると思います。中小企業でも大手を打ち負かしてやる。そんな気概の人材が欲しいですね。

## あいちTOPICS

### リニアが生むスーパー・メガリージョン

2027年、リニア中央新幹線が開通し品川と名古屋が40分で結ばれる。その約10年後には沿線人口7000万人が日帰りできる巨大都市圏が誕生、東京・大阪を1時間で移動するようになる。東京・名古屋・大阪が一体となる時、その心臓部は名古屋だ。

リニア開業後10年で、愛知県のGRPは大阪府を抜いて全国2位になるともいわれる。また、日帰りの目安である2時間圏人口を推計すると、名古屋駅は約5949万人、品川駅の約5217万人を超える。(※)名古屋の存在感は飛躍的に高まり、企業の本社立地や商業施設の進出も大幅に増えるのではなかろうか。

世界最強・最先端の産業圏域の中枢を担うことになる名古屋が為すべきこと。名古屋駅至近に世界中の研究者・経済人が立寄りたくなる「ナレッジキャピタル」を!その実現を心から待ち望んでいる。（談）

（公財）名古屋まちづくり公社上席顧問・
名古屋都市センター長　奥野 信宏

（※）出典：三菱ＵＦＪリサーチ&コンサルティング（H28年試算）

# 切削工具を通して人類の未来を豊かにする

世界初、世界一の性能をもつ
切削工具のトップメーカー

# 株式会社 イワタツール

［ISO9001 認証取得］

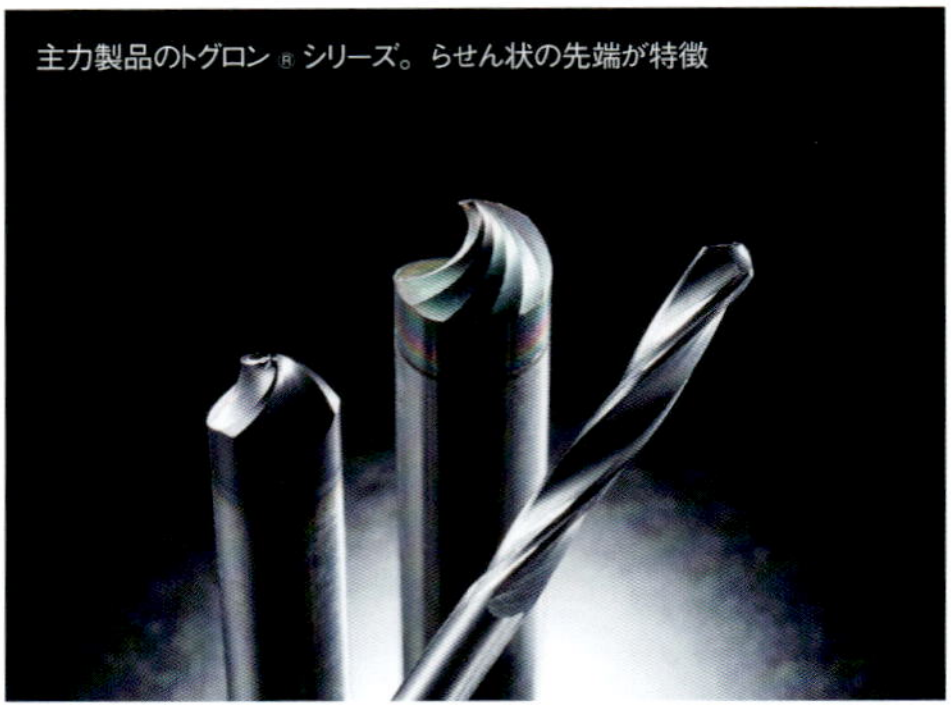

主力製品のトグロン®シリーズ。らせん状の先端が特徴

## 世界で活躍するセンタードリルのパイオニア

日本で初めて、センタードリル国産化に成功した、創業90年の切削工具の老舗メーカー。信頼性の高い製品の数々は、作業工程の改善や品質の向上に貢献し、今まで不可能と思われていた、加工を可能にしてきた実績を持つ。なかでも最も得意とするのは、超精密加工の分野。製品のなかには、世界最小径0・005㎜のものもあり、自動車、航空機、医療など、様々な分野の機械製造で活躍している。

本社社屋

**MESSAGE**

代表取締役社長 岩田 昌尚

自社のみで新しいものをつくるのではなく、企業間枠にとらわれず、顧客やさまざまな人とコミュニケーションを取り開発する。そのために、自分たちの技術を磨き、さらに努力し続けていきます。

## 人との交流が製品の新たな可能性を広げる

同社が大切にしていることは、各分野のトップランナーとの交流だ。そのため、年間40以上の展示会に参加。代表取締役社長の岩田昌尚氏は「使用する顧客が一流なら、工具の性質、性能を見極めポテンシャルを最大限引き出してくる」と語る。実際に、ある企業がこの工具なら車体などに使う硬い金属の加工に使えると考え実験。見事に高精度で加工することができた。この時のトグロン®ハードロングドリルは、今では主力製品の一つだ。

また、交流をはかり、信頼を得るためには、さらなる技術の向上が必要。そのために学ぶ施設が実習棟&バーだ。実習棟では手作業で行われていた時代の機械を使うことにより、作業時には目に見えない、素材の変化を知ることができる。バーでは、飲食しながら勉強可能。周辺の会社との交流会が行われることもある。自社でものをつくるだけでなく、人との交流を大切にした企業といえる。

**COMPANY PROFILE**

**株式会社イワタツール**
http://www.iwatatool.co.jp
本社：名古屋市守山区花咲台 2-901-1
電話：052-739-1080
代表取締役社長：岩田昌尚
創業：1928 年 6 月
売上高：1,040,000 千円（2018年3月期）
従業員数：本社 40 人、
グループ全体 80 人（2018 年 8 月現在）

インターンシップあり

働きやすさアピール！

新卒 中途 社食 車
住宅 産・育 文系 研修

主な海外取引先

このほか
欧州など

スローガン：社会に高性能ツールを提供することで、
それらを利用するユーザーの新製品開発や製品品質向上、コスト低減に貢献する。

金型メーカーでトップクラスを誇る!

世界シェアNo.1をめざす
自動車用ゴム製品の金型メーカー

# 株式会社 エムエス製作所

［ISO9001 認証取得　ISO14001（2018 年 11 月認証取得予定）］

## 海外の人材も育成するグローバル企業

１９７１年創業のエムエス製作所は、自動車用ゴム製品の金型メーカー。高度な技能を備えた技術者が最新の５軸加工機を駆使することで、複雑形状の高精度な金型づくりを実現し、高い評価を得ている。主力製品は、自動車のドアや窓などのシール材として使用されるウェザーストリップの金型。国内の大手ウェザーストリップメーカー４社のすべてと取引があり、国内シェアはトップクラスだ。

世界５カ国に自社の製造拠点や販売拠点を有するエムエス製作所の社員は、半数以上を海外出身者が占める

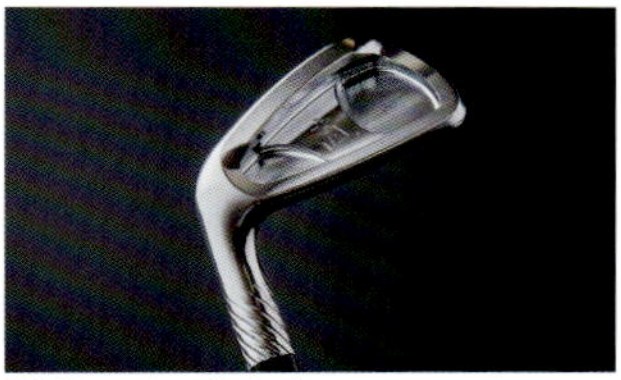

機械加工だけで仕上げたアイアンヘッド

**MESSAGE**

代表取締役社長 迫田 幸博

「ビッグではなくグッドなカンパニーでありたい」。そう考えている当社は、社員とその家族が「この会社に勤めて良かった」、お客様が「依頼して良かった」と思っていただける会社を目指しています。

生き残りをかけて世界市場にも早くから目を向け、中国、インドネシア、タイ、メキシコ、インドに進出。さらに２０１８年３月には同業社と技術提携し、ベトナムやアメリカにも製造拠点を確保した。また海外の大手ウェザーストリップメーカーとの取引も開始し、ウェザーストリップ用金型の分野で世界シェアナンバーワンをめざしている。

## 新規事業としてゴルフクラブを製造し、商品化

エムエス製作所は自動車とは異なる分野での新たな挑戦として、金型製造の技術を生かし、最先端の機械による削り出し加工のみでゴルフクラブのアイアンヘッドの製造を実現した。さらにメッキ処理や鏡面磨きなど秀でた技術を有する地域企業と連携し、アイアンセットを完成させ、オリジナルブランド「ＭＵＱＵ」として販売に乗り出す。この取組はテレビでも取り上げられるなど、大きな注目を集めている。

### COMPANY PROFILE

**株式会社エムエス製作所**
http://www.msgroup.co.jp/
本社：清須市春日立作 54-2
電話：052-409-5333
代表取締役社長：迫田幸博
設立：1971 年 7 月
売上高:9 億 6,700 万円（2018 年 6 月）
従業員数：120 人（2018 年 6 月現在）

インターンシップあり

働きやすさアピール!

新卒　中途　車
住宅　産･育　文系　研修

主な海外取引先

（製造・販売拠点）
（販売拠点）

社是：“明るい企業 明るい家庭”

**国内でいち早く異形冷間鍛造製法を開発!**

類いなきユニバーサルジョイント専門メーカー

# 協和工業 株式会社

［ISO9001 認証取得・ISO14001 認証取得］

Hシリーズを製造する冷間鍛造のプレス機。設備ももちろん自社開発したもの

## 大学教授も着目する独創的な事業戦略

大府市に本社を置く協和工業は小型ユニバーサルジョイント（※）の専門メーカー。同社の大きな特徴は、大手メーカーの傘下に入っていない自立企業であること。製品の企画から製造、販売までを手がけるほか、金型をはじめ生産設備も自社で製造する。さらに、情報収集を行い市場動向や顧客ニーズなどを見定めたうえで新たな用途の部品を開発・プレゼンし、マーケットの開拓にも取組む。

同社のようにマーケティングまで重視する事業戦略は中堅中小企業では珍しいと、産業戦略を専攻する大学教授が着目。同社の事業戦略を研究した論文が発表された。

## 自動車から医療、ロボットなど新分野へ

同社の技術の強みは1972年に開発した「異形冷間鍛造製法」。従来の冷間鍛造では、ユニバーサルジョイントをつくることは不可能とされていた。創業当初よりゲージや治工具などの腕利き職人が揃っていた同社では、彼らの技術と知識を結集して不可能に挑み、日本でいち早く異形冷間鍛造製法を確立。この製法により、剛性やしなやかさに優れた「Hシリーズ」と呼ばれる製品が誕生した。1982年には同製品が自動車向けステアリングジョイントとして採用。以来、高品質化・低コスト化に取組み、現在では医療やロボットなど新分野への研究開発も進められている。

（※）ユニバーサルジョイントとは駆動軸・中間軸・従動軸からなる回転を伝達する部品。自在継ぎ手

**MESSAGE**

代表取締役社長 鬼頭 佑治

フラットな組織づくりをめざし、ベテランと若手が一緒に問題解決する「NKS全社最適化活動」などに取組んでいます。タイ工場の工場長に名乗りをあげる22歳の若手も、この会合から登場しました。「世の中の役に立つものづくりに挑戦したい!」という夢を実現できる会社ですよ。

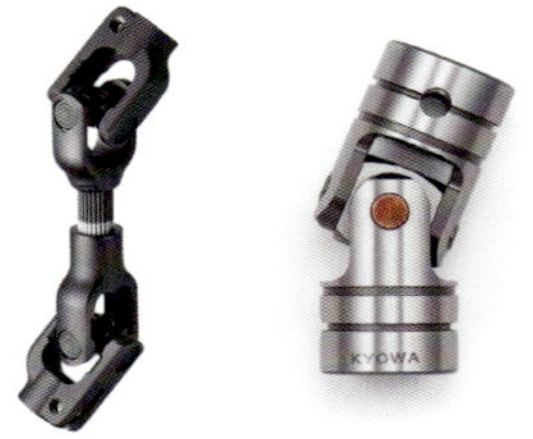

ロングセラーのSシリーズと、主力のHシリーズ

**COMPANY PROFILE**

**協和工業株式会社**
http://www.kyowa-uj.com
本社：大府市横根町坊主山 1-31
電話：0562-47-1241
代表取締役社長：鬼頭佑治
設立：1960 年
売上高：50 億円
（グループ計、2017 年12月期）
従業員数：160 人（2017 年12月現在）

インターンシップあり

働きやすさアピール!

新卒　中途　社食　車
産・育　文系　研修

主な海外取引先

 （生産拠点）

経営理念：よろこびと生きがいの実現

自動車の品質管理に必要な
超高精度の検査具を製造する専門メーカー

# グリーンフィクス 株式会社

## ものさし屋です。

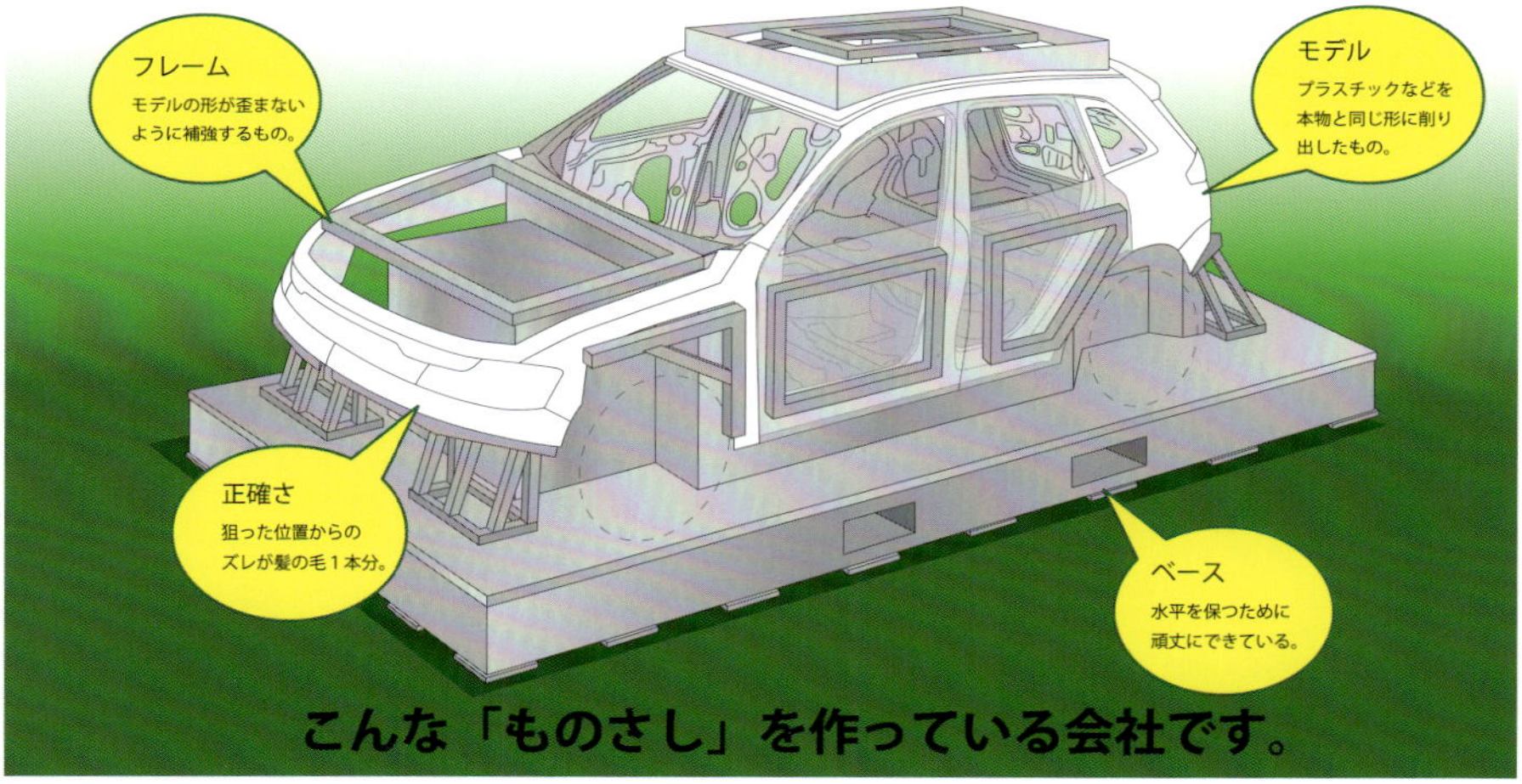

**フレーム** モデルの形が歪まないように補強するもの。

**モデル** プラスチックなどを本物と同じ形に削り出したもの。

**正確さ** 狙った位置からのズレが髪の毛1本分。

**ベース** 水平を保つために頑丈にできている。

こんな「ものさし」を作っている会社です。

自動車1台分の形を削り出して検査具をつくるのが仕事

三好工場には世界的にも珍しい巨大なNC加工機がある。工場は機密や温度を保つため厳重に管理されているのが特徴だ

### カーメーカーと直接取引

自動車部品は複雑な面を持つ部品で構成されている。その一つ一つを設計図通りにつくり、部品同士の組合せに必要な精度も確保しなければ、高品質な自動車はつくれない。そこで新車開発の現場では、常に正確な形状を示す検査具が必要となる。グリーンフィクスはその検査具"部品のものさし"をつくっている会社。設計図の数値から±0.01mm以内（髪の毛1本分）に収めるほどの精度を誇る。国内外のカーメーカーと直接取引し、新車開発の上流から携わることができるのが強みだ。今後は航空機業界への参入も視野に入れ、新たな分野を開拓していく。

---

🏢 **COMPANY PROFILE**

**グリーンフィクス株式会社**　http://www.greenfix.co.jp
本社：名古屋市瑞穂区日向町4-2
電話：052-831-9631　代表取締役：小島 學
設立：1957年7月
従業員数：132人（2018年3月現在）　インターンシップあり

働きやすさアピール！
新卒　中途　車
産・育　文系

主な海外取引先

**プレス金型の設計から据付まで一貫対応!**

自動車ボディ用部品のプレス金型メーカー

# 株式会社 TDEC

若手技術者による金型調整作業。デザイン具現化のために匠の技が光る

## 匠の技とデジタルの融合でニーズに対応

TDECは自動車ボディ用部品の金型メーカー。ドアやトランク、ボンネットなど、生産ラインで使用するプレス金型を、設計企画から製造、据付調整まで一貫して手がけている。

同社の強みは、設計から品質保証までのデジタルプロセスと匠の技を融合させたものづくり。職人による繊細な技術は、従前よりプレス金型づくりの要となっているが、現代の製造現場では短納期への対応が求められる。そうした要求に応えるため、若手から職人歴40年超のベテランが揃う同社では、CAEを駆使した徹底的な事前検証と標準化された図面データのフル3D化などにより工程の効率化を図り、経験を要する最終仕上げは高い技術を持つ職人が行うという形で、スピードと品質の高さの両方を実現している。

## 抜群の団結力で新素材・新工程に挑む

高い技術力の源になっているのが、自ら考えて行動する社員たちだ。同社では、熟練職人による実際の設備を使った技術継承訓練や社員間交流の場づくりなどを行い、人づくりと風通しのいい職場づくりに力を入れている。こうした活動が一人一人の成長を促し、チームワークを高め、プラスの効果を発揮するという。

そんな強い団結力を持つ同社では、幅広く、柔軟に多様な生産技術を手の内化するために、高度な加工技術を要する新素材に対応する工程づくりや、燃料電池車の動力モーター製造などにも積極的に取組んでいる。

TDECの「T」は津島市の「T」。地域に根ざした企業でありたいとの思いが込められている

**MESSAGE**

代表取締役社長 澤木 一

当社ならではの技術力を生かして業界随一のツール金型をつくり、グローバルに発信することをめざしています。それを叶えるには、社員一体となって、高く掲げた目標に向かっていくことが肝心。仲間と力を合わせて世界に通用する仕事をしてみたいという人を、チームTDECは歓迎します!

### COMPANY PROFILE

**株式会社 TDEC**
http://www.tsushima-die-eng.co.jp/
本社：津島市越津町字新田 30-1
電話：0567-26-2167
代表取締役社長：澤木 一
設立：1951 年
売上高：27 億円（2018 年 3 月期）
従業員数：147 人（2018 年 5 月現在）

インターンシップあり

働きやすさアピール!

新卒 中途 社食 車 住宅 産・育 文系 研修

主な海外取引先

基本理念：人間尊重（自立・平等・信頼）、社会貢献

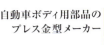

**プレス・絞り・冷間鍛造等の精密金型、超硬素材、スプレーノズルの総合メーカー**

レアメタルから超硬合金と精密金型を一貫生産
全国有数の超硬合金焼結技術がキラリと光る

# 東海合金工業 株式会社

[ISO9001 認証取得]

## 切削用超硬素材の特殊形状少量生産が強み

鋼よりはるかに硬い超硬合金で作られた各種切削工具（ドリル、エンドミル、リーマなど）は量産型の部品メーカーでは欠かせない。東海合金工業では、レアメタルの一種である高価な炭化タングステンとコバルトの粉末原料を配合し、独自のノウハウで粉末冶金法による焼結工程を経て、超硬合金を自社製造ラインで一貫生産している。

超硬切削工具に多用される寿命アップのためのオイルホール（油穴）加工が強みで、縦横無尽の加工に対応するほか、近年ではスパイラル成形加工機の導入で、「ニアネット・シェイプ（最終製品に近い形状を得る成形法）」により顧客ニーズを実現している。

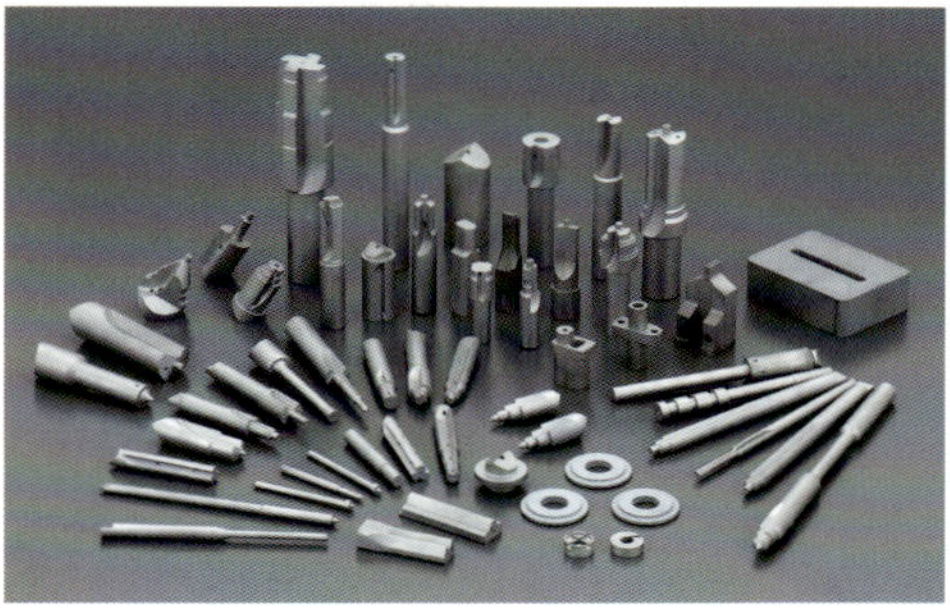

自社焼結の超硬素材は切削工具用から金型部品用など多岐にわたり、顧客ニーズに合わせて選定可能だ

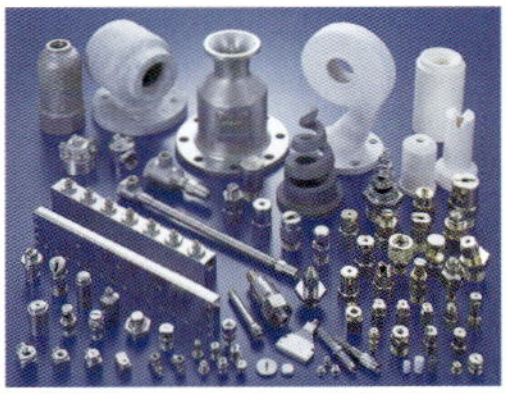

冷却、燃焼、薬液塗布など、幅広い用途のノズルも手がける

**MESSAGE**

代表取締役社長 松本 優造

粉末冶金焼結による超硬メーカーは全国に約 50 社程度しかなく、さらに精密加工まで手がける企業は限られます。創業 54 年で培った特殊技術を生かし、『多品種少量受注生産専門メーカー』として、今後とも日本のものづくりに貢献してまいります。

## 精密金型部品やスプレーノズルも手がける

創業以来培ってきた高度な技術力を背景に、超硬合金製の耐磨・耐衝撃用の精密金型部品の分野においても存在感を示す。客先から求められる寸法精度は常にマイクロメートルのレベルで、これを達成するために必要な最新鋭工作機械の品揃えが顧客満足達成と安心感へとつながる。

また、スプレーノズルにおいては、洗浄、冷却、脱塵、乾燥、農業などといった実用的な製品だけでなく、イベントや噴水などの鑑賞用にも及んでいる。超硬合金という素材に精密加工技術を施した同社製品は、自動車、電子デバイス、食品機械など幅広い分野で活躍しており、さらにその範囲を拡大している。

**COMPANY PROFILE**

**東海合金工業株式会社**
http://www.tokai-gk.co.jp
本社：瀬戸市坊金町 236-1
電話：0561-84-2611
代表取締役社長：松本優造
設立：1964 年 1 月
資本金：7500 万円
売上高：19 億 2000 万円
（2018 年 3 月期）
従業員数：107人（2018 年 4 月現在）

インターンシップあり

働きやすさアピール!

新卒 中途 社食 車
住宅 産・育 文系 研修

主な海外取引先

社是：我々は顧客の喜ぶ値打ちのある商品を製造販売する企業になろう

世界で認められたパイオニア精神
クリーン環境機器の総合メーカー

オンリーワンの技術と発想で
クリーンな環境をつくる

# 株式会社 パイオニア風力機

クリーンルームダスター（エアシャワー）はクリーンな環境を守る入り口として精密産業の工場などで採用されている

## 必ず効果を出す姿勢がファンを育てる

空気の力でゴミやチリを取り除きクリーンな環境をつくる——パイオニア風力機は、流体技術を核として、多くのユニークな製品を生み出す企業だ。たとえば主力製品のクリーンルームダスター（エアシャワー）は、左右天井の3面にあるジェットノズルから、秒速25ｍ以上の強力なエアーを噴射。作業者や製品に付着した汚れを吹き飛ばし、床面から吸い取るシステムを搭載している。

「設備を売るのではなく効果そのものを提供したい」と語るのは社長の戸次貴裕氏。たとえ顧客からの要求仕様でも、効果が出ないと判断すれば断ることもあり、その実直な姿勢が評価され、大手企業には、長年のパイオニアファンも多い。

## この世にないものを創るパイオニア精神

ユニークな発想力も同社の魅力の一つで、エアー吸着マットはその代表例だ。元は、前社長が店先のマットから発想を得たもので、踏むとブラシが靴底の汚れをかき出し、エアーで吸い込む発明品。製品化まで3年、ヒットまでさらに3年かかり、実際の効果が目に見えるように、ＰＲ方法も工夫を凝らし行われた。

社名の通り「パイオニア精神」を大切にし、困りごとを持ちかけられると、知恵を絞り、考え、製品化する。その連続がほかにはない個性的な技術を生み出すきっかけとなってきた。数多くの特許技術を持つ同社は、世界でも高く評価され、ＡＳＥＡＮ諸国など多くの国で活躍している。

名古屋市緑区の本社。工場や社員寮も近接している

**MESSAGE**

代表取締役社長 戸次 貴裕

ものづくりが好きな人が集まる会社です。ここには図面を描く営業スタッフもいれば、世界を飛び回る技術者もいます。お客様の「困った!」を解決したいと望む気持ちがあれば、学歴や肩書は関係ありません。

**COMPANY PROFILE**

**株式会社パイオニア風力機**
http://www.paionia.co.jp
本社：名古屋市緑区浦里3-25
電話：052-892-6855
代表取締役社長：戸次貴裕
設立：1969 年 4 月
従業員数：44 人（2018 年 5 月現在）

働きやすさアピール!

新卒 中途 社食 車 住宅 文系 研修

主な海外取引先

社是：パイオニア精神で、世の中にないものを創造し社会に貢献する

**特殊工具メーカーの枠を超えたスケールの大きさ!**

製造からリサイクルまで
工具に関する業務をサポート

# 富士精工 株式会社

［ISO14001 認証取得］

様々な要素技術のつまったコアアイテム「特殊工具」

## 特殊工具、治具の製造からリサイクルまで

2018年3月に設立60周年を迎えた富士精工は、生産ラインで使う「特殊工具（※）」を手がけるメーカー。一点一様の特殊工具を製造するとあって、顧客とのダイレクト取引を強みとし、高精度加工や高能率加工、ダウンサイジングなどの多様なニーズに応えている。現在では、特殊工具で培われた優れた技術や加工ノウハウを生かし、ワークチャック治具などの製造にも注力し、加工物まわり全般にわたる総合的な品質保証を実現している。また、特殊工具につきものの修理や再研磨をはじめ、転用・改造、省資源なども取込んだリサイクル事業を早くから展開し、顧客の環境対応をサポートし続けている。

（※）一般的な工具では困難な製造を行うための工具

**MESSAGE**

代表取締役社長 鈴木 龍城

愛知の町工場から始まった当社も今では世界9カ国で事業展開する企業へと成長しました。世界を舞台に活躍したい人、ぜひ当社で力を発揮してください。

## 創業者の思いを原点に人づくりに力を注ぐ

顧客ごとにニーズを聞き出し、これに合わせた特殊品を一品製作する同社にとって、もっとも大切な経営リソースとは〝人の力〟。このため、創業者（故・森清氏）は「従業員は家族」という信念のもと、親の気持ちで徹底的に従業員を教育し、その定着、修養、技能・技術の向上に努めた。その結果、人を大切にし、人づくりに力を注ぐDNAが社内に根づき、繰り返し訪れた不況の際にも人員整理は行わず、全社一丸となって困難を乗り越え、技能や技術の温存が図られた。

こうした人重視の経営スタイルは、高品質な工具や付帯サービスを生み出し、顧客の絶大な信頼という形で結実している。

### COMPANY PROFILE

**富士精工株式会社**
http://www.c-max.co.jp
本社：豊田市吉原町平子 26
電話：0565-53-6611
代表取締役社長：鈴木龍城
設立：1958 年　売上高：連結 207 億円
単体 127 億円（2018 年 2 月期）
従業員数：連結 1,570 人
単体 489 人
（出向者除く、2018 年 2 月現在）

インターンシップあり

働きやすさアピール!

新卒　社食　車　住宅　産・育　文系　研修

主な海外取引先

経営理念：誠実、高品質、顧客第一

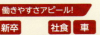

## プレカットの技術が日本の「住」に大きく貢献しています

プレカットの総合メーカー！
高い技術と先進性で業界をリード!!

# 宮川工機 株式会社

［ISO9001 認証取得］

フレキシブルな組み合わせを可能にした横架材加工機のプレカットライン最高峰、MPS-VX シリーズ

### 大工の「匠のワザ」を機械化した宮川工機

「ほぞ」「あり掛け」「かま継ぎ」など従来は、大工の熟練手作業に頼ってきた、木材住宅建築の伝統的な木材加工技術を、独自技術で、国内初の機械化に成功した宮川工機。

通常の手作業の場合「継手」など、四角だった仕口の加工面を、機械加工できるような継手形状を考案。回転する刃物により円弧形状に加工する自動加工技術を開発した。また、CAD／CAMプレカットシステムも同社がつくり上げた技術の一つ。開発当初は職人さんに受け入れられなかったものの、現在では、木造軸組工法における機械プレカット率は90%を超え、今日のプレカット機械の主流となった。

プレカット（※）の加工見本
（※）従来建築現場で加工されていた木造住宅の構造材（柱や梁）を事前に工場生産すること

**MESSAGE**

代表取締役社長 宮川 嘉隆

創業以来の豊富な経験と実績から得たノウハウを生かし、今後も「顧客の信頼と満足を得る」。品質とサービスの提供に努め、「プレカットのMIYAGAWA」としてユーザー様との信頼を築き上げていきたい。

### 新しい価値を創造し、100年企業へ

プレカット誕生から約40年が経ち、プレカット産業は大きく成長し、成熟した。

今後は、少子高齢化社会で労働力の確保が難しくなるため、より高機能・高効率な生産ラインが求められ、ロボット、IoT、AIなどを活用した省人化・無人化ラインへの移行が進むことが考えられる。

また、平成22年10月施行「公共建築物等における木材の利用の促進に関する法律」の影響により、プレカット工場の加工対象は住宅だけではなく非住宅の大型・中型物件が加わり、非住宅物件の受注が増加傾向にある。これらに対応していくために、新規機械の多様化や機械の性能、それに付随するサービスの向上など新たな課題に挑み続けている。

**COMPANY PROFILE**

宮川工機株式会社
http://www.miyagawakoki.co.jp
本社：豊橋市花田町字中ノ坪 53
電話：0532-31-1251
設立：1942 年 10 月
代表取締役社長：宮川嘉隆
売上高：83 億円（2017 年 9 月期）
従業員数：121 人（2018 年 7 月現在）

インターンシップあり

働きやすさアピール!

新卒　車
住宅　産・育　文系　研修

スローガン：今やらねば何時やれる　俺がやらねば誰がやる　自信を持って頑張る　責任を持って頑張る

## 省エネ・省力・省資源に貢献する「ランナーブレーカー」

連続鋳物破砕機で世界トップクラス
世界24カ国で250台を販売！

# 油圧機工業 有限会社

### 世界24カ国で活躍している破砕機を製造

鋳物関連機器メーカーである油圧機工業の主力製品は1992年に1号機を発売した「ランナーブレーカー」だ。鋳造過程の湯道に残った金属や不良品を破砕する製品で、破砕できる材質は銑鉄鋳物に限らず、アルミ合金、コンクリート、合成樹脂まで幅広く、特注品にも対応している。効率のよいリサイクルを可能にするだけでなく、減容化することで保管や輸送にかかるコスト・人員も低減。加えて耐久性にも定評があることから、国内シェアは90%を超え、世界24カ国で累計250台（2018年5月現在）を販売している。海外に対しては欧州と米国の企業に製造ライセンスを供与することで販売台数を伸ばしている。

### 独自技術で鋳物業界に革新を起こす

同社では、機器の製作・納入にあたって、まず顧客ニーズに適した設備規模、作業効率の割り出しを行い、その上で使用環境や作業条件を満たす機器を選定する事前プランニングを徹底して行う。その後、作業プロセス全体をシステムとしてとらえた機器設計と効率的な設備レイアウトを考え、製作に入る。メンテナンスなどのアフターサービスも万全で、こうした一貫体制も魅力の一つである。

しかし、最大の強みは、同社に蓄積された鋳物ノウハウと、独自の発想で取得した数々の特許の融合だ。それは世界中の鋳物業、製造業を驚かせるほどの革新性を誇っている。

鋳物師であり創業者でもある会長自身が開発設計を行う

**MESSAGE**

取締役会長 奥谷 保明

社是である「挑戦」に共感できる人、世界中で活躍する製品に関わりたい人、ベテランの技術を受け継いでいきたい人を求めています。社員のアイデアも積極的に採用しますので、共に成長していきましょう。

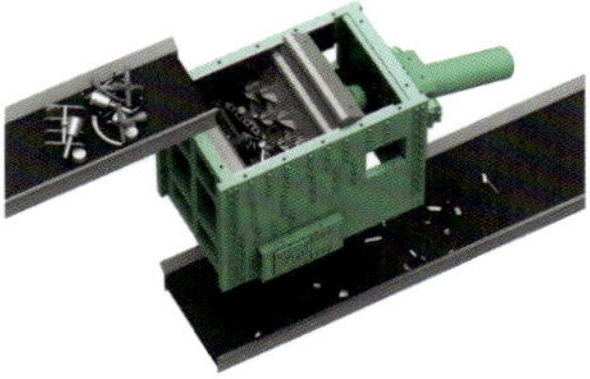
銑鉄鋳物、アルミ合金、コンクリート、合成樹脂などを破砕する「ランナーブレーカー」

**COMPANY PROFILE**

油圧機工業有限会社
http://www.yuatsuki.com
本社：西尾市羽塚町坊山 5-3
吉良工場：西尾市吉良町下横須賀七ッ山29
電話：0563-34-8080
取締役社長：奥谷泰介
設立：1984 年 10 月
売上高：5 億円（2017 年 7 月期）
従業員：25 人（2018 年 3 月現在）

インターンシップあり

働きやすさアピール!
新卒 中途 社食 車
住宅 産・育 文系 研修

主な海外取引先

目標：私たちは小さい集団です。しかし小さくともダイアモンドの輝きを放つ一粒でありたいと願っています。

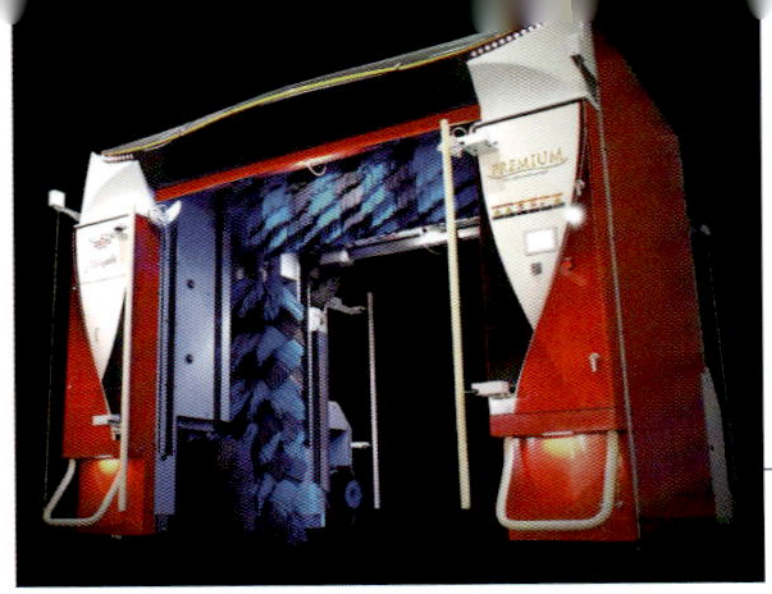



車のボディに優しく、静かに、かつパワフルに汚れを落とす最先端ブラシを使用

## 門型ブラシ付洗車機の累計販売台数で世界記録に認定！

# タケウチテクノ 株式会社

［ISO9001 認証取得］

### 洗車機累計出荷台数 世界1位の専業メーカー

世界の洗車機市場でリーディングカンパニーの地位を確立しているタケウチテクノ。1963年に日本初の門型ブラシ付洗車機を開発・製造し、2015年に累積販売台数113千台を達成、第2位に2倍以上の差をつけて世界記録に認定された。

洗車に関して積み重ねてきた高度な知識、独自の技術、厳しい品質・性能チェックによる万全の品質管理・出荷体制から、画期的な布ブラシを搭載した洗車機「ソフサス」や各種コーティング材などの人気製品が生み出されてきた。これからも世界中のカーライフに貢献できるよう、新技術や新製品の開発にも磨きをかけている。

本社社屋

**COMPANY PROFILE**

**タケウチテクノ株式会社**　http://www.takeuchi-techno.co.jp

本社：名古屋市港区木場町 2

電話：052-691-5150　代表取締役：竹内英二

設立：1916 年　売上高：49 億 7,700 万円（2017 年 9 月期）

従業員数：126 人（2018 年 4 月現在）

**働きやすさアピール!**

新卒　中途　社食　車　産・育　研修

**主な海外取引先**

**Column**

### 「愛知ブランドのトロフィー」開発秘話

「いやぁ、ホントに課題が多くてね」と振り返るのは愛知県OBの稲垣藤雄氏。認定企業に贈る記念品を担当者に頼まれ、瀬戸窯業技術センター（当時）に在籍中の稲垣氏がデザイン。Aichi のAを筆記体風にアレンジし、スラリと天を指す柔らかなフォルムができた。

しかし、いざ白磁トロフィー製作に着手すると様々な壁が…。

まず、石膏型にかなり軟らかめのマヨネーズ状にした磁器素地を鋳込むと、荷重のかかる先端に妙なシワができてしまう。困り果てた時、ベテランの研究員が「型を載せたろくろを回転させながら鋳込む」方法を提案してくれて、無事解決。

次は焼成。特に金彩は高価な本金を使い、溶解には酸化力が非常に強い王水（おうすい）を用いるので、金を着けたくない部分をカバーする素材も溶かしてしまう。あれこれ試行錯誤の末、金属の型をつくってカットした和紙でマスキング。やっと思い通りの金彩が可能に。

本社社屋

世界最高水準の巻線技術で
コイルのエネルギーを最大限に引き出す

# 株式会社 ベステック

## スピードと精度を備えた自動巻線機

家電や自動車で使用されるコイルを製造するブラシレスモーターを日本の市場に初期投入し、そのコイルを製造する自動巻線機の設計・製造技術をになうベステック。

なかでも、直巻コイルの巻き上げでは、緩みのない機構を持つコイルが製作可能。円筒型コイル用の巻線機では、回転の際の芯ぶれがほとんどないためコイル線間に無駄がほとんどなく、高品質で、コストパフォーマンスに優れたコイルをつくることができる。外径5㎜から数メートルにわたるアイテムまで、必要に応じて対応できる技術力は、決して妥協しない社風と、ものづくりに対する情熱により支えられている。

### COMPANY PROFILE

**株式会社ベステック**
http://bestec-web.co.jp
本社：春日井市高森台 4-8-45
電話：0568-92-5238
代表取締役社長：住友隆介
設立：1977 年 3 月
売上高：22億6800万円（2018年3月期）
従業員数：73 人（2018 年 7 月現在）

インターンシップあり

働きやすさアピール！
新卒　中途　社食　車
住宅　産・育　文系　研修

主な海外取引先

### MESSAGE

代表取締役社長　住友 隆介

当社は、40 年前の創業時より、低コスト・高品質を目指しております。品質に対しては、絶対妥協しないのを社風に、日々ものづくりに取組んでいます。

「久保部長（当時の産業労働部長）が公用車で移動中に電話でデザインの決裁をしてましたね」と話すのは、地域産業課にいた加藤淳二氏（現・あいち産業科学技術総合センター所長、愛知ブランド評価委員会委員）。慌しいなかで台座と銘板も発注し、青色サテンを貼った箱を特注し、しおりをつくり、認定式で喜ばれて、関係者一同心からホッとしたという。

滑らかな白磁は「最高の品質・顧客第一主義・最善の環境配慮」を、頂点の金彩は世界トップをめざす意気込みを表している。認定企業に手渡されるトロフィーは、地域の窯業技術を駆使し、こうして生み出されたのだった。

右：稲垣 藤雄氏　左：加藤 淳二氏

製品も人材も型にはまらないユニーク企業

「熱」を考え、「熱」を創造する

# 株式会社 河合電器製作所

[ISO9001 認証取得・ISO14001 認証取得]

食料品・飲料
繊維・木材・家具・紙加工品
化学・プラスチック・ゴム
鉄鋼・金属製品
各種機械器具
電子部品・電気機械器具
輸送用機械器具
その他

社員一人一人が知恵を絞り、自由な発想を「製品」という形にしていく

## 顧客の信頼を得る徹底したエラー解析

1929年に名古屋市内で電気ハンダゴテの製造からスタートした河合電器製作所。創業以来、顧客の要望に応じながら、製品開発から製造・販売までを手がけてきた。そして現在は、同社の原点でありUL規格（※1）にも対応する「シーズヒーター」、群を抜く安定性を誇りUL規格・CEマーキング（※2）にも対応可能な「カートリッジヒーター」、平面から三次元まで多様な形状に対応できる同じくUL規格・CEマーキング対応の「シリコンラバーヒーター」を主力に、付加価値の高い工業用ヒーターを供給している。

同社では年間約800社の製品を常時手がけているが、すべて受注生産のため受けるオーダーは1点から数百点までと幅広い。しかも人の手で製造を担う部分も多いため、型にはまらない柔軟な対応力が必要とされる。また同社では供給責任を自覚し、製造過程におけるエラーの解析を徹底して行う。こうした逃げない姿勢が付加価値の高い製品を生み出し、顧客からの信頼につながっている。

（※1）アメリカにおける、おもに電気製品に対する安全規格
（※2）製品をEU加盟国に輸出する際、安全基準条件（使用者・消費者の健康と安全および共通利益の確保を守るための条件）を満たすことを証明するマーク

## 新たな挑戦「熱技術に関するコンサルティング」

顧客からの「こんな装置をつくりたい」という相談から始まる河合電器製作所のものづくり。80年以上にわたり多くの受注生産を手がけるなかで、顧客が思い描く漠然としたイメージを具体的な形にする過程こそが熱技術の肝であり、最大の難所であることを痛感したという。そこで、数年前から「熱技術に関するコンサルティング」という事業に取組んでいる。電気ヒーター導入前の検討

経営理念：優しさと温もりと共に「新しい熱」を創造します

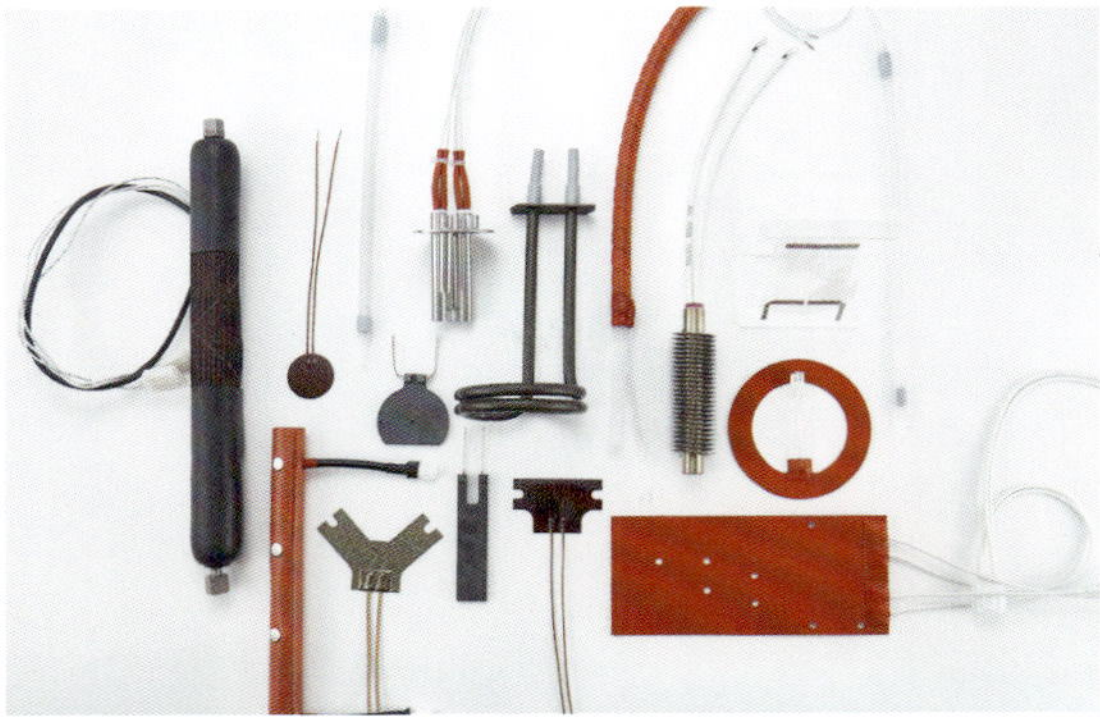

各分野で活躍する多種多様な形状、素材のヒーター

や様々なアドバイスなど、製品購入の有無にかかわらず相談に乗ってほしいというニーズが少なくないことから、必ずしも製造・販売に直結しない「知識」の提供に応じるようになった。

アイデアを発信する力を強みとする企業だけに、柔軟な発想や広い視野、自分の意見を持つ人材が必要とされる。そうした能力を培うため、ユニークな研修や多彩なイベントの機会を設けていることも同社の特徴だ。時代の変化に柔軟に即応する技術力は、社員一人一人の個性と主体性によって支えられている。

## MESSAGE

代表取締役社長　佐久 真一

人生には、うれしい感情もあればネガティブな感情もあります。それを味わい尽くして生きるのが人生の醍醐味ではないでしょうか。会社や仕事も同じで、様々なメンバーが集まって多彩なアイデアが出るほど面白くなります。目の前にある必要なことに少しずつ取組み、世の中に面白いことを明るく発信していきたいです。

## COMPANY PROFILE

**株式会社 河合電器製作所**
https://www.kawaidenki.co.jp

本社：名古屋市天白区中平 1-803
電話：052-807-1031
代表取締役社長：佐久真一
設立：1954 年
売上高：21 億 9,800 万円（2017 年 12 月期）
従業員数：154 人（2018 年 3 月現在）

インターンシップあり

**働きやすさアピール!**

新卒　中途　社食　車　住宅　産・育　文系　研修

**主な海外取引先**

## TOPICS

### 視野を広げ、気づきを促す教育研修

“社員が心からやりたいことが仕事で実現できる会社”をめざす河合電器製作所では、社長自らが開校する「佐久塾」や、北海道での酪農体験などのユニークな教育を行っている。いずれも強制ではなく、勤務年数などの制限もないため、興味のある研修やイベントに参加できる。発表や意見交換をする機会もあり、社員の成長を促すきっかけとなっている。

ITS情報装置の専業メーカー！

情報通信・制御技術を活用したシステムで
安全・快適な交通を実現

# 名古屋電機工業 株式会社

［ISO9001 認証取得・ISO14001 認証取得］

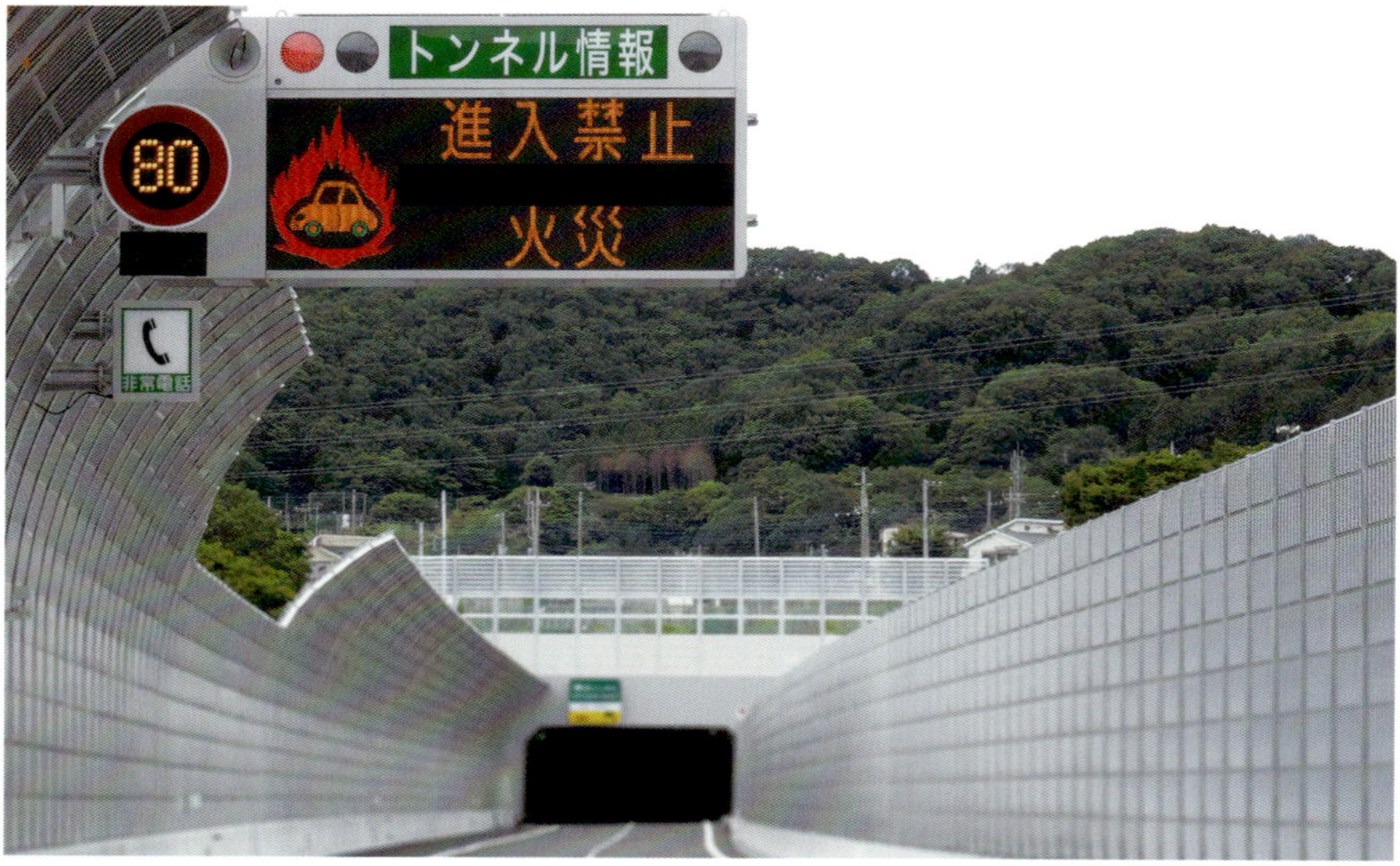


事故や気象、災害による交通状況の変化をいち早く提供する道路情報提供システム

## 〝これがあれば困らない〟ものをつくり出す

１９４６年に電気機器の修理販売で創業し、戦後は受配電設備などの設計製造販売などを手がけ、１９６６年には日本初となる一般公衆電話回線の利用による遠隔制御式の電光情報盤を世に送り出した名古屋電機工業。現在は、情報を伝えるために必要な製品の、企画から営業・開発・設計・製造・設置・保守までをトータルでサポートする専業メーカーへと成長している。

高速道路や一般道、河川、駐車場など様々な場所で同社の製品を目にすることができる。その原点となっているのは創業者の「海に灯台があるのに陸にはなぜ灯台がないのか」という一つの思いによりつくられた日本初の電光情報盤。同製品は、事故が発生しやすい道路を走るドライバーに雪や雨などによる通行止情報をいち早く伝えることで、いたましい事故を防ぐ〝道しるべ〟となりたいという思いが形になったものだ。以来、同社では〝安全・快適な道路交通や豊かな社会の実現〟をコンセプトに多様な製品を開発、提供してきた。情報の収集から提供までを一貫サポートする道路情報提供システムから、ピヨピヨ・カッコーの鳴き声でおなじみの視覚障害者用信号付加装置やパーキングメーターなどを開発、これらは快適な道路環境の実現に貢献している。

## 技術のセレクトで新たな価値を

顧客から新しい提案をする会社だと評価される同社だが、それは新しい要素技術を開発しているだけではなく、顧客の課題に対して、既存の要素技術を組合わせて解決方法を見出し、新たな価値として提案し、実現する。その力が評価されている。

経営理念：正々堂々

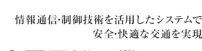

このような取組から派生したのがＦＡ検査装置をはじめとする検査装置事業だ。初期にはパーキングメーターの車両検出方法であるレーザー技術を応用した、プリント基板用の高精度検査装置を開発。近年は、より複雑になったプリント基板の進化に合わせ、画像処理やＸ線などの技術を駆使した検査装置を手がけている。

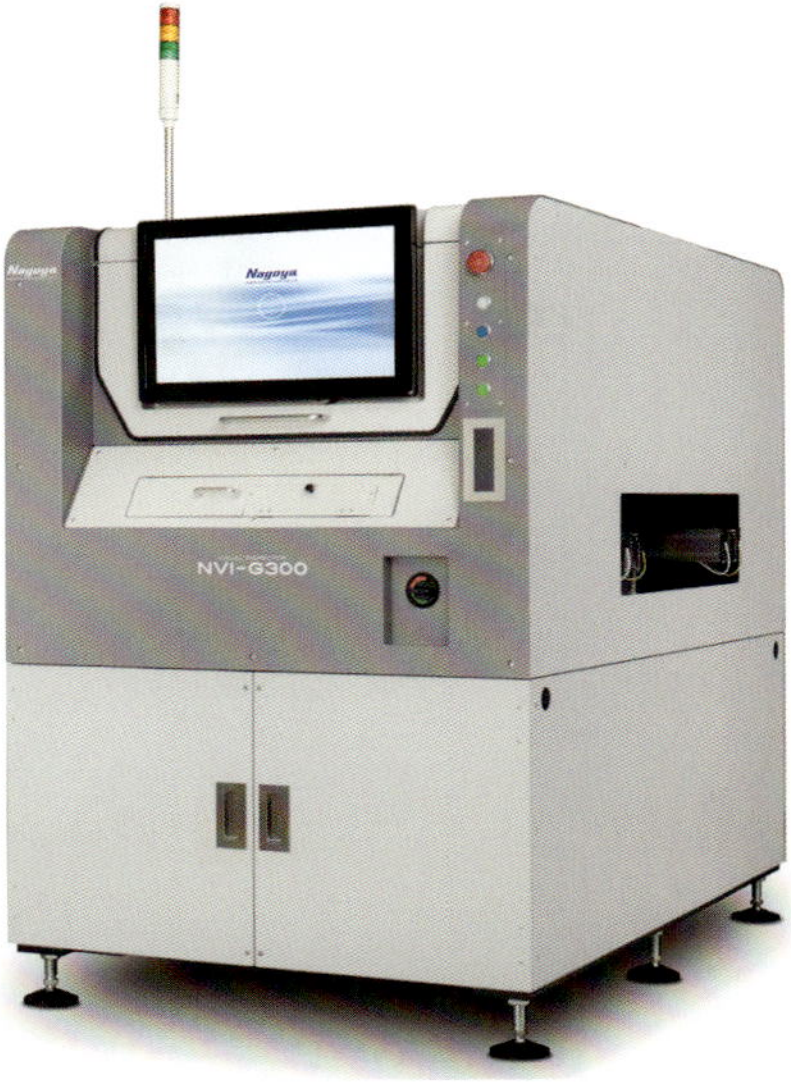


「不良品を流出させない、発生させない」をコンセプトにプリント基板の生産工程を支援する検査装置

## MESSAGE

代表取締役社長 服部 高明

国内外の市場に新製品で挑戦し、社会に貢献できる企業をめざす当社では、働きやすい職場環境づくりに取組んでいます。以前は男性の多い職場でしたが、最近では女性も増え、語学力を生かした海外でのプレゼンや、機械の知識を生かした営業など幅広く活躍しています。チャレンジ精神があり、努力を惜しまない従業員が多い会社です。

## COMPANY PROFILE

**名古屋電機工業株式会社**
https://www.nagoya-denki.co.jp
本社：あま市篠田面徳 29-1
電話：052-443-1111
代表取締役社長：服部高明
設立：1958 年
売上高：175 億 2,900 万円（2018 年 3 月期）
従業員数：441 人（2018 年 3 月現在）

インターンシップあり

働きやすさアピール!

新卒 中途 社食 車 住宅 産・育 文系 研修

主な海外取引先

## TOPICS

### ドライバーの感覚に働きかけるシステム「BLINKs」

2012 年、走光型運転支援灯システム「BLINKs（ブリンクス）」を開発。LED 灯具を一定の間隔で設置し、発光制御することにより、ドライバーに光の流れを感じさせ、渋滞を未然に防ぐしくみ。現在、新東名高速道路（清水連絡路・上）や東名阪自動車道（鈴鹿 IC 付近・上）をはじめとして、各地で採用されている。

**製造から建設、医療まで幅広い領域に少量多品種のラバーヒーターを供給**

わが国最初のラバーヒーターメーカーとして
多くの産業分野で活躍

# オーエムヒーター 株式会社

［ISO9001 認証取得・ISO14001 認証取得・JIS Q 9100 認証取得］

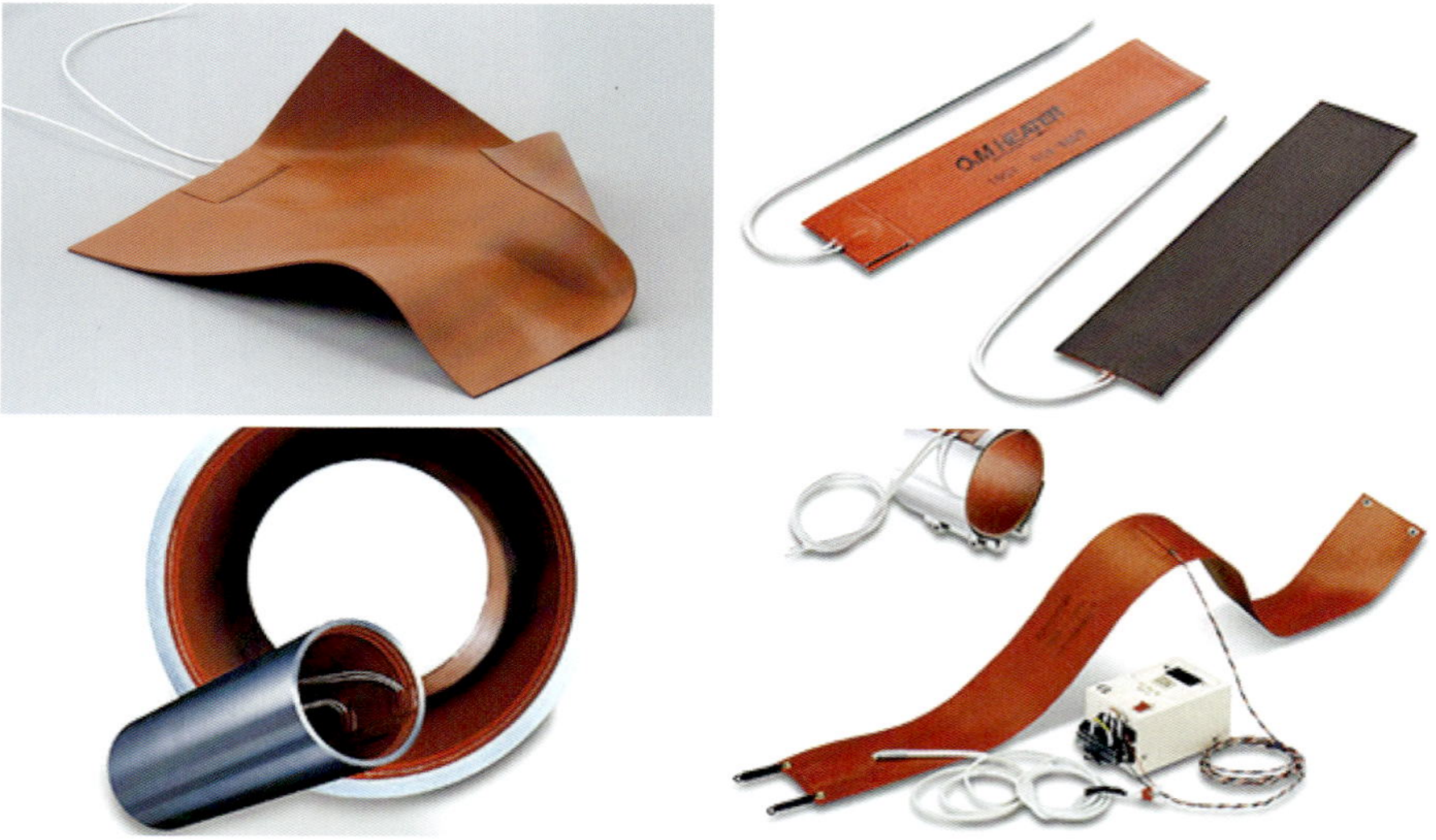

MG（マグネット）タイプ、ストレッチタイプ、耐熱タイプなど様々な製品群。内面密着加工にも対応

## 独自技術の開発で製法特許を獲得

面状の2枚のシリコン素材でニクロム線を挟み、発熱させる産業用ラバーヒーターを製造するオーエムヒーター。

１９８６年当時、シリコンゴム成形をしていた同社は、日本市場のラバーヒーターのほとんどがアメリカ製の規格によるもので、市場の需要に十分に対応していないという実情を知った。そこで、日本の顧客の要望にマッチしたラバーヒーターの製造に着手し、３年余の年月をかけ製造方法を開発。同社独自の方法でニクロム線を配線する技術を確立し１９８８年に製法特許を取得した。これにより、低コストで１枚のオーダーから製造でき、しかもどのような形の製品にも対応することが可能となった。

## 産業用ヒーターというニッチ分野における専門メーカー

開発後、原料等を入れたドラム缶自体を温めることに利用できないかとの問合せがあった。当時個別のものの温度を上げるには設備やコストがかかり、部屋全体を暖めるのが一般的だったが、ラバーヒーターはドラム缶に巻付けるだけで機能するため、画期的な発想となった。

これを機に産業界でオーエムヒーターの認知度が向上。同社は企業から様々な相談を受けることになり、個別の製品を開発していった。その結果、現在では工場から建設、医療の分野までその名は広がり、最近では航空機に使用されている炭素繊維の補修にも同社製のラバーヒーターが使用されている。

こうして培われた技術力は、各種ラバーヒーターのみならず、超薄形・超軽量フィルム状ヒーターやカートリッジヒーターにも応用され、同社の温度調節器と共に産業界に熱気を加え続けている。

社是：【温故創新】――――― 柔軟な発想で明日を築く―――――

製造過程の心臓部の一つ。設計図に合わせニクロム線を巻いて取付ける

## COMPANY PROFILE

**オーエムヒーター株式会社**

http://www.om-heater.jp

本社：名古屋市天白区原1-601
電話：052-804-3140
代表取締役社長：丸山康弘
設立：1980 年 11 月
売上高:5億2,000万円（2017年9月期）
従業員数：30 人（2018 年3月現在）

働きやすさアピール!

新卒　中途　車　産･育　文系　研修

主な海外取引先

## MESSAGE

代表取締役社長 丸山 康弘

当社では、マグネットタイプや耐熱タイプ、防滴対応など機能面での充実に邁進しています。素材でもポリイミドフィルムを利用したヒーターなど、独創的なラインナップと製品開発に自信を持っています。

## Column

### 愛知ブランド事業に思うこと

愛知ブランドの評価委員となり、様々な企業の事業内容に接してきました。愛知ブランド企業には、伝統を受け継ぐ醸造や窯業分野から最先端の産業まで様々な業種があり、企業規模の広がりとともに、愛知県の産業の幅広さを実感します。特に自動車産業関連の分野では、機械工業を中心として、金属加工、樹脂成形、メッキ、製造機械、金型など分野のすそ野が広く、各企業がそれぞれの分野で独自のコアコンピタンスを持つこと、その集積が愛知のものづくりを支えていることを、改めて認識しています。

愛知ブランドが、愛知の企業がそれぞれの立場でさらに技術の継承や新技術の開発等を進める一助になることを願うとともに、（公財）科学技術交流財団の一員として、愛知県の中小企業の発展を援助する事業を進めていきたいと思っています。

公益財団法人　科学技術交流財団
業務部研究交流グループ長兼科学技術コーディネータ
田尻 耕治
※愛知ブランド評価委員会委員

## 制御盤プロフェッショナルとして国内外で活躍

様々な産業機械の稼働に不可欠な
専用制御盤づくりの技術者集団

# 株式会社 大洋電機製作所

［ISO9001 認証取得］

当社の代表的な専用制御盤

### 幅広い経験知を生かして成長

大洋電機製作所の制御盤は、工場や建設現場、医療分野、上下水道や排水など様々なシーンで稼働する各種機械の制御を行っており、得意先企業の要望に応え専用制御盤を一品一様の完全オーダーメイドで設計製作するのが強み。多種多様な現場に最適な設備を納入し、設置後には同社社員が現場に赴き、試運転調整までを一貫して行う。

制御の中核となるシステムのハードウェアからソフトウェアを一貫して製造しているのも同社の特色である。そのため社員65人のうち半数以上がソフトとハードの両分野に対応できる技術者が占めており、フレキシブルに対応している。

### 国内はもとより海外の現場でも技術が生きる

同社の制御盤の活躍する場は国内だけでなく、世界37カ国まで広がり、社員も試運転調整のため世界中を飛び回っている。大手自動車メーカーの海外工場立ち上げや生産ライン更新なども手がける。トンネル掘削ではシールドマシン用の制御システムを手がけ、鉄道や高速道路のインフラ整備に貢献している。

制御盤の機能はものを動かす、止めるだけではなく、故障の事前予知・予防や危険を察知するための監視機能も含まれている。「制御」に求められる機能は拡大・高度化しているなか、同社はＡＩやＩｏＴ（もののインターネット）と制御盤とのマッチングに力を注いでいる。

「世界をコントロールする制御盤トップメーカー」というプライドを胸に、顧客の要望に応えるだけでなく、次世代を見据えた製品開発にも余念がない。

社是：制御システムの技術者集団として常に市場のニーズに応え、最新のコントロール技術で社会に貢献する。

COMPANY PROFILE

**株式会社大洋電機製作所**
http://www.kk-taiyo-el.co.jp
本社：名古屋市中川区平戸町 1-1-8
電話：052-361-6006
代表取締役社長：里 康一郎
設立：1974 年 11 月
売上高：15 億円（2018 年 3 月期）
従業員数：65 人（2018 年 5 月現在）

インターンシップあり

働きやすさアピール!

新卒　中途　社食　車
住宅　産・育　文系　研修

主な海外取引先

社屋外観

MESSAGE

代表取締役社長 里 康一郎

「電気・機械・情報をコントロールする総合エンジニアリング企業」を長期ビジョンに掲げる。社員は数多くの現場で経験知を蓄積し、各地で活躍。2014年に日東工業グループに加わり「盤プロフェッショナル企業集団」の一翼を担う。

Column

## 新しい座標軸によるものづくりと組織イノベーション

愛知のものづくりは高品質な量産を競争力の源泉として展開されてきたが、その多くは貸与図型のサプライヤーである。

IoT、ロボット、3Dプリンターをはじめデジタルツィンのソフトウェア優位のものづくりが進行し、試作・一品生産が存在感を増している。蓄積されたDBをプラットフォームとすることで、単品生産品、開発品、受注生産品を汎用品と同様に扱うことができるようになる。またロボット普及においてはロボットSier（※）を含めた産業エコシステムとして捉え、範囲の経済を実現していくことが重要だ。

こうした中で、ものづくりに内在するソフトウェアをプラットフォームとする新しい標準化は、新たな愛知ブランドの有力な選択肢である。意思決定システムや組織の柔軟性に問題を抱える当地域では、組織イノベーションが喫緊の課題といえる。

（※）Sierとは、システムインテグレーション（SI）を行う業者を指す造語

（一社）地域産業政策研究センター副理事長
（元名古屋工業大学教授）　小竹 暢隆

平成27年度省エネ大賞「省エネ事例部門」受賞

熱源の設計から機械器具製造まで
信頼の「METRO」ブランド

# メトロ電気工業 株式会社

［ISO14001 認証取得］

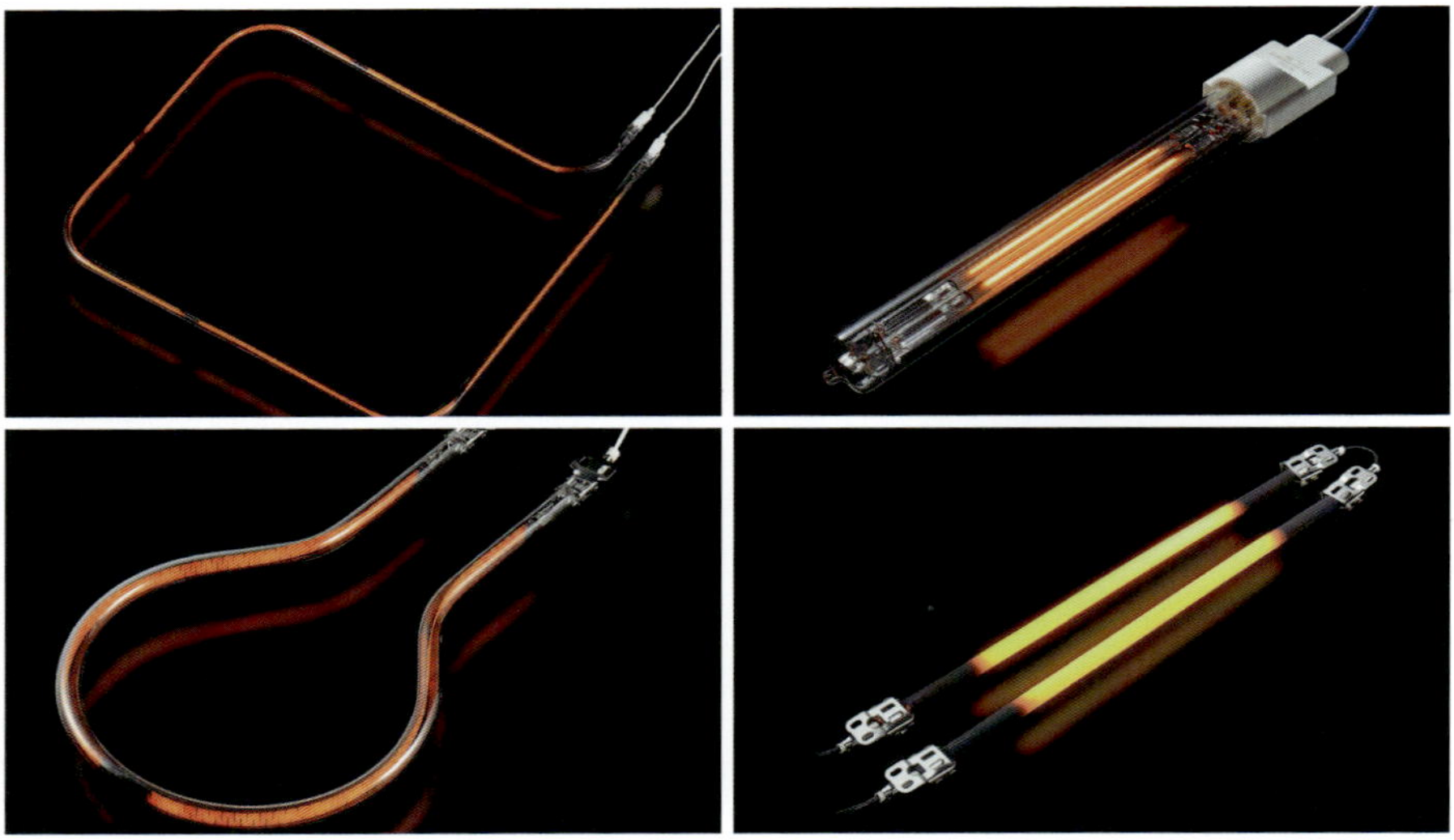

加熱工程の安全とクリーンな環境を生み出す同社の製品。 特殊形状のヒーター管、丸型ヒーターなど

## ニーズに応じ熱源設計から設備製造まで

光源と熱源の専門メーカー、メトロ電気工業。国内シェア80%の生産量を占めることから「電気こたつ用ヒーターユニット」のイメージが強いが、あらゆる熱源の設計・開発から、それを利用した機械器具製造までと事業領域は幅広い。

たとえば、長年培ってきた管球製造技術と、特許のフィラメント加工技術から生み出された「高出力カーボンヒーター管」により、これまでになかった高効率の赤外線式加熱器を実現。従来のガス式と比べ、安全性向上、加熱時間短縮、容易な温度調節、温度ムラ低減、金型劣化低減、$CO_2$削減など、多くの利点を持っている。さらに同ヒーター管は小ロットから製造でき、多様な加熱ユニットを低コスト・短納期で供給できるという魅力もあり、食品製造設備や調理家電、塗装乾燥や金型加熱器などに広く採用されている。

## 3社合同で平成27年度省エネ大賞受賞

2016年には、メトロ電気工業・スズキ株式会社・中電力株式会社が共同開発した「赤外線ヒータ式金型加熱器」導入による省エネ・省力化の取組が『平成27年度省エネ大賞』を受賞。メトロ電気工業の高出力カーボンヒーター管と電力自動制御技術を採用した同加熱器は、短時間で高温になり一定の温度を保てる、金型を傷めない、人の手がかからないといった特長がある。ガスバーナー式加熱器をこれに置き換えた鋳造工場では、従来に比べエネルギー使用量58%削減、金型加熱に要する総作業時間32%削減などを達成。さらに、工場内の温度上昇も抑えられ、作業環境が向上した。

安全確保を最優先に考えたものづくりに加え、環境負荷低減や働きやすさにも配慮を欠かさない企業である。

社是：事業を通じて顧客と社会の発展に貢献すると共に、社員の生活の安定・向上を目的とする。

本社展示室には電気こたつ用ヒーターユニットや新製品などが展示されている

## COMPANY PROFILE

**メトロ電気工業株式会社**
http://www.metro-co.com
本社：安城市横山町寺田 11-1
電話：0566-75-8811
代表取締役社長：川合誠治
設立：1951 年 6 月（創業：1913 年）
売上高：30 億 7,700 万円（2018 年 3 月期）
従業員数：89 人（2018 年 3 月現在）

**働きやすさアピール!**

新卒　中途　社食　車　産・育　研修

**主な海外取引先**

## MESSAGE

代表取締役社長 川合 誠治

熱源メーカーでありながら、機械器具の設計・製造もできるのが当社の強みです。目的に合った熱源設計や設備設計をご提案しますので、ガス設備から電気設備への置き換えなどを検討されていらっしゃるなら「熱を知り、熱を操る」当社にぜひ一度ご相談ください。

## Column

### 面白い。と思える視点創りを、もっと！

上岡研究室では「AQPRプロジェクト（愛知ブランド企業の広報研究と制作活動）」として、今まで70社の愛知ブランド企業の皆さんとご一緒してきました。

「AQPRプロジェクト」は、企業・行政・大学の3つの視点が重なり合って生まれています。

企業独自の提供価値と、愛知県による価値強化の枠組み、そして学生視点を媒介にした訴求力・提案力が融合した時、今まで気づかなかった魅力や視点が生まれるのだと確信して進めております。

視点を一つに留めず、様々な視点に立って魅力を求めることが、企業の皆さんにも学生にも意義ある活動に繋がり、より積極的な自社PRの契機になるのではと、そしてこれを担う人材が愛知ブランド企業にも増えて行ってくれれば、面白いことになるのでは！と願ってやみません。

大同大学情報学部
情報学部メディアデザイン専攻
教授　上岡 和弘

産業用ロボットシステムを設計から一貫生産するロボットシステムプラント

ロボットシステムと配電制御から世界へ挑む
ラインビルダーとしての未来へ

# 株式会社 豊電子工業

［ISO9001 認証取得・14001 認証取得］

## ロボットシステムインテグレータのパイオニア

創業以来、自動車部品事業、配電盤事業、電子事業に取り組み、そこで培った技術を礎に1980年に産業用ロボット分野に進出して、約40年近くにわたり産業用ロボットシステム事業に携わっています。

昨今では、AI・IoTの進化に伴う産業界の新たなニーズに応えるべく、多岐にわたる要素技術の開発を行い、次世代システムの実用化に取り組んでおります。

海外6拠点に現地法人を構え、ロボットシステムインテグレータ（ロボットSier）（※）のリーディング企業として、製造ライン全体を提案し、生産システムをトータルエンジニアリングするラインビルダーとなり、世界のものづくり産業の自動化に貢献しております。

（※）ロボットエスアイヤー：ロボットを使った機械システムの導入提案や設計、組立などを行う専門事業者

約15,000台のロボットシステムの実績を有する

### COMPANY PROFILE

株式会社豊電子工業　http://www.ytk-e.com
本社：刈谷市一ツ木町 5-12-9　電話：0566-23-2301
代表取締役社長：盛田高史　創立：1964 年
売上高：105 億 8300 万円（2017 年 12 月期）
従業員数：461人（2017年8月末現在）　インターンシップあり

働きやすさアピール!
新卒　中途　社食　車
住宅　産・育　文系　研修

主な海外取引先

## あいちTOPICS

### これぞCOOL JAPAN!な愛知の祭り

名古屋の夏は暑い。そして、さらに熱を帯びるのが名古屋発祥の「世界コスプレサミット」だ。アニメ・漫画・ゲームなどのキャラクターになりきり、緑や青の髪、奇抜なコスチュームとメイクの若者達が世界各国・地域の選考を経て集まる。さらに、日本最大級の踊りの祭典「にっぽんど真ん中祭り」も続く。街のあちこちで派手やかな衣装を着けたコスプレイヤーや踊り手達と出くわすのも楽しみだ。

花火大会も夏の風物詩。徳川家康ゆかりの三河地方は花火大会の数も多く、火の粉が降り注ぐ伝統の手筒花火は迫力満点だ。

そして、秋の「名古屋まつり」。公募で選ばれた信長・秀吉・家康が、華麗な衣装をつけた正室や家来・腰元を従えて練り歩く。歴史絵巻からコスプレまで、愛知の祭りは見逃せない。

弾けるコスプレイヤー達! 画像提供:WCS

ものづくりを通して豊かな生活空間を創造

巻線からモールドまで
自社製作するコイルメーカー

# 株式会社 衣浦電機製作所

## エアコン等に欠かせない部品

１９６８年の設立以来、電磁弁コイルメーカーとして事業を展開。電磁弁コイルとは、電磁石と弁を組み合わせたもので、電気をＯＮ、ＯＦＦにすることにより、空気や水などの流体を止めたり流したりする装置を指す。

信頼の高い国内資材メーカー、商社、協力会社と連携し、自社では製造機から検査装置まで自主製作、少量多品種の製造も可能とする技術で顧客から高い信頼を得ている。

電磁弁コイルにおいては国内トップクラスの品質とシェアを誇り、エアコン以外にも自動車、自販機、冷温水機等、幅広く使用されている。

### COMPANY PROFILE

**株式会社衣浦電機製作所**
http://userweb.mmtr.or.jp/kinuurad/
本社：半田市亀崎北浦町 1-64-21
電話：0569-29-1211
代表取締役社長：竹内稔幸
設立：1968 年
売上高：11 億円（2018年8月期予測）
従業員数：90 人（2018年8月現在）

働きやすさアピール!

中途　車
産・育

### MESSAGE

代表取締役社長 竹内 稔幸

弊社で活躍する従業者の8割が女性です。女性が働きやすい環境を実現し、従業者に「長く働きたい」と思ってもらえる会社にしていきたいと考えています。

## Column

### 愛知ブランド企業に期待

私が『愛知ブランド企業』の存在を知ったのは、平成三十年に関西大学と愛知県とが就職支援協定を締結した際、この制度の説明を受けた時でした。説明の中で最も驚いたことは、愛知県が過去四十年にわたり製品出荷額が日本一であるという事実でした。

広い意味で、ブランドといわれるものはそれを創る人、それを育み支える人、その価値を認め利用する人のコラボレーションによって成り立っています。伝統やブランドは長い年月をかけて育てられ、多くの人から信頼を得て現在に至っていると考えられます。この意味で、愛知ブランド企業に選定された企業は長期にわたって市場の評価を得た企業のリストであろうと思います。

学生の就職支援の担当者として、私は学生の活躍の場としての愛知ブランド企業に大きな期待を持っています。

関西大学　キャリアセンター
所長　笹倉 淳史

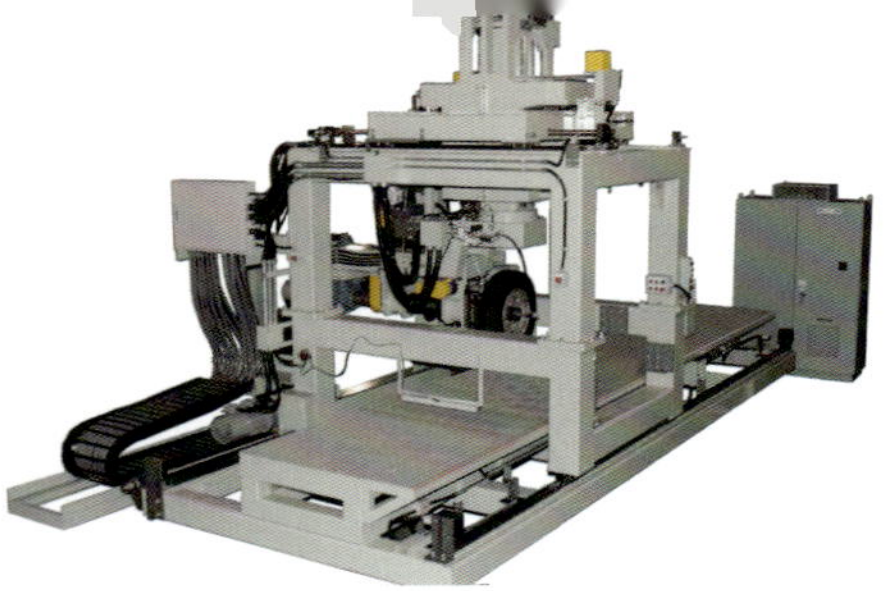

鋼製平滑路面上でタイヤを転動させることによりタイヤの特性を計測する平板式試験機

産業用制御システムで
トップクラスを誇るメーカー

# 株式会社 昭和電機製作所

## 個々の希望に合うシステム提案をめざす

１９４９年創業の電気機械器具製造メーカー。様々な素材や加工技術にも対応できる電気制御の開発から設計、製造、販売までを手がけるが、特に複数の可変速装置システムの最適制御が得意だ。ほか、大手タイヤメーカー向けに試験機業界にも本格参入している。

近年は、海外各国にも積極的に進出し、鋼板、紙、フィルム加工電気制御では、アジアトップクラスのシェアを誇る。国内外の他社製の制御装置でも、保守、改造、更新が行えるのも、強みの一つである。

今後の展開は、各国での販売の強化はもちろん、長年の研究開発で得た知識と経験を元に、顧客の希望仕様に最適なシステムを提案していく予定だ。

本社社屋

### COMPANY PROFILE

**株式会社昭和電機製作所**　http://www.showa-e.co.jp
本社：春日井市西屋町字中新田 84
電話：0568-31-3866　代表取締役社長：山本洋介
設立：1949 年 3 月　売上高：2,555,153 千円（2017年12月）
従業員数：97 人（2017 年12月現在）　インターンシップあり

働きやすさアピール!
新卒　中途　車
住宅　産・育　研修

主な海外取引先

## Column

### 満天に輝く 愛知ブランド設定企業の星

見上げてごらん　満天の星　愛知県庁屋上から眺めた天空には愛知ブランドとして設定して十五年、371星がひかり輝いている。

さらに天空には、見えない数千数万の大小のさまざまの星がある。

愛知県は、日本に於けるモノづくりの中枢であり、製造品出荷額では連続四十年間日本一を維持してきた。

そのみなもとは、江戸時代からこの地は「からくり人形」づくりが盛んで、その後の機械工業を誘発したに違いない。

40年代、近代産業として、自転車、ミシン、石油ストーブ、合板、鋳物、毛織物、木綿、伝統的な瓦、仏壇、食品などで技術、技能、品質管理をみがき、50年代、繊維、工作機械、自動車、セラミックス、航空機時代を迎えた時、これら製品メーカーの下に部品産業が育った。

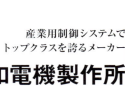

豊明工場の新社屋

オリジナル街路灯日本一を旗印に
快適な視覚空間を創造！

# 日本街路灯製造 株式会社

［ISO9001 認証取得・ISO14001 認証取得］

## 受注制だからできる個性的なデザイン

1949年「まちの街路灯屋」として創業して以来、街路灯に限らず、アーチやサインなど多種多様な景観整備・街並整備にかかわる数々の屋外装備品を手がける日本街路灯製造。企画からデザイン、設計、製造、施工、維持管理までを一貫体制で行うため複雑な受注にも対応できるのが同社の特長だ。また、ものづくりにもこだわりを持ち、部品1個から、自社工場をメインに加工を行っている。

自由度や専門性、柔軟性に富んだ社風は、社員一人一人の持ち味を生かした個性的な作品にも表れており、近年では、環境に配慮した、ソーラー街路灯や地域の特色を生かした、アーチなどの街づくりデザインなどにも力を注いでいる。

同社が手がけた街路灯。名古屋市内をはじめ各所で活躍している

### COMPANY PROFILE

日本街路灯製造株式会社　http://www.gairoto.co.jp
本社：名古屋市熱田区五本松町1-8
電話：052-681-2181　代表取締役社長：後藤潤一郎
設立：1953年　売上高：19億3,400万円（2017年9月期）
従業員数：120人（2018年5月現在）　インターンシップあり

働きやすさアピール！
新卒　中途　社食　車
産・育　研修

愛知ブランド企業は、多種多様な動機で製品、技術、技能を磨き上げ発展してきた。

私は、認定制度が企画された時から関与してきた。この制度が継続し充実してきた要因は、第一に自発的応募（積極的参加）された企業を評価し認定、第二に運営としてスタート時点で質と共に量も重んじたこと。第三に多様な分野を対象とした選定評価、第四に経営の収益性、成長性、安全性を重んじたことである。

そして、愛知ブランド企業はコアコンピタンスはもちろんであるが、経営者のリーダーシップ、人材育成、社会活動を企業力として発展し、ブランド企業の活動により評価され、「信頼できる企業の集まり」と認知されており、交流により協力関係を築き今後共、「ものづくり愛知」の中核として活躍されることを期待したい。

㈱リーム中産連
最高顧問　竹内 弘之
※愛知ブランド評価委員会委員

**ばねの開発から販売まで 総合技術力で、ばねを極める!**

自動車用小物ばね製品のトップメーカー

# 株式会社東郷製作所

［ISO9001 認証取得・ISO14001 認証取得］

1日あたりの製品出荷数は、約1500万個。工場では様々な部品がスピーディーかつ大量に生産されている

## 締め付け力が均等になるホースクランプの形状を開発

東郷製作所のものづくりの歴史は、明治期の鍛造農具製造から始まる。以降、歯車電動式脱穀機など多くの農機具を開発し、昭和初期に考案した「文化鍬」が産業賞を受賞。その高い鍛造技術力をいしずえに、戦時中から本格的に自動車向けの小物ばねの製造をスタートした。戦後すぐにトヨタ自動車の協力工場に認定。その後も様々なニーズに応え、世界で初めて薄板ばね式ホースクランプ（※）を開発した。同部品は現在、多くのメーカーの自動車に搭載され、東郷製作所の20％以上の売上を占める主力製品となっている。

同社のホースクランプの最大の特徴は、組み付けたときの締め付け力が均等になること。これ以前は、ねじで締めるクランプしか流通しておらず、ホースの劣化に伴いクランプの隙間からラジエーターの液漏れが起きるという課題を抱えていた。同社が薄板ばねを採用し、小さな力で組み付けられ、均等に締め付けができる形状を開発したことにより課題が解消され、ホースクランプの性能も格段に向上した。

（※）ネジを使わずにホースを締め付ける部品

## 日本で実績のなかった連続式オーステンパー炉での量産化が成功

約3万個の部品からなるガソリン車は、ばね部品が約4000個を占め、トヨタ車には約500個の東郷製作所の製品が採用されている。ホースクランプや、並んで主力製品となっているリターンスプリングを含め、同社が手がける製品の年間出荷数は約40億個にのぼる。こうした実績からもわかるように、生産量とスピードが同社の強み。その技術を根底で支えているのが、創業当時の鍛冶業で培われた熱処理技術である。

ホースクランプに使われる金属素材は、ばね性を持たないため、製品化するには熱処理を加えてばね性を増さなければならない。熱に関する知識が豊富な同社は、当時日本で実績のなかった連続式オーステンパー炉を、炉メーカーと共同で開発、約2年かけて実用化に成功。同社の熱処理技術を確立した。トヨタ自動車の重要保安部品として指定を受けているとあって、品質の高さにも定評がある。その確かな技術を次世代に引き継ぐために、線ばね技能士や薄板ばね技能士、熱処理技能士の育成にも力を注いでいる。

約1万2000種類の製品を製造。HV・EV、FCV向けの次世代製品も生産されている

## MESSAGE

代表取締役社長　相羽 繁生

国内市場規模の減少、競合他社との熾烈な競争、新興国の廉価部品との価格競争など、自動車業界を取り巻く環境は大きく変化しています。この現状に危機感を持つと同時に新たなチャンスとも捉えています。これまで時代の変化に合わせて製品を生み出し、様々な素材を扱うメーカーへと成長してきました。自社の強みを再認識し、新たなチャンスを逃さずつかんでいこうと思います。

## COMPANY PROFILE

株式会社東郷製作所
http://www.togoh.co.jp
本社：愛知郡東郷町大字春木字蛭池 1
電話：0561-38-1111
代表取締役社長：相羽繁生
設立：1947 年
売上高：383 億円（2017 年 12 月期）
従業員数：806 人（2017 年 12 月現在）

インターンシップあり

働きやすさアピール!

新卒　社食　車　住宅　産・育　文系　研修

主な海外取引先

## TOPICS

### 東郷アヒルエコパレーシングが優勝!

社員が楽しみながらチャレンジすることを応援したい、というのが東郷製作所の社風。2017 年には、モータとバッテリーで走る車を手づくりし全国のレースに参戦している「EVエコクラブ」チームが、省エネルギーレース「ワールド・エコノ・ムーブ」に出場し優勝を果たした。社員は日々ものづくりに挑戦し、楽しみながら技術を磨いている。

**JAXAが頼りにする技術とマインド 航空宇宙業界の実力派**

ロケット、補給機、航空機、試験機……
オンリーワンを生み出す技術者集団

# 東明工業 株式会社

［ISO9001 認証取得・ISO14001 認証取得・ISO27001 認証取得］

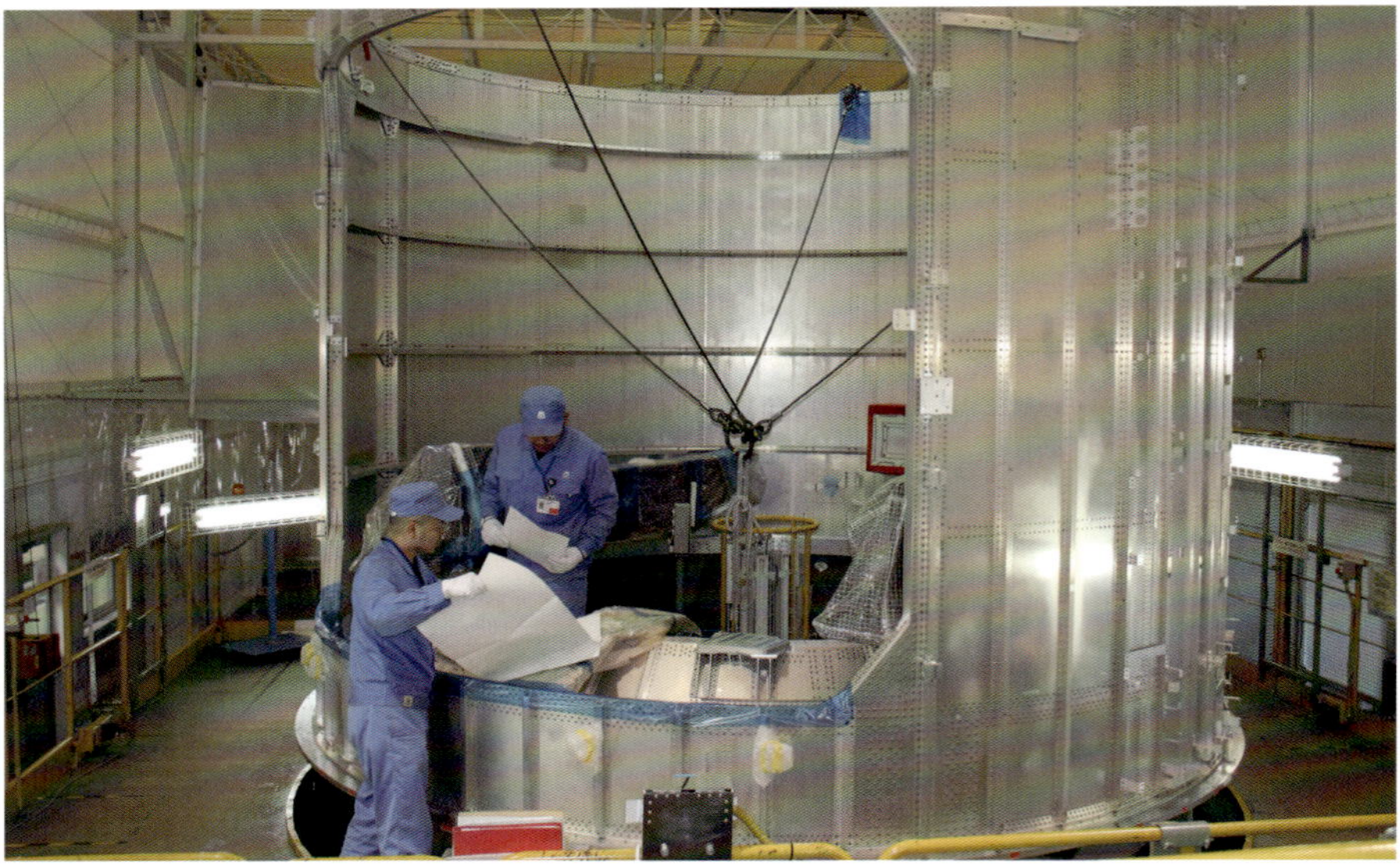

H-IIA/B ロケットのエンジン部パネルや、 宇宙ステーション補給機「こうのとり」の構造体組立てを担当している

## 空へ、宇宙へ飛ぶための、推進力は人間力

創業時はなんと梱包木箱の会社だった。なのに「航空機を手がけたい」との夢を抑えられず、試験装置の製造などで技術を高め、1980年ついに国産ジェット機の主翼組立を開始した。その後も極限的な品質要求に応え続け1999年には宇宙機に進出。H-IIロケットエンジンのパネル組立を請け負うことになった。無謀な夢から始まった東明工業の先端事業は、いまJAXAや三菱重工から大きな信頼を受け、工程をまるごと任されるまでになっている。いったいなぜそんなことが実現できたのだろう。

航空機進出を志した先代社長は「人材確保が最優先」と考え、工場よりも先に社員寮を整備した。おかげで全国から意欲の高い若者が集まるようになり、このマンパワーが基盤となったという。そんな人間中心の思想は、現社長の二ノ宮啓氏へ受け継がれている。

「技術力ばかりが注目されがちですが、航空宇宙で一番大切なのは正直さです。長期にわたる計画では、目立たないミスが数年後の事故につながることもある。先端分野だからこそ、ミスを隠すのが一番こわい。逆に、正直であることの重要性を理解できる人間は必ず成長します。またその姿勢こそが当社の武器なのです」

## モビリティ全般のトータルサポートへ

東明工業のもう一つの顔は試験機の開発・製作だ。車や鉄道車輌、船などのモビリティ分野では安全性と信頼性が必須条件。新車種の開発プロセスでは、あらゆる部品に厳しい性能試験が課せられる。その際に使われる各種の試験機を、東明工業は1台ずつ独自開発してきた。「毎回が難題への挑戦ですが、要求性能を満たせな

社是：Evolution to the Future「明日の幸せのために」

かったことは一度もない」と二ノ宮氏。

さらに2011年にはCFRP（※）の一貫生産体制を構築。「より軽くより強い」製品ニーズに応える体制を整えた。今後は自社製品の開発を中心に、モビリティ全般をサポートする企業をめざすという。実はもう具体的なプロジェクトが始まっているのだが、内容は社外秘。しかしここ数年のうちに業界を驚かせるニュースが飛び出すことは間違いなさそうだ。

（※）CFRP＝炭素繊維強化プラスチック

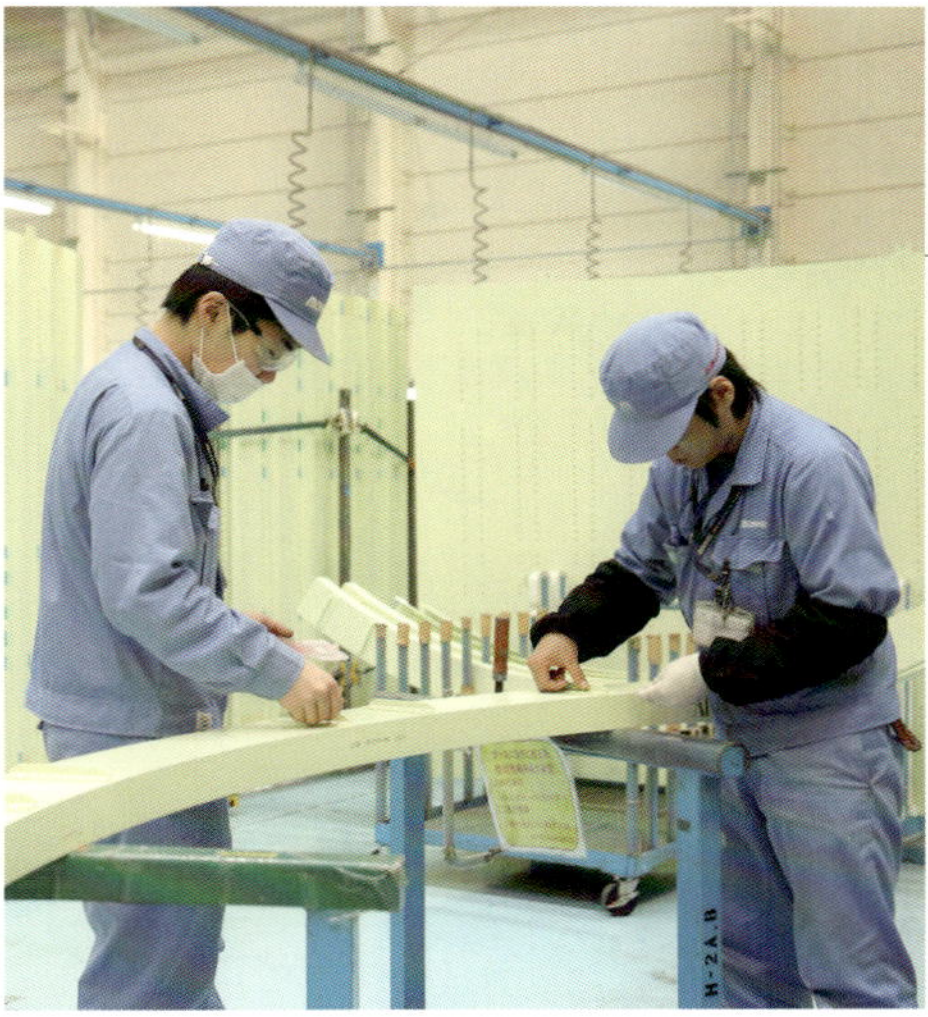

宇宙ステーション補給機「こうのとり」では６号機までのすべてに参加

## MESSAGE

代表取締役　二ノ宮 啓

働く人、顧客企業、さらに社会が同時に満足する事業を育てたい。この「三方良し」の考えが経営の基本です。人材がすべての当社では工場にも目立つ設備はありません。たとえば宇宙ステーション用の補給機は環境制御された特別室で組立てますが、そこでも主役は人間。まだまだやりたいことがありますから、意欲ある人に参加してほしいですね。

## COMPANY PROFILE

**東明工業株式会社**

http://www.tohmei.com

**本社：知多市新刀池 2-11**
**電話：0562-54-1881**
**代表取締役：二ノ宮 啓**
**設立：1973 年 9 月**
**売上高：86 億円（2017 年 8 月期）**
**従業員数：1200 人（2017 年 8 月現在）**

働きやすさアピール!

新卒　社食　車　産・育　文系　研修

**主な海外取引先**

## TOPICS

### カナダの航空機工場で先生役を

カナダのオンタリオ州は世界中の航空産業が集まる地域だ。国内生産機種が移管されるケースもあるため、東明工業では現地作業者のトレーニングも引き受けている。熟練スタッフを数カ月ほどトロントへ派遣して細かな技術やマインドを伝授するのだが、派遣者はのべ 200 人近く。また本社を訪れる海外研修生も多く、ここでは技術用語を通じて、日常的な国際交流が行われている。

**開発設計から組立まで ワンストップで対応!**

厚板のプレス加工を得意とする
自動車部品メーカー

# 株式会社 半谷製作所

［ISO9001 認証取得・ISO14001 認証取得・IATF16949 認証取得］

日本に 3 台しかない精密成形プレス機「UL800（右写真）」などの先進機器と保有技術を駆使して高品質・高精度の部品を製造している

## ウルトラハイテン材のプレス塑性加工にいち早く着手

半谷製作所は、厚板のプレス加工を得意とする自動車部品メーカー。足廻り部品、ボディ部品、機能部品を主力製品とする。創業は1936年、自転車部品の製造からスタートし、1960年に成長の見込める自動車部品のプレス加工へと大胆に業態転換を図った。

自動車部品メーカーとしては後発ながらも、設計からプレス、溶接、塗装、機械加工、組立までをワンストップで行う一貫生産体制を整え、品質の高い製品づくりを実現。それに加え、自動車部品の軽量化や耐久性向上のニーズが高まるなか、難成形材といわれるウルトラハイテン材（高張力鋼板）や極薄アルミ材のプレス塑性加工にいち早く取組んできた。これにより、高度な先端技術を確立し、顧客からの信頼を獲得している。

近年は、培ってきた厚板のプレス加工のノウハウを生かして新工法「プレモフォージング®」を開発し、実用化に成功した。従来は不可能であった複雑で精密なプレス加工を可能にした画期的な工法だ。特定の取引先に依存しない、独立系の技術開発型企業である半谷製作所は、さらなる成長をめざして常に新しいことに挑戦している。

## 会社の未来をつくる人づくりに注力

半谷製作所の経営はこれまで決して順風満帆だったわけではなく、不況や災害等の影響で苦境に立たされることもあった。そうした状況を乗り越えてこられたのは、元気で前向きな社員が揃っているからにほかならない。半谷眞一郎社長は「社員こそが会社の

社是：誠実…真心をもって　融和…相手の心をおもい　努力…心をこめて事にあたる

明るく元気な社員が会社の最大の財産

最大の財産」と話す。

培ってきた技術を伝承し、磨きをかけていくことを大切にしている半谷製作所では、他社から高く評価されるほど社員教育も充実している。たとえば、国家技能士の資格を有している先輩社員が資格取得をめざす後輩社員のために講習を実施する「半谷道場」を設置。さらに社外講習の受講なども積極的に支援している。会社の未来をつくっていく人づくり。そこに何よりも力を注いでいるのが半谷製作所である。

## MESSAGE

代表取締役社長　半谷 眞一郎

人材を“人財”と考えている当社は、社員が働きやすい職場環境づくりを大切にしています。風通しの良い社風が特長で、明るくて元気のいい社員が多いです。近年は海外の優秀な人材も積極的に採用しています。そして社員が一丸となり、常に未来に向かって走り続けています。

## COMPANY PROFILE

**株式会社半谷製作所**
http://www.hanya-net.co.jp
本社：大府市北崎町大島 13-3
電話：0562-46-5121
代表取締役社長：半谷 眞一郎
創業：1936 年 3 月
売上高：65 億円（2018 年 3 月期）
従業員数：180 人（2018 年 7 月現在）

インターンシップあり

働きやすさアピール!

新卒　中途　社食　車　産・育　文系　研修

主な海外取引先

（生産拠点）

## TOPICS

### 新工法「プレモフォージング®」の開発

半谷製作所が開発した「プレモフォージング®」は、これまで鍛造や切削でしかなし得なかった複雑で精密な形状の加工を、既存のプレス機で行うことを可能にした新工法。歯車（写真）もプレスだけで加工することができる。高精度な加工と低コスト化を実現した技術として多方面から高い評価を獲得。自動車部品製造のみならず、幅広い分野での活用が期待される。

純日本産のレッカー車を自社で開発!

各種油圧シリンダー製造で
国内トップクラスのメーカー

# 奥野工業 株式会社

[ISO9001 認証取得・ISO14001 認証取得]

フォークリフト、建設機械、介護用品などの様々な油圧シリンダーを製造

## 設計から組付まで自社で一貫生産

刈谷市にある奥野工業は、創業当時より70年来、油圧シリンダーや自動車電装部品などを手がけてきた企業。主力製品である油圧シリンダーの製造では、ミクロン単位の精度が求められるシリンダーの設計・開発から部品加工、組付まで自社で一貫生産する技術を強みとし、特にフォークリフトのティルトシリンダーは、国内トップクラスの実績を誇る。

また、自動車電装部品製造では60～２００ｔのプレスマシンを使った小型部品を得意とし、豊富な経験と実績に裏打ちされた加工技術は燃料電池車の部品にも採用。さらに、その高い技術をソーラーパネル部品など異業種分野にも展開している。

## ベンチャー部門がオリジナル製品を開発

同社では「シリンダ事業部」「電装事業部」「グレート事業部」という3部門を軸に事業を展開している。

「シリンダ事業部」と「電装事業部」については前述のとおりで、それらの強みとなる高い技術を生かし、独創的な自社製品を開発・製造しているのが「グレート事業部」だ。これまでにグレーチング(※)やサイクルステーションなどを手がけ、２０１５年には同社のシリンダーを7本搭載する日本初の国産レッカー車「MASSA(マッサ)」を開発し好評を得ている。現在拡大し続けている物流ソリューション分野に着目し、ロードサービスに貢献する「マッサ」の販売拡大にも力を注ぐ。

創業70周年を迎えた同社は、シリンダー技術を核に、さらなる発展に挑み続けている。

(※) 金属をすのこ状にした道路の側溝や排水口の蓋

社是：品質は会社の命。信頼される工場になろう

"made in 奥野" のレッカー車「MASSA（マッサ）」

## COMPANY PROFILE

**奥野工業株式会社**
http://www.okunokk.co.jp
本社：刈谷市神田町 1-45
電話：0566-21-3131
代表取締役社長：奥野伸一郎
設立：1947 年
売上高：28億5,200万円（2017年8月期）
従業員数：140人（2018 年 4 月現在）

インターンシップあり

働きやすさアピール！

新卒　中途　社食　車　産・育　文系　研修

主な海外取引先

（1999～）　（2005～）

## MESSAGE

代表取締役社長 奥野 伸一郎

私にとって社員は宝です。経営者ができることは少なく、社員が日々、汗をかき知恵を絞って頑張ってくれています。奥野工業が 70 年間、事業を継続してくることができたのは、一緒に歩んでくれる社員がいたからこそ。私は常にそのことを肝に銘じ、社員に感謝しています。

## Column

### 大規模災害から製造業を守れ！

「南海トラフ巨大地震は三十年間で70～80%の確率で発生するとみられます。日本の未来のためにも製造業が集中する当地域を守らなければ」と語るのは、名古屋大学減災連携研究センター長の福和伸夫教授。

愛知県で甚大な被害が出れば日本のものづくりは大きなダメージを受け、生産活動停滞中に挽回困難な国際競争力の衰退さえ招きかねない。しかし、災害対策が必要と考えつつ、目の前の繁忙に手を取られて事業継続計画（BCP）策定が後回しになっている中小企業も多いのが実情だ。

愛知県と名古屋市は「あいち・なごや強靭化共創センター防災ワンストップ相談窓口」を設け、BCPの策定や実施に必要な資金の低利融資も行っている。

備えあれば憂いなし！をぜひ実行したいものだ。

免震機構を備えた「減災館」
原則、火～土PMは1・2階を一般開放し、教員がギャラリートーク。過去災害の資料収集に向けクラウドファンディングも。詳細はWEBで。
http://www.gensai.nagoya-u.ac.jp/

**プレス加工に革新を!**
**公差±1/100以内の技術力**

複雑高精度プレス部品の製品開発から金型設計・製作、
プレス加工、溶接組立、機械加工まで一気通貫

# 久野金属工業 株式会社

［ISO9001 認証取得・ISO14001 認証取得］

自社開発のプレス機により、高品質で高効率な生産体制を実現

## 技は「困難への挑戦」で磨かれる

1947年の創業から昨年、70周年を迎えた久野金属工業は、自動車部品の金型設計・開発から量産加工、組立まで一貫して行えるプレス加工メーカーとして独自の地位を確立してきた。多岐にわたる要素技術の組合せ、熟練の金型技術、自社開発の多彩な設備群で最先端の部品づくりを支えている。

企業理念「技の力と和の心で夢を実現する」にあるように、特筆すべきはその技術力。公差±1／100以内という高精度を実現できるのは、精密絞り、難加工材のプレス成形など「困難への挑戦」によって磨かれている。技術を売りにしている会社だからこそ、お客様からの技術的な要望に「できない」とは答えたくない。同社の存在を輝かせているのは、技術屋としてのプライドにほかならないのだ。

## 和はスポーツ活動などで醸成される

その一方で「和の心」を尊ぶのも同社ならでは。いくら技術力があっても、仕事は組織で行うもの。協調性や信頼感、コミュニケーションがなければ、強みを生かすことができない。そのため、フットサルやバドミントンなどのスポーツ活動を通じてチームワークを醸成している。また日刊工業新聞が主催する「総合格闘コマ大戦」に地元高校とタッグを組んで参戦。ものづくりの楽しさをダイレクトに味わえるユニークな活動を行っている。

今後の自動車業界は電動化により、モーターの需要が増え、これまでに経験のない挑戦が待っているだろう。ICTを活用しながら、先進部品への対応力を磨き、さらなる「選ばれる企業」への躍進をめざしていく。

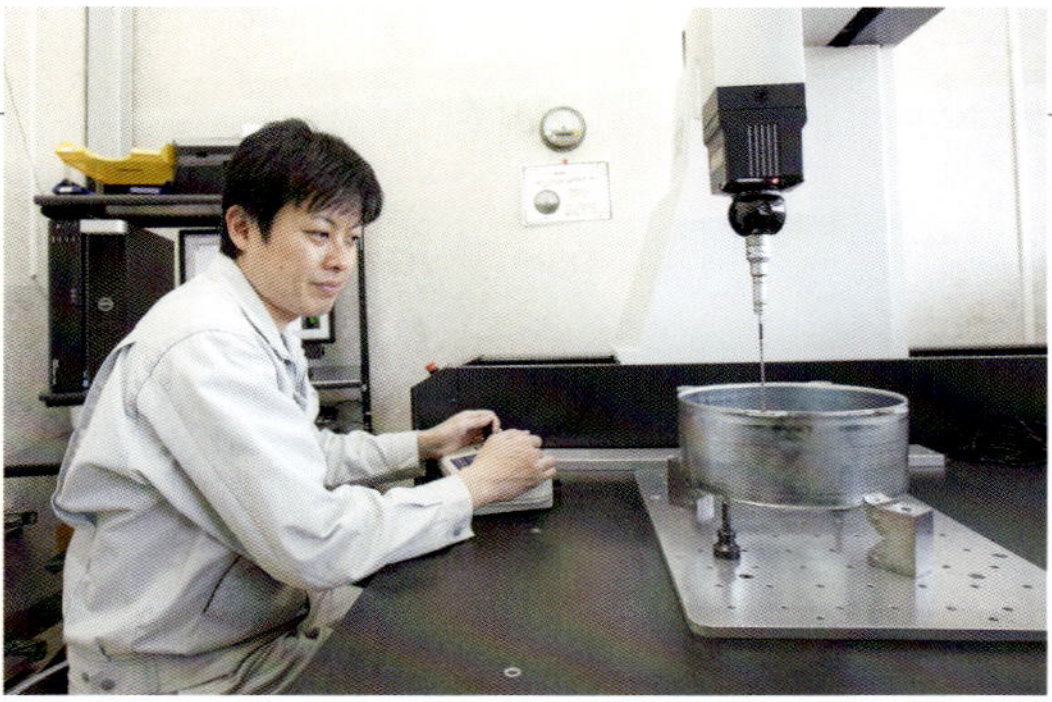

三次元測定機をはじめ、デジタルマイクロスコープなど検査設備も充実

## COMPANY PROFILE

### 久野金属工業株式会社

http://www.kunokin.com

本社：常滑市久米字池田 174
（久米南部工業団地内）
電話：0569-43-8801
代表取締役社長：久野忠博
設立：1950 年 11 月
売上：76 億円（2017 年 8 月期）
従数：290 人（2017 年 8 月現在）

インターンシップあり

働きやすさアピール！

新卒 中途 社食 車 住宅 産・育 文系 研修

主な海外取引先

## MESSAGE

代表取締役社長 久野 忠博

技術力を高めるため「技術認定制度」という独自の制度を敷いています。真面目にコツコツと取組む社員が多く、技術に対する熱意や挑戦心がある人ほど活躍できる会社だと思います。

## Column

### 真夏の夜の夢

今年の夏は酷暑だった。「命にかかわる危険な暑さ」という報道を初めて聞いた気がする。オフィスではUSB扇風機が回り、エレベータ修理の方達はシューシュー音を立てる風力機内蔵のウェアを着ていた。自然災害も多く、被災地のようすを聞く度に胸が痛くなる夏だった。

そして私は思う。猛暑や災害発生時に有効な製品はもっと開発できるだろう。1社単独で難しければ、連携で。また、災害で生産がストップし、サプライチェーンが断絶するのを防ぐ活動は、1企業だけでは不可能だ。だから、情報も課題も共有し、解決行動を「皆で一緒に」やらないと。

時代を生き抜くためのキーワード、コネクテッド。つながって、動く。それには互いの信頼が大切だ。愛知ブランド同士ならより強い絆を結べるのではないか。新製品開発に、危機管理体制の構築に、認定企業同士のコラボが多発することを心から願っている。

㈱カーネルコンセプト　執行役員
コンテンツ企画室長　赤崎　真紀子
※愛知ブランド評価委員会委員

**A/T制御用リニアソレノイド部品で世界トップシェア**

高精度な自動車用機能部品を
量産する超精密切削加工メーカー

# 株式会社 名光精機

［ISO9001 認証取得・ISO14001 認証取得・JIS Q 9100 認証取得］

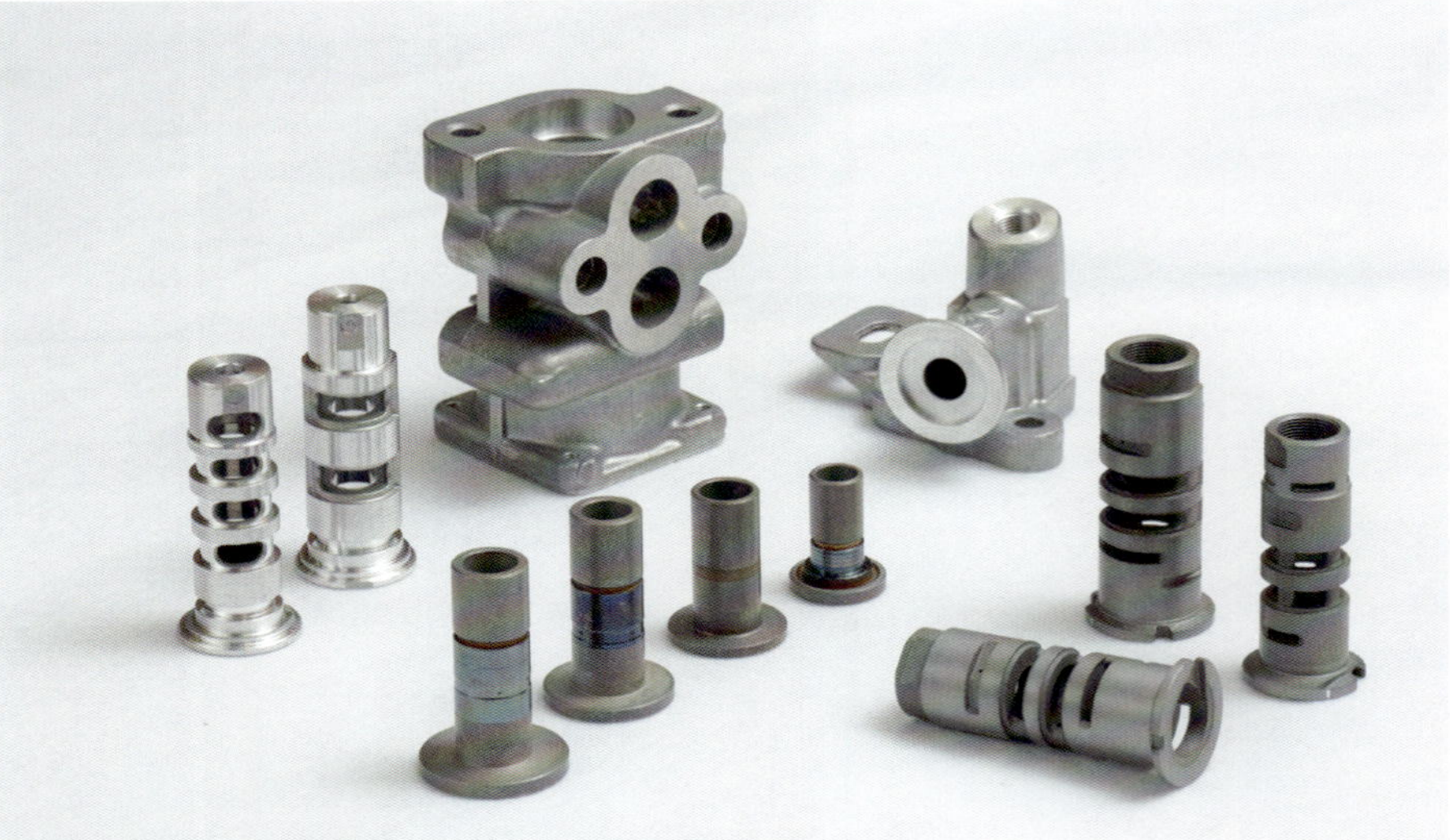

高精度に仕上げられたA/T 制御用リニアソレノイド部品をはじめとする主力製品の数々

## 超精密切削加工の精度はミクロン単位

自動車部品などの超精密切削加工の量産を得意とする名光精機。同社の会長や社長が会社設立以前に培ってきた、航空機部品の切削加工の技術を用いて画期的な部品を次々と生み出している。

主力製品の一つで、世界トップシェアを占めるA／T制御用リニアソレノイド部品では、ミクロン単位の精密切削加工に加え、いまやグローバルスタンダードとなっている部品の耐久性を高めるためのアルマイト処理技術を確立。生産ラインは自動化を図り、月産７００万個の効率的な量産体制を構築している。

ほかにも、エンジンの燃焼効率を高め、排ガスのクリーン化に貢献するEGRや、エンジン吸排気系制御部品OCVを量産化。さらに自動車のEV化を見据え、モーター部品にも進出している。原動機や航空機などの部品も手がけているが、いずれも高い精度と信頼性が求められるコア部品ばかりだ。

## 取引先も働く人達もグローバル

同社は世界中の企業と取引をしている。また同社内で働く人達もグローバルである。従業員数は現在３５０人で、そのうち約１／３がアジアからの研修生を含めた海外の人達。工場内はもちろん、昼食やイベントも含めて国境の壁はない。さらに従業員の約１／２を女性が占めている。高精度部品の最終検査などには根気強さと繊細さを兼ね備えた女性が適しているからだ。

努力を惜しまず積み重ね、利益は後からついてくるという「先義後利」を理念に、確かな技術を持つエンジニアを育てること、工場美化や機能アップのための環境整備、社員食堂・社員寮の新設といった活動にも注力してきた。あらゆる面で先進的でユニークな会社である。

会社方針：品質第一の精密機械加工を提供し お客様の信頼を得 かつ地球環境の保全と社会に貢献する

女性が活躍する加工工場

## COMPANY PROFILE

**株式会社名光精機**
http://meikoseiki-ltd.co.jp
本社：津島市鹿伏兎町西清水 47
電話：0567-33-2311
代表取締役：松原光作
設立：2002 年 3 月 28 日
売上高：160 億円（2018 年 4 月期）
従業員数：350 人（2018 年 4 月現在）

インターンシップあり

働きやすさアピール!

新卒　中途　社食　車
住宅　産・育　文系　研修

主な海外取引先

（合弁会社を設立）

## MESSAGE

取締役会長 松原 守

次世代の日本経済の発展を支えて、ものづくりを担う人材については、学校教育を含めて育てていくことを考えなければいけません。また従業員も日本人に限定せず、グローバルな経営をしていく必要があると思います。

## Column

### 次世代の産業創出の苗床に！

愛知県の製造品出荷額が四〇年間、断トツの日本一の座を維持していることは、ものづくり王国愛知を象徴しており、同時に貿易立国日本の支柱的役割を果たしてきたことを示すものである。この原動力となっているのが現在は自動車産業であるが、歴史を辿ればその源は繊維産業にあることは周知の通りである。

その一方で視線を未来に向ければ、AIやIoTなどの技術革新が急速に進展する中で、自動車産業も大きな分岐点に立っており、地域の産業構造も早晩、転換を求められることが予想される。「備えあれば患えなし」の如く、この愛知ブランドが認定企業の強みを相互に活用する交流の場となり、次世代のものづくり愛知を担う新たな事業や産業を創出する機会となることを切望する。

名古屋大学大学院経済学研究科
教授　山田 基成
※愛知ブランド評価委員会委員長

# オンリーワンや日本一よりも社員の生活を守る永続企業に！

自動車部品、配電盤、ロボットシステム
分野の異なる3つの事業を展開

## アスカ 株式会社

［ISO9001 認証取得・ISO14001 認証取得］

### 異なる3つの事業の技術力で発展

愛知県には自動車部品メーカーは数多くあるが、自動車部品製造を含めて複数の事業を展開している企業は多くない。

１９５３年設立のアスカは自動部品の製造からスタートし、高度成長期に分野の異なる配電盤事業に参入。さらに１９８０年代には、将来的な少子化を見据えて自社で溶接ロボットを開発し、ロボットシステム事業にも進出した。現在はこの３つの事業を柱としている。

本社工場に最新鋭の「トランスファープレス3500t」を導入。ハイテン材（高張力鋼板）の大物プレス加工に対応

省力化に貢献するロボットシステムを開発

**MESSAGE**

代表取締役社長 片山 義規

自動車、電機、ロボット。これら幅広いフィールドで活躍したい方を当社は求めています。いつの時代も、未来を拓くのは“人”と“技術”。失敗を恐れず、チャレンジしてください。明るさ、楽しさのある活発な会社をめざします。

自動車部品事業では、プレス加工や溶接を得意とし、主にボデー骨格部品を製造。２０１８年５月には最新鋭の３５００ｔプレス機を導入し、ハイテン材（高張力鋼板）の加工を実現した。また、ロボットシステム事業では、構想から設計、製作、据付調整までのすべてを担える体制を整えており、多彩な企業からの要求に柔軟に応えられるのが強みで、国内トップクラスの技術を持ち高い評価を得ている。

### 決して守りに入らない〝攻めの経営〟

アスカには、常に新しいことにチャレンジする風土がある。２０１２年には、Ｆ１レースが開催された実績もある岡山国際サーキットの運営に乗り出し、モータースポーツ事業に参入した。ほかにも、ロボットシステム事業で培ったノウハウと技術を生かし、介護用の歩行補助ロボットの開発にも取組んでいる。新しいことに挑みつづける〝攻めの経営〟を貫くアスカは、さらなる発展の可能性に満ちた企業だ。

**COMPANY PROFILE**

**アスカ株式会社**
http://www.aska.co.jp
本社：刈谷市一里山町東吹戸 11
電話：0566-36-7771
代表取締役社長：片山義規
設立：1953 年 12 月
売上高：229 億 1,631 万円
（2017 年 11 月期）
従業員数：543 人（2018 年 7 月現在）

インターンシップあり

働きやすさアピール！

新卒　中途　社食　車
住宅　産・育　文系　研修

主な海外取引先

（製造拠点）

（設計拠点）

社是：「人材育成こそ経営そのもの」　この理念に基づき、「人と技術に優れた会社」
「アスカに入社してよかった、アスカと関係してよかったと思ってもらえる会社」をめざしています。

タイヤを止めるハブナットやボディーへの溶接ナットなどの自動車部品を製造

自社一貫生産システムによる
トップクラスのナット製造メーカー

# 株式会社 杉浦製作所

[ISO9001 認証取得・ISO14001 認証取得]

## 業界随一の技術で作る金属ファスナー類

自動車などに欠かせない、金属ファスナー類の製造メーカー。独自のノウハウを駆使し、設計から金型加工、鍛造、各種加工、表面処理、品質検査に至るまでを自社内で行う「自社一貫生産システム」を確立している。

鍛造に関しては、冷間、温間、熱間鍛造機を保持し、業界トップクラスの技術で対応。さらに、画像検査機による品質チェックを行うなど妥協のない生産体制により、取引先の信頼も高い。顧客第一の精神のもと、新製品、新技術の開発に努め、より良い品質の製品を低価格で供給。また、環境問題にも敏感に対応し、国内外の自動車部品業界において、なくてはならない企業の一つと言える。

本社社屋

### COMPANY PROFILE

株式会社杉浦製作所　http://www.ssc-ltd.co.jp
本社：西尾市寺津町宮越 22　電話：0563-59-6505
代表取締役社長：杉浦明博　創立：1939 年 5 月
売上高：242 億円（2018 年 1 月期）
従業員数：575 人（2018 年 9 月現在）

働きやすさアピール!
新卒　中途　社食　車
産・育　文系　研修

海外進出先

あいちTOPICS

## アントレプレナー・オブ・ザ・イヤーとは?

〝アントレプレナー〟とは、新たな事業領域に挑戦する起業家や企業家のこと。その努力と功績を称える国際的な表彰制度が「EYアントレプレナー・オブ・ザ・イヤー」で、60カ国が参加する世界で最も名誉あるビジネスアワードとして知られている。

日本では2001年に「EYアントレプレナー・オブ・ザ・イヤー ジャパン」が活動をスタート。5月のエントリーから始まり、秋の全国8地区の選考、最終審査を経て、12月に部門大賞と日本代表が決定。

代表に選ばれた企業は、毎年モナコ公国モンテカルロで開催される世界大会に参加するのだが、愛知ブランド認定企業2社がこの栄誉に輝いている。愛知のものづくりの基盤が技術力に加えて革新的な風土でもあることを示しているだろう。

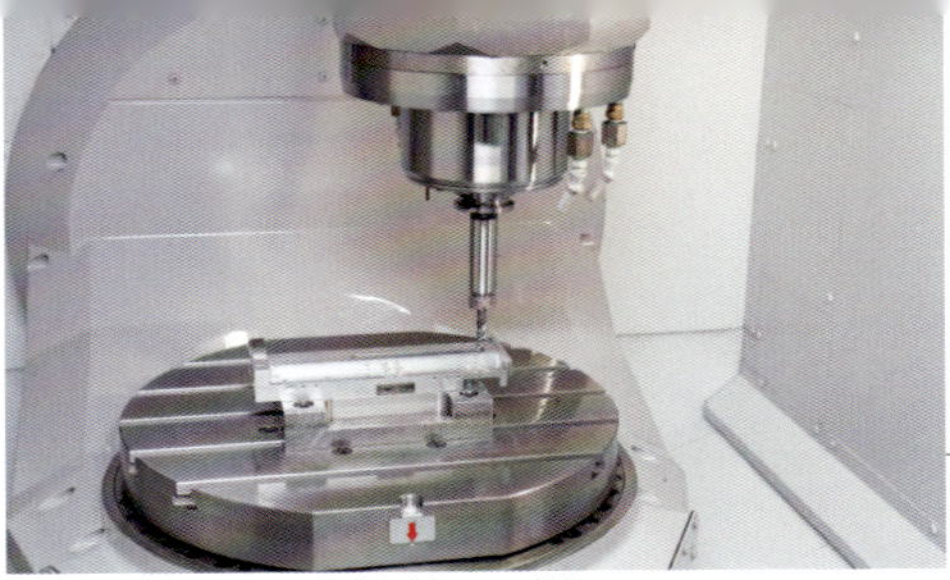

試作品や少量多品種の精密切削加工に対応

## 自動車・産業用ロボット部品の精密切削加工メーカー

# 株式会社 セイワ

［ISO9001 認証取得］

### アルミ鋳造品の切削加工のエキスパート

２０１９年に創業50周年を迎えるセイワは、自動車および産業用ロボット部品の精密切削加工と精密機器の組立を事業の柱とする。精密切削加工では、図面要求に応える最適な工程設計が行えることに加え、治具を内製するなど、生産準備で強みを発揮。それを生かした複雑形状のアルミ鋳造品の切削加工に関する技術とノウハウは地域トップクラスだ。

ものづくりに飽くなき情熱を注ぐセイワは、今後の展開として部品やパーツの切削加工と組立の技術を組合わせたユニットとして高い付加価値を提案していくことや、ものづくりプロジェクトチーム「セイワ魂」を結成し、自社製品の開発をめざしていく。

### COMPANY PROFILE

株式会社セイワ
http://www.seiwa-1.co.jp/
本社：西尾市長縄町井ノ元 10-1
電話：0563-56-2647
代表取締役社長：加藤正和
設立：1969 年 1 月
売上高：9 億 9,300万円（2017 年10月期）
従業員数：63人（2018 年7月現在）

インターンシップあり

働きやすさアピール!

新卒 中途 社食 車
住宅 産・育 文系 研修

### MESSAGE

代表取締役社長 加藤 正和

当社は「モノづくりを通じて全社員の幸福を追求していく」ことを理念に掲げています。社員には人生の大半を占める仕事をぜひ楽しんで欲しいと思っています。

## あいちTOPICS

### 新複合商業施設「FLIGHT OF DREAMS」誕生

中部国際空港 セントレアにボーイング787の展示をメインとした新複合商業施設「FLIGHT OF DREAMS」が2018年10月12日オープン！

チームラボがプロデュースした体験型コンテンツエリア「FLIGHT PARK」（有料）では、ボーイング787初号機であるZA001の展示を中心に9つの体験型コンテンツで構成。楽しみながら航空について学ぶことができる。

また、ボーイング創業の街・シアトルをテーマにした商業エリア「SEATTLE TERRACE」（入場無料）では、シアトル本場の人気メニューをはじめとしたグルメ＆ショッピングが楽しめる。さらに、米国外では初出店となる「ボーイングストア」では、オリジナルグッズも展開される。

※写真はイメージ

中部国際空港 セントレア
FLIGHT OF DREAMS
https://flightofdreams.jp/

全てはお客様の最幸のために「スポッとチェア」と「スポッとクッション」（公式サイト https://www.marubishi.biz/）

あらゆるシーンにおいて
最幸の座り心地を追求

# 丸菱工業 株式会社

［ISO9001 認証取得・ISO14001 認証取得］

## 自動車用座席のノウハウを新開発へ

自動車用シートメーカーとして設計開発から、試作・量産までを行う丸菱工業。主力の自動車用座席のほかにも、近年ではその技術を生かし、福祉介助用品の開発にも注力している。

同社が開発した介助チェア「スポッとチェア」は、今では関係の施設に置かれるようになったが、その開発は困難の連続だったと言う。まず、男女様々な年代の着座時の臀部の形状を測定。そのデータを基に試作品を開発し、それを協力施設に設置してもらい、使用した感想を集めて調整を繰り返した。その結果、誰が座ってもフィットする椅子が完成。最近では、幅広い世代に向けた「スポッとクッション」なども企画、公式サイトなどで販売している。

本社社屋

**COMPANY PROFILE**

**丸菱工業株式会社**　http://www.marubishi-industry.co.jp
本社：小牧市大字本庄 1251-3　電話：0568-79-9211
代表取締役社長：河村嘉希　設立：1964 年
売上高：105 億円（2016 年 4 月期）
従業員数：160 人（2018 年 6 月現在）

働きやすさアピール!
社食　車
産・育　文系　研修

主な海外取引先

あいちTOPICS

## 上空30,000フィートでも"なごやめし"

セントレアに拠点を構える「エアアジア・ジャパン」は、様々なサービスを有料オプションとして提供することによりお手頃価格の航空運賃を実現し、人気を博している。有料のオプションごとに様々な取組を行っており、なかでもエアアジアのグループ会社ごとに違う機内食は、アジア各国の食文化を楽しめると、それを旅の目的の一つとして予約するファンもいるほど好評だ。

名古屋―札幌の路線だけでしか食べることのできない〝なごやめし〟もその一つ。〝きしめん〟をカルボナーラ風に調理した「きしぼナーラ」（写真）と、地元・愛知県岡崎市の老舗〝カクキュー八丁味噌〟の田楽味噌を使った「菜飯田楽」の2種類が注文可能。このほかタイ料理、四川料理など、様々な国や地域のメニューが各グループ会社ごとに展開されている。

エアアジア・ジャパン
https://www.airasia.com/

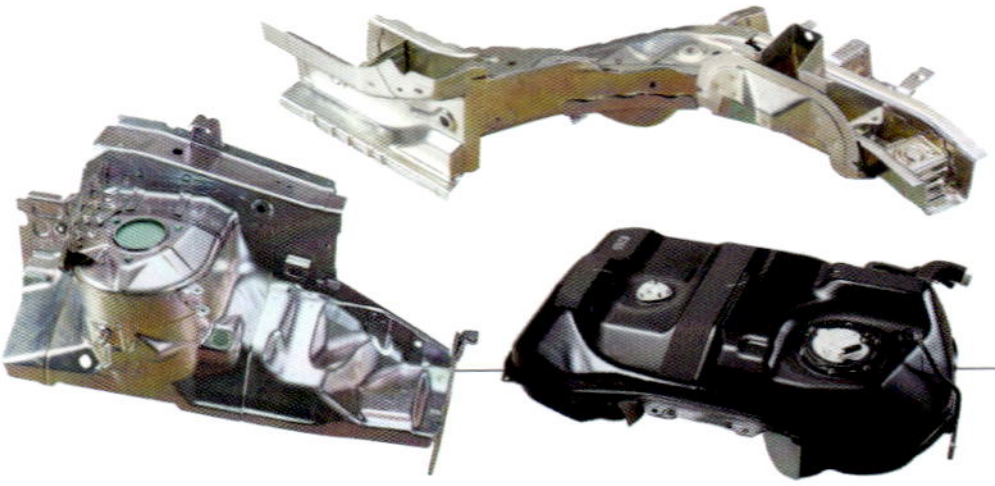

自動車メーカーから厚い信頼を受け、
重要保安部品を任されている

95歳の風格に、14歳の挑戦心
クルマの性能を守る実力派メーカー

# 株式会社 メタルテック

［ISO9001 認証取得・ISO14001 認証取得］

## 実力があるからゆとりが生まれる

活力ある老舗、それがメタルテックだ。グループ再編により２００４年に設立された企業だが、実態は創業95年。堅固な経営基盤を誇る一方、若手に任せる柔軟な風土を持ち、海外進出にも積極的。

重要保安部品の燃料タンクやクルマの骨格となるボディ部品などがおもな製品。高度なプレス技術を強みに、金型設計から組付、表面処理まで一貫して引き受ける総合力で厚い信頼を得ている。

新車立ち上げの際には、技術指導のためにタイの子会社へ長期出張する社員も珍しくない。その一方しっかり休むのも同社の方針。リフレッシュ休暇制度で気分をリフレッシュ！

### COMPANY PROFILE

株式会社メタルテック
http://www.metaltech-ltd.jp
本社：小牧市村中唐曽 1418
電話：0568-73-3525
設立：2004 年 10 月
代表取締役社長：矢島隆一
売上高：187億円（2018年3月期）
従業員数：510人（2018年3月現在）

働きやすさアピール！

新卒　社食　車
住宅　産・育　文系　研修

主な海外取引先

### MESSAGE

代表取締役社長 矢島 隆一

若い社員たちが気軽に来て話せるよう、社長室はいつもオープンです。企業は人そのもの。だからこそ風通しのいい全員参加の経営をめざしています。

## Column

### 世界へ羽ばたけ愛知ブランド

愛知ブランド企業のウェブサイトには三七十一社の認定企業が掲載されているが、ユニークなのは各社を所定のキーワードで検索できることだ。

例えば「海外展開」として、海外に関連する工場または営業所があるなど海外展開に積極的な企業一七六社が登録。また「世界初」として、取り扱う製品または保有する技術が世界で初めての企業八一社も登録されている。

さらに興味深いキーワードが「留学生可」だ。まだ十一社にとどまるが、人材不足の現状に鑑みると実際「可」はもっと多いだろう。ジェトロは海外展開支援の一環で高度外国人材活用事業にも取り組んでいる。愛知ブランド企業が外国人材を補強して、海外市場にもっと羽ばたくことを願っている。

日本貿易振興機構（ジェトロ）
名古屋貿易情報センター
所長　梶田　朗

# 自動運転という革命、"ゆっくり"というコンセプト

クルマを取り巻く世界は激変している。

「１８８６年のガソリン車誕生以来初めての本格的イノベーションでしょう」と語るのは、名古屋大学未来社会創造機構の森川高行教授。名大ＣＯＩ（Center of Innovation）研究リーダーとして、自動運転と新しいモビリティ社会構築の研究を産官学連携で進めている。

森川 高行 教授

## クルマが行う「認知」「判断」「操作」

教授によれば、自動運転技術は3つの要素で成立するという。

1つめは「認知」。交通法規を知り、自車の位置や道路環境、他車や通行人を認識する。これには、高度な地図や各種センサー、画像処理技術等が必要だ。地元ではアイサンテクノロジー社が高機能なレーザや全方位カメラ搭載の車を走らせてデータを取得し、高精細な３Ｄ地図を製作している。

2つ目は「あ！ブレーキ踏まなきゃ」といった「判断」。そして判断に従って減速や車線変更をするのが3つめの「操作」。人間がごく自然に行っている認知・判断・操作をコンピュータに学習させて、運転におけるＡＩ（人工知能）開発を進めている。

## 交通弱者にも優しい、安全な自動運転車

「判断」は既に単純な場面では充分に機能するそうだが、完全自動運転をめざすにはあらゆる運転場面の解決法が必要だ。そこで、完全運転のシステムはカーメーカーに任せ、ＣＯＩでは「ゆっくり自動運転」のシステムを開発中。交通不便な中山間地域等で、時速20㎞などゆっくり速度の自動運転車が移動…というイメージだ。

自動走行等の近未来型技術実証を掲げて国家戦略特区に指定された愛知県では、２０１７年「あいち自動運転推進コンソーシアム」を設置。自動走行実証も積み重ねている。名大ＣＯＩの「ゆっくり自動運転」も、安心・安全な移動サービスとして、早期の実用化が待たれている。

2017年11月27日に足助で行われた名大COIのゆっくり自動運転の公道実験

事務処理や手続きの合理化に大きく貢献!

印章から認証まで
印章・文具のリーディングカンパニー

# シヤチハタ 株式会社

［ISO9001 認証取得・ISO14001 認証取得］

おなじみの「ネーム９」、遊び心あふれる筆記具「アートライン BLOX」など多彩な製品が揃う

## 定番アイテムから暮らしを豊かにするハッピーアイテムまで

１９２５年、スタンプ台メーカーとして創業したシヤチハタは、浸透印のXスタンパーを中心とした印章関連メーカーのパイオニアとして常に業界をリードしている。常識にとらわれない、独創的な商品開発で高いブランド力を構築し、スタンプ台、朱肉、Xスタンパー、ネームペンでトップクラスのシェアを誇る。今では、ビジネス向け商品だけにとどまらず、手洗い練習スタンプおててポンや、遊びながら学べる知育スタンプのエポンテシリーズ、ブロックのように繋ぎあわせられる文房具BLOX（ブロックス）など、家庭で便利に使える商品の開発にも取組んでいる。また現代のワークスタイルに対応できるクラウドを使った新しい電子印鑑システムの開発、販売も行っている。

## 人の気持ちを「カタチ」にしたものづくり

時代のニーズをとらえ、人が求める商品を使いやすい「カタチ」にしているシヤチハタ。商品の企画から素材研究、デザイン開発、製品の生産まで、一貫して自社で行っているのが大きな特徴でもある。研究部門では、新素材などの研究担当と筆記具や捺印具類に使用するインキの研究担当が協力し、様々な商品を開発。開発部門では、Xスタンパーに代表される高機能で高品質な設計と、快適で美しいデザインを追求している。また、生産部門は、部品、インキ、ゴム、組立ラインで構成され、最適な生産体制を構築。マレーシアをはじめ米国、インド、中国などにも生産拠点を設置し、世界各地にシヤチハタ・クオリティーを届けている。２０１５年より新しい企業理念「明日の『便利』『楽しさ』『安心・安全』を世界へ」を制定し、さらに独創的なアイデアでモノづくりに挑戦し続けている。

**企業理念：明日の「便利」「楽しさ」「安心・安全」を世界へ**

創業 100 周年を迎える 2025 年に向け事業領域深耕と拡大にまい進

## COMPANY PROFILE

**シヤチハタ株式会社**

https://www.shachihata.co.jp

本社：名古屋市西区天塚町 4-69
電話：052-521-3635
代表取締役社長：舟橋正剛
創業：1925 年
売上高：178 億円（単体）
（2017 年 3 月期）
従業員数：約 750 人（グループ）
（2018 年 3 月現在）

**働きやすさアピール!**

新卒　中途　車
住宅　産・育　研修

**主な海外取引先**

## MESSAGE

代表取締役社長　舟橋　正剛

創業 100 周年を迎える 2025 年に向けて、社員一人一人が高い志と情熱を持ち、今まで培った技術と知見を生かして、「記す、伝える、認める」を核に事業領域を広めて参ります。

## Column

### 「ものづくり」の知と技と連携の蓄積

愛知ブランド創設の年、2003年当時は依然としてバブル経済後の不景気が継続していた。

景気の悪化と円高の継続で、企業は生産拠点を海外移転させ、製造業の空洞化問題が議論されていた。その中で愛知県の製造業の強さ、多様性を広くPRする必要があるというのが始まりだった。その後、リーマンショック、東日本大震災と大きな試練を受けながらも、愛知ブランドは継続し、多くの優れた企業の参加を得た。

行政が立ち上げたこうした制度としては、15年間と珍しく長続きした。存廃の危機に直面したこともあった。それを乗り越えてきたのは、認定企業の経営者の方々、県の歴代担当者の方々の協力の賜物である。

他府県には例のない愛知ブランドによる「ものづくり」の知と技と連携の蓄積をいかに育てていくかが、愛知県のみならず我が国経済にとって重要であることは、相違ない。

神戸国際大学経済学部
教授　中村 智彦
※愛知ブランド推進委員会・評価委員会委員

| | 企業名 | 業種 | ページ |
|---|---|---|---|
| ア | 株式会社アイセロ | 化学・プラスチック・ゴム | 52 |
| | 愛知株式会社 | 繊維・木材・家具・紙加工品 | 40 |
| | 株式会社愛知屋佛壇本舗 | 繊維・木材・家具・紙加工品 | 46 |
| | アサダ株式会社 | 各種機械器具 | 82 |
| | 朝日インテック株式会社 | 各種機械器具 | 84 |
| | アサヒ繊維工業株式会社 | 繊維・木材・家具・紙加工品 | 47 |
| | アスカ株式会社 | 輸送用機械器具 | 146 |
| | 株式会社アンスコ | 鉄鋼・金属製品 | 65 |
| イ | イイダ産業株式会社 | 化学・プラスチック・ゴム | 64 |
| | イトモル株式会社 | 化学・プラスチック・ゴム | 63 |
| | 株式会社イワタツール | 各種機械器具 | 108 |
| エ | 株式会社エムエス製作所 | 各種機械器具 | 109 |
| オ | オーエスジー株式会社 | 各種機械器具 | 86 |
| | オーエムヒーター株式会社 | 電子部品・電気機械器具 | 124 |
| | 奥野工業株式会社 | 輸送用機械器具 | 140 |
| カ | 兼工業株式会社 | 鉄鋼・金属製品 | 78 |
| | 株式会社河合電器製作所 | 電子部品・電気機械器具 | 120 |
| | 株式会社河村工機製作所 | 鉄鋼・金属製品 | 72 |
| キ | 株式会社衣浦電機製作所 | 電子部品・電気機械器具 | 131 |
| | 協和工業株式会社 | 各種機械器具 | 110 |
| | 金印株式会社 | 食料品・飲料 | 34 |
| ク | 久野金属工業株式会社 | 輸送用機械器具 | 142 |
| | グリーンフィクス株式会社 | 各種機械器具 | 111 |
| | クロダイト工業株式会社 | 鉄鋼・金属製品 | 79 |
| コ | 株式会社古久根 | 鉄鋼・金属製品 | 80 |
| | 小高精密株式会社 | 化学・プラスチック・ゴム | 54 |
| サ | 株式会社三技 | 各種機械器具 | 96 |
| | 株式会社三琇プレシジョン | 化学・プラスチック・ゴム | 48 |
| | 山旺理研株式会社 | 鉄鋼・金属製品 | 74 |
| | 三友工業株式会社 | 各種機械器具 | 98 |
| シ | 敷島製パン株式会社 | 食料品・飲料 | 35 |
| | 株式会社志水製作所 | 鉄鋼・金属製品 | 66 |
| | シヤチハタ株式会社 | その他 | 152 |
| | 株式会社昭和電機製作所 | 電子部品・電気機械器具 | 132 |
| ス | 株式会社杉浦製作所 | 輸送用機械器具 | 147 |
| | 株式会社鈴木化学工業所 | 化学・プラスチック・ゴム | 56 |
| | 株式会社角谷文治郎商店 | 食料品・飲料 | 36 |
| セ | 株式会社セイワ | 輸送用機械器具 | 148 |
| タ | 株式会社大洋電機製作所 | 電子部品・電気機械器具 | 126 |
| | タケウチテクノ株式会社 | 各種機械器具 | 118 |

| | 企業名 | 業種 | ページ |
|---|---|---|---|
| チ | チヨダ工業株式会社 | 各種機械器具 | 100 |
| テ | 株式会社TDEC | 各種機械器具 | 112 |
| ト | 東海合金工業株式会社 | 各種機械器具 | 113 |
| | 株式会社東海メディカルプロダクツ | 各種機械器具 | 88 |
| | 東京製鐵株式会社 田原工場 | 鉄鋼･金属製品 | 81 |
| | 株式会社東郷製作所 | 輸送用機械器具 | 134 |
| | 東明工業株式会社 | 輸送用機械器具 | 136 |
| | トライエンジニアリング株式会社 | 各種機械器具 | 102 |
| ナ | 中日本炉工業株式会社 | 各種機械器具 | 90 |
| | 株式会社名古屋精密金型 | 各種機械器具 | 92 |
| | 名古屋電機工業株式会社 | 電子部品･電気機械器具 | 122 |
| ニ | 株式会社ニデック | 各種機械器具 | 94 |
| | 日本街路灯製造株式会社 | 電子部品･電気機械器具 | 133 |
| ハ | 株式会社パイオニア風力機 | 各種機械器具 | 114 |
| | 合資会社八丁味噌 | 食料品･飲料 | 38 |
| | 株式会社半谷製作所 | 輸送用機械器具 | 138 |
| フ | 福井ファイバーテック株式会社 | 化学･プラスチック･ゴム | 64 |
| | 富士精工株式会社 | 各種機械器具 | 115 |
| | 有限会社節辰商店 | 食料品･飲料 | 37 |
| | フジデノロ株式会社 | 化学･プラスチック･ゴム | 60 |
| | 富士特殊紙業株式会社 | 化学･プラスチック･ゴム | 50 |
| | フルハシEPO株式会社 | 繊維･木材･家具･紙加工品 | 42 |
| | 株式会社フロロコート名古屋 | 鉄鋼･金属製品 | 76 |
| ヘ | 株式会社ベステック | 各種機械器具 | 119 |
| ホ | 本多プラス株式会社 | 化学･プラスチック･ゴム | 61 |
| マ | 松井本和蝋燭工房 | 化学･プラスチック･ゴム | 62 |
| | 丸菱工業株式会社 | 輸送用機械器具 | 149 |
| | 株式会社まるや八丁味噌 | 食料品･飲料 | 39 |
| ミ | 宮川工機株式会社 | 各種機械器具 | 116 |
| ム | 睦化学工業株式会社 | 繊維･木材･家具･紙加工品 | 44 |
| メ | 株式会社名光精機 | 輸送用機械器具 | 144 |
| | 株式会社メタルテック | 輸送用機械器具 | 150 |
| | メトロ電気工業株式会社 | 電子部品･電気機械器具 | 128 |
| ヤ | 矢留工業株式会社 | 鉄鋼･金属製品 | 68 |
| | 株式会社八幡ねじ | 鉄鋼･金属製品 | 70 |
| | 山本漢方製薬株式会社 | 化学･プラスチック･ゴム | 58 |
| ユ | 湯浅糸道工業株式会社 | 各種機械器具 | 104 |
| | 油圧機工業有限会社 | 各種機械器具 | 117 |
| | 株式会社豊電子工業 | 電子部品･電気機械器具 | 130 |
| ワ | ワシノ機器株式会社 | 各種機械器具 | 106 |

## 企業紹介ページで登場する80社の所在地をエリア別のMAPで紹介!

# [尾張エリア]

愛知県の西半分を占める尾張エリア。北は一宮市、南は知多半島まで、東は刈谷市の境川から西は木曽川まで広がる。織田信長や豊臣秀吉などの戦国武将を多く輩出したことでも有名。明治期に愛知県が成立し、近代産業が発達した。


| | | |
|---|---|---|
| 23 | 株式会社東海メディカルプロダクツ | 88 |
| 24 | 中日本炉工業株式会社 | 90 |
| 25 | 株式会社名古屋精密金型 | 92 |
| 26 | 株式会社三技 | 96 |
| 27 | 三友工業株式会社 | 98 |
| 28 | チヨダ工業株式会社 | 100 |
| 29 | トライエンジニアリング株式会社 | 102 |
| 30 | 湯浅糸道工業株式会社 | 104 |
| 31 | ワシノ機器株式会社 | 106 |
| 32 | 株式会社イワタツール | 108 |
| 33 | 株式会社エムエス製作所 | 109 |
| 34 | 協和工業株式会社 | 110 |
| 35 | グリーンフィクス株式会社 | 111 |
| 36 | 株式会社TDEC | 112 |
| 37 | 東海合金工業株式会社 | 113 |
| 38 | 株式会社パイオニア風力機 | 114 |
| 39 | タケウチテクノ株式会社 | 118 |
| 40 | 株式会社ベステック | 119 |
| 41 | 株式会社河合電器製作所 | 120 |
| 42 | 名古屋電機工業株式会社 | 122 |
| 43 | オーエムヒーター株式会社 | 124 |
| 44 | 株式会社大洋電機製作所 | 126 |

| | | |
|---|---|---|
| 1 | 金印株式会社 | 34 |
| 2 | 敷島製パン株式会社 | 35 |
| 3 | 有限会社節辰商店 | 37 |
| 4 | 愛知株式会社 | 40 |
| 5 | フルハシEPO株式会社 | 42 |
| 6 | 睦化学工業株式会社 | 44 |
| 7 | アサヒ繊維工業株式会社 | 47 |
| 8 | 富士特殊紙業株式会社 | 50 |
| 9 | 小高精密株式会社 | 54 |
| 10 | 山本漢方製薬株式会社 | 58 |
| 11 | フジデノロ株式会社 | 60 |
| 12 | イイダ産業株式会社 | 64 |
| 13 | 株式会社アンスコ | 65 |
| 14 | 株式会社志水製作所 | 66 |
| 15 | 矢留工業株式会社 | 68 |
| 16 | 株式会社八幡ねじ | 70 |
| 17 | 株式会社河村工機製作所 | 72 |
| 18 | 山旺理研株式会社 | 74 |
| 19 | 株式会社フロロコート名古屋 | 76 |
| 20 | 兼工業株式会社 | 78 |
| 21 | アサダ株式会社 | 82 |
| 22 | 朝日インテック株式会社 | 84 |


※地図番号、会社名、掲載ページを表しています。

犬山市
扶桑町
江南市
大口町
一宮市
小牧市
岩倉市
春日井市
稲沢市
豊山町
北名古屋市
瀬戸市
尾張旭市
あま市
清須市
愛西市
大治町
長久手市
津島市
日進市
蟹江町
弥富市
名古屋市
東郷町
飛島村
豊明市
東海市
大府市
知多市
東浦町
阿久比町
半田市
常滑市
武豊町
美浜町
南知多町
食料品・飲料
繊維・木材・家具・紙加工品
化学・プラスチック・ゴム
鉄鋼・金属製品
各種機械器具
電子部品・電気機械器具
輸送用機械器具
その他
愛知県
尾張
三河

# 企業MAP

## [三河エリア]

愛知県の東部で、静岡、岐阜、長野などの県と接する三河エリア。岡崎市は、関ヶ原の戦いの後、江戸幕府を開いた徳川家康が生まれたことで知られる。東海道を中心に宿場町として栄え、現在でも東名、新東名などの高速道路や新幹線が通り交通の要所となっている。

- ● 食料品・飲料
- ● 繊維・木材・家具・紙加工品
- ● 化学・プラスチック・ゴム
- ● 鉄鋼・金属製品
- ● 各種機械器具
- ● 電子部品・電気機械器具
- ● 輸送用機械器具
- ● その他

| | | |
|---|---|---|
| ① | 株式会社角谷文治郎商店 | 36 |
| ② | 合資会社八丁味噌 | 38 |
| ③ | 株式会社まるや八丁味噌 | 39 |
| ④ | 株式会社愛知屋佛壇本舗 | 46 |
| ⑤ | 株式会社三琇プレシジョン | 48 |
| ⑥ | 株式会社アイセロ | 52 |
| ⑦ | 株式会社鈴木化学工業所 | 56 |
| ⑧ | 本多プラス株式会社 | 61 |
| ⑨ | 松井本和蝋燭工房 | 62 |
| ⑩ | イトモル株式会社 | 63 |
| ⑪ | 福井ファイバーテック株式会社 | 64 |
| ⑫ | クロダイト工業株式会社 | 79 |
| ⑬ | 株式会社古久根 | 80 |
| ⑭ | 東京製鐵株式会社 田原工場 | 81 |
| ⑮ | オーエスジー株式会社 | 86 |
| ⑯ | 株式会社ニデック | 94 |
| ⑰ | 富士精工株式会社 | 115 |
| ⑱ | 宮川工機株式会社 | 116 |
| ⑲ | 油圧機工業有限会社 | 117 |
| ⑳ | メトロ電気工業株式会社 | 128 |
| ㉑ | 株式会社豊電子工業 | 130 |
| ㉒ | 奥野工業株式会社 | 140 |
| ㉓ | アスカ株式会社 | 146 |
| ㉔ | 株式会社杉浦製作所 | 147 |
| ㉕ | 株式会社セイワ | 148 |

※地図番号、会社名、掲載ページを表しています。

豊田市
設楽町
みよし市
23
21
17
知立市
22
20
2
4
刈谷市
3
岡崎市
新城市
9
安城市
高浜市
8
5
13
碧南市
12
19
幸田町
豊川市
15
1
10
7
24
25
西尾市
蒲郡市
16
6
18
11
14
豊橋市

# 愛知ブランド認定企業一覧

（2018年8月31日現在）

| 業種 | 認定番号 | 企業名 | 所在地 |
|---|---|---|---|
| 食料品製造業 | 017 | 株式会社まるや八丁味噌 | 岡崎市 |
| | 027 | 株式会社真誠 | 北名古屋市 |
| | 033 | 瀧川オブラート株式会社 | 新城市 |
| | 038 | 株式会社おとうふ工房いしかわ | 高浜市 |
| | 058 | 金印株式会社 | 名古屋市中区 |
| | 111 | スギ製菓株式会社 | 碧南市 |
| | 117 | 合資会社八丁味噌 | 岡崎市 |
| | 119 | マルサンアイ株式会社 | 岡崎市 |
| | 129 | ヤマサちくわ株式会社 | 豊橋市 |
| | 131 | 株式会社平松食品 | 豊橋市 |
| | 132 | 株式会社東洋発酵 | 大府市 |
| | 133 | 太田油脂株式会社 | 岡崎市 |
| | 147 | ダイニチ食品株式会社 | 東海市 |
| | 206 | 敷島製パン株式会社 | 名古屋市東区 |
| | 225 | 七福醸造株式会社 | 碧南市 |
| | 228 | イチビキ株式会社 | 名古屋市熱田区 |
| | 318 | 有限会社大口屋 | 江南市 |
| | 412 | 株式会社金トビ志賀 | 蒲郡市 |
| | 413 | サンエイ糖化株式会社 | 知多市 |
| | 415 | 株式会社美ノ久 | 一宮市 |
| | 426 | 株式会社豆福 | 名古屋市西区 |
| | 502 | 株式会社さんわコーポレーション | 海部郡大治町 |
| | 613 | オリザ油化株式会社 | 一宮市 |
| | 619 | 杉本食肉産業株式会社 | 名古屋市中区 |
| | 621 | 株式会社ヤマミ醸造 | 半田市 |
| | 703 | 株式会社えびせんべいの里 | 知多郡美浜町 |
| | 704 | 合資会社野田味噌商店 | 豊田市 |
| | 804 | 株式会社隆祥房 | 名古屋市熱田区 |
| | 807 | ユタカフーズ株式会社 | 知多郡武豊町 |
| | 812 | 中日本氷糖株式会社 | 名古屋市中川区 |

| 業種 | 認定番号 | 企業名 | 所在地 |
|---|---|---|---|
| 食料品製造業 | 901 | 有限会社節辰商店 | 名古屋市中村区 |
| | 1001 | 有限会社八雲 | 豊橋市 |
| | 1003 | 株式会社ヤマコ | 安城市 |
| | 1005 | 宮川産業株式会社 | 田原市 |
| | 1216 | カクダイ製菓株式会社 | 名古屋市西区 |
| | 1303 | 栄屋乳業株式会社 | 岡崎市 |
| | 1305 | 株式会社コモ | 小牧市 |
| 飲料・たばこ・飼料製造業 | 006 | 株式会社あいや | 西尾市 |
| | 156 | ポッカサッポロフード&ビバレッジ株式会社 | 名古屋市中区 |
| | 209 | 九重味淋株式会社 | 碧南市 |
| | 314 | 関谷醸造株式会社 | 北設楽郡設楽町 |
| | 317 | 株式会社葵製茶 | 西尾市 |
| | 436 | 株式会社南山園 | 安城市 |
| | 513 | アサヒビール株式会社 名古屋工場 | 名古屋市守山区 |
| | 607 | キリンビール株式会社 名古屋工場 | 清須市 |
| | 609 | 相生ユニビオ株式会社 | 西尾市 |
| | 1011 | 清洲桜醸造株式会社 | 清須市 |
| | 1226 | 株式会社角谷文治郎商店 | 碧南市 |
| 繊維工業 | 037 | 早善織物株式会社 | 一宮市 |
| | 044 | ティビーアール株式会社 | 豊川市 |
| | 101 | 御幸毛織株式会社 | 名古屋市西区 |
| | 116 | 株式会社野呂英作 | 一宮市 |
| | 145 | 中伝毛織株式会社 | 一宮市 |
| | 205 | 株式会社サカイナゴヤ | 稲沢市 |
| | 232 | アサヒ繊維工業株式会社 | 稲沢市 |
| | 448 | 中外国島株式会社 | 一宮市 |
| | 620 | 葛利毛織工業株式会社 | 一宮市 |
| | 910 | 茶久染色株式会社 | 一宮市 |

| 業種 | 認定番号 | 企業名 | 所在地 |
|---|---|---|---|
| 繊維工業 | 1112 | 株式会社くればぁ | 豊橋市 |
| 木材・木製品製造業 | 1220 | 株式会社イクタ | 瀬戸市 |
| | 1313 | フルハシEPO株式会社 | 名古屋市中区 |
| 家具・装備品製造業 | 046 | 株式会社オリバー | 岡崎市 |
| | 319 | 株式会社愛知屋佛壇本舗 | 岡崎市 |
| | 440 | 愛知株式会社 | 名古屋市東区 |
| | 904 | 株式会社クオリ | 安城市 |
| パルプ・紙・紙加工品製造業 | 110 | 河原紙器株式会社 | 春日井市 |
| | 507 | 中津川包装工業株式会社 | 春日井市 |
| | 603 | 睦化学工業株式会社 | 名古屋市西区 |
| | 615 | 株式会社キラックス | 名古屋市港区 |
| 印刷・同関連業 | 011 | 株式会社三和スクリーン銘板 | 愛西市 |
| | 028 | 株式会社岩田レーベル | 一宮市 |
| | 047 | 小林クリエイト株式会社 | 刈谷市 |
| | 503 | 大同紙工印刷株式会社 | 名古屋市守山区 |
| | 521 | 株式会社エムアイシーグループ | 西尾市 |
| | 605 | プリントス株式会社 | 一宮市 |
| | 1211 | 中島紙工株式会社 | 名古屋市中区 |
| 化学工業 | 021 | 株式会社タイルメント | 名古屋市中村区 |
| | 051 | 株式会社フタバ化学 | 名古屋市中村区 |
| | 107 | アイカ工業株式会社 | 名古屋市中村区 |
| | 160 | 中京油脂株式会社 | あま市 |
| | 201 | 株式会社喜多村 | 愛知郡東郷町 |
| | 224 | ホーユー株式会社 | 名古屋市東区 |
| | 301 | 新日本化学工業株式会社 | 安城市 |

| 業種 | 認定番号 | 企業名 | 所在地 |
|---|---|---|---|
| 化学工業 | 305 | 天野エンザイム株式会社 | 名古屋市中区 |
| | 313 | 松井本和蝋燭工房 | 岡崎市 |
| | 506 | 菊水化学工業株式会社 | 名古屋市中区 |
| | 608 | 磯部ろうそく店 | 岡崎市 |
| | 811 | 名古屋エアゾール株式会社 | 愛西市 |
| | 1224 | 株式会社五合 | 春日井市 |
| | 1304 | いその株式会社 | 名古屋市東区 |
| | 1308 | 株式会社タカミツ | 名古屋市北区 |
| | 1310 | 山本漢方製薬株式会社 | 小牧市 |
| 石油製品・石炭製品製造業 | 316 | 中京化成工業株式会社 | 刈谷市 |
| プラスチック製品製造業 | 002 | 福井ファイバーテック株式会社 | 豊橋市 |
| | 031 | 株式会社三琇プレシジョン | 高浜市 |
| | 036 | フジデノロ株式会社 | 小牧市 |
| | 104 | 東洋理工株式会社 | 安城市 |
| | 120 | 本多プラス株式会社 | 新城市 |
| | 127 | 株式会社ワーロン | 名古屋市中村区 |
| | 140 | 富士特殊紙業株式会社 | 瀬戸市 |
| | 158 | 株式会社アイセロ | 豊橋市 |
| | 216 | イトモル株式会社 | 豊川市 |
| | 223 | 大三紙業株式会社 | 豊橋市 |
| | 233 | オハラ樹脂工業株式会社 | 名古屋市南区 |
| | 234 | 株式会社アイワ | 岩倉市 |
| | 326 | 株式会社髙木化学研究所 | 岡崎市 |
| | 402 | 中京化学株式会社 | 稲沢市 |
| | 407 | 株式会社大洋プラスチックス工業所 | 東海市 |
| | 411 | 金城化工株式会社 | 東海市 |
| | 427 | 株式会社ビクター化学工業所 | 春日井市 |
| | 430 | 玉野化成株式会社 | 名古屋市南区 |

| 業種 | 認定番号 | 企業名 | 所在地 |
|---|---|---|---|
| プラスチック製品製造業 | 439 | ゴトープラスチック株式会社 | 名古屋市西区 |
| | 449 | 株式会社樹研工業 | 豊橋市 |
| | 510 | 株式会社鳥越樹脂工業 | 一宮市 |
| | 512 | ハジメ産業株式会社 | 一宮市 |
| | 515 | 株式会社鈴木化学工業所 | 額田郡幸田町 |
| | 808 | 日進工業株式会社 | 碧南市 |
| | 813 | MICS化学株式会社 | 愛知郡東郷町 |
| | 909 | 名古屋樹脂工業株式会社 | 名古屋市西区 |
| | 912 | 朝日理化株式会社 | 西尾市 |
| | 1110 | 小高精密株式会社 | 北名古屋市 |
| | 1202 | 株式会社高瀬金型 | 稲沢市 |
| | 1206 | ウイストン株式会社 | 海部郡蟹江町 |
| | 1221 | 株式会社丸三金属 | 安城市 |
| | 1309 | 三栄ポリウレタン株式会社 | 安城市 |
| | 1317 | 株式会社愛知商会 | 知多郡東浦町 |
| | 1318 | シミズ工業株式会社 | 刈谷市 |
| ゴム製品製造業 | 134 | 住友理工株式会社 | 小牧市 |
| | 235 | イイダ産業株式会社 | 稲沢市 |
| | 618 | 名北ゴム株式会社 | 一宮市 |
| | 1218 | 旭ゴム化工株式会社 | 名古屋市千種区 |
| 窯業・土石製品製造業 | 009 | 栄四郎瓦株式会社 | 碧南市 |
| | 029 | 川村硝子工芸株式会社 | 名古屋市名東区 |
| | 041 | 三州野安株式会社 | 高浜市 |
| | 045 | 鳴海製陶株式会社 | 名古屋市緑区 |
| | 103 | 株式会社エフエスケー | 知多市 |
| | 124 | 株式会社鶴弥 | 半田市 |
| | 125 | 新東株式会社 | 高浜市 |
| | 130 | 株式会社丸ウ製陶所 | 瀬戸市 |

| 業種 | 認定番号 | 企業名 | 所在地 |
|---|---|---|---|
| 窯業・土石製品製造業 | 136 | マルスギ株式会社 | 高浜市 |
| | 218 | 株式会社エージック | 春日井市 |
| | 414 | クロタ精工株式会社 | 碧南市 |
| | 429 | 三信鉱工株式会社 | 北設楽郡東栄町 |
| | 433 | 株式会社神清 | 半田市 |
| | 442 | トーヨーマテラン株式会社 | 春日井市 |
| | 444 | 東海ホーロー株式会社 | 刈谷市 |
| | 902 | 石塚硝子株式会社 | 岩倉市 |
| | 903 | 株式会社中外陶園 | 瀬戸市 |
| | 1116 | 株式会社ヤスフクセラミックス | 岡崎市 |
| 鉄鋼業 | 304 | シンニチ工業株式会社 | 豊川市 |
| | 416 | トヨキン株式会社 | 豊田市 |
| | 802 | 株式会社古久根 | 碧南市 |
| | 1203 | 株式会社ニノミヤ | 西尾市 |
| | 1223 | 東京製鐵株式会社 田原工場 | 田原市 |
| 非鉄金属製造業 | 018 | アツタ起業株式会社 | 愛知郡東郷町 |
| | 425 | 寿金属工業株式会社 | 西尾市 |
| | 706 | 株式会社ケーエスディー | 一宮市 |
| | 905 | 兼工業株式会社 | 小牧市 |
| | 917 | 株式会社加藤製作所(清須) | 清須市 |
| 金属製品製造業 | 001 | 名古屋メッキ工業株式会社 | 名古屋市熱田区 |
| | 014 | 株式会社河村工機製作所 | 名古屋市緑区 |
| | 015 | クロダイト工業株式会社 | 碧南市 |
| | 020 | 株式会社野口製作所 | 豊橋市 |
| | 024 | 株式会社不二機販 | 名古屋市北区 |
| | 039 | 兼房株式会社 | 丹羽郡大口町 |
| | 112 | 白金鍍金工業株式会社 | 名古屋市守山区 |

| 業種 | 認定番号 | 企業名 | 所在地 |
|---|---|---|---|
| 金属製品製造業 | 123 | リンナイ株式会社 | 名古屋市中川区 |
| | 137 | 株式会社サーテックカリヤ | 刈谷市 |
| | 150 | 株式会社中部理化 | 愛知郡東郷町 |
| | 208 | 山旺理研株式会社 | 名古屋市西区 |
| | 227 | 株式会社アイホー | 豊川市 |
| | 321 | 株式会社コメットカトウ | 稲沢市 |
| | 401 | 前田バルブ工業株式会社 | 名古屋市港区 |
| | 420 | 株式会社加藤製作所（名古屋） | 名古屋市東区 |
| | 445 | 株式会社石川精工 | 安城市 |
| | 447 | 平松鉄工株式会社 | 碧南市 |
| | 505 | 株式会社アンスコ | 瀬戸市 |
| | 601 | 太陽電化工業株式会社 | 名古屋市瑞穂区 |
| | 602 | 株式会社ダイワエクセル | 名古屋市千種区 |
| | 604 | 株式会社河村産業所 | あま市 |
| | 612 | 二葉産業株式会社 | 名古屋市守山区 |
| | 801 | 株式会社中工 | 一宮市 |
| | 809 | 中日クラフト株式会社 | 春日井市 |
| | 810 | 株式会社八幡ねじ | 北名古屋市 |
| | 918 | 株式会社メタルヒート | 安城市 |
| | 1004 | 株式会社伊勢安金網製作所 | 豊橋市 |
| | 1007 | 矢留工業株式会社 | 春日井市 |
| | 1008 | 株式会社フロロコート名古屋 | 一宮市 |
| | 1104 | 株式会社ニュー・サンワ | 一宮市 |
| | 1105 | 株式会社カンドリ工業 | 額田郡幸田町 |
| | 1108 | 木下精密工業株式会社 | 名古屋市北区 |
| | 1111 | ナガサキ工業株式会社 | 名古屋市緑区 |
| | 1204 | 株式会社屋根技術研究所 | 高浜市 |
| | 1222 | 豊国工業株式会社 | 豊橋市 |
| | 1227 | シンポ株式会社 | 名古屋市名東区 |
| | 1321 | 株式会社志水製作所 | 一宮市 |

| 業種 | 認定番号 | 企業名 | 所在地 |
|---|---|---|---|
| はん用機械器具製造業 | 004 | 株式会社スギヤス | 高浜市 |
| | 013 | 加茂精工株式会社 | 豊田市 |
| | 032 | 株式会社前田シェルサービス | 岡崎市 |
| | 055 | 株式会社三進製作所 | 犬山市 |
| | 105 | 中日本炉工業株式会社 | あま市 |
| | 108 | 株式会社川本製作所 | 名古屋市中区 |
| | 151 | 高広工業株式会社 | 名古屋市南区 |
| | 152 | フルタ電機株式会社 | 名古屋市瑞穂区 |
| | 212 | 協和工業株式会社 | 大府市 |
| | 215 | 株式会社ニッセイ | 安城市 |
| | 432 | 株式会社ヨシタケ | 名古屋市瑞穂区 |
| | 504 | 株式会社アンレット | 海部郡蟹江町 |
| | 1209 | ワタナベフーマック株式会社 | 名古屋市中川区 |
| | 1307 | ワシノ機器株式会社 | 名古屋市南区 |
| 生産用機械器具製造業 | 016 | 東海機器工業株式会社 | 北名古屋市 |
| | 023 | ツカサ工業株式会社 | 半田市 |
| | 025 | 株式会社チップトン | 名古屋市南区 |
| | 026 | KTX株式会社 | 江南市 |
| | 030 | アサダ株式会社 | 名古屋市北区 |
| | 040 | 西島株式会社 | 豊橋市 |
| | 048 | 株式会社三光製作所(豊橋) | 豊橋市 |
| | 053 | チヨダ工業株式会社 | 愛知郡東郷町 |
| | 113 | 宮川工機株式会社 | 豊橋市 |
| | 114 | 名古屋特殊鋼株式会社 | 犬山市 |
| | 121 | 中央化工機株式会社 | 豊明市 |
| | 122 | 旭サナック株式会社 | 尾張旭市 |
| | 126 | 和光技研工業株式会社 | 刈谷市 |
| | 138 | 三友工業株式会社 | 小牧市 |
| | 143 | 株式会社FUJI | 知立市 |

| 業種 | 認定番号 | 企業名 | 所在地 |
|---|---|---|---|
| 生産用機械器具製造業 | 144 | アミテック株式会社 | 名古屋市瑞穂区 |
| | 148 | 株式会社大竹製作所 | 海部郡大治町 |
| | 155 | オーエスジー株式会社 | 豊川市 |
| | 211 | 寿原株式会社 | 稲沢市 |
| | 214 | ゼネラルパッカー株式会社 | 北名古屋市 |
| | 222 | 株式会社技研システック | 尾張旭市 |
| | 226 | 新東工業株式会社 | 名古屋市中村区 |
| | 231 | 株式会社近藤製作所 | 蒲郡市 |
| | 236 | 富士精工株式会社 | 豊田市 |
| | 307 | オネストン株式会社 | 名古屋市天白区 |
| | 320 | 株式会社オプトン | 瀬戸市 |
| | 322 | 株式会社ISOWA | 春日井市 |
| | 323 | 株式会社前田技研 | 岡崎市 |
| | 325 | 株式会社山田ドビー | 一宮市 |
| | 410 | 株式会社五十鈴製作所 | 碧南市 |
| | 419 | 株式会社豊製作所 | 江南市 |
| | 421 | 株式会社寿原テクノス | 稲沢市 |
| | 431 | 株式会社フジキカイ | 名古屋市中村区 |
| | 435 | 株式会社TEKNIA | 名古屋市中川区 |
| | 438 | ポッカマシン株式会社 | 岩倉市 |
| | 441 | 株式会社サンメカニック | 一宮市 |
| | 509 | 株式会社三技 | 北名古屋市 |
| | 517 | 油圧機工業有限会社 | 西尾市 |
| | 606 | 株式会社名古屋刃型 | 一宮市 |
| | 614 | 楠精工株式会社 | 名古屋市熱田区 |
| | 617 | 株式会社増田製作所 | 豊明市 |
| | 805 | 株式会社鬼頭精器製作所 | 豊田市 |
| | 914 | 大見工業株式会社 | 安城市 |
| | 916 | 株式会社ケーエスケー | 安城市 |
| | 1010 | 株式会社極東精機 | 名古屋市緑区 |

| 業種 | 認定番号 | 企業名 | 所在地 |
|---|---|---|---|
| 生産用機械器具製造業 | 1012 | 株式会社イワタツール | 名古屋市守山区 |
| | 1013 | 三洋機工株式会社 | 北名古屋市 |
| | 1101 | アジアクリエイト株式会社 | 豊川市 |
| | 1102 | 菱栄工機株式会社 | 豊田市 |
| | 1103 | 湯浅糸道工業株式会社 | 名古屋市天白区 |
| | 1107 | 東南精機株式会社 | 安城市 |
| | 1115 | 株式会社ベステック | 春日井市 |
| | 1201 | 東海合金工業株式会社 | 瀬戸市 |
| | 1207 | CKD株式会社 | 小牧市 |
| | 1212 | 二村機器株式会社 | 名古屋市中村区 |
| | 1213 | 株式会社光南 | 西尾市 |
| | 1215 | トライエンジニアリング株式会社 | 名古屋市守山区 |
| | 1217 | 株式会社オリエント総業 | 春日井市 |
| | 1225 | エヌティーツール株式会社 | 高浜市 |
| | 1301 | 株式会社酒井製作所 | 名古屋市中村区 |
| | 1306 | OMC株式会社 | 名古屋市中区 |
| | 1311 | 株式会社名古屋精密金型 | 知多郡東浦町 |
| | 1314 | 株式会社ユニメック | 豊明市 |
| | 1315 | 株式会社エムエス製作所 | 清須市 |
| | 1316 | 株式会社TDEC | 津島市 |
| | 1320 | 株式会社サンワ金型 | 安城市 |
| 業務用機械器具製造業 | 049 | 株式会社ニデック | 蒲郡市 |
| | 056 | 山八歯材工業株式会社 | 蒲郡市 |
| | 057 | 株式会社東海メディカルプロダクツ | 春日井市 |
| | 115 | 朝日インテック株式会社 | 名古屋市守山区 |
| | 213 | 株式会社松本義肢製作所 | 小牧市 |
| | 221 | 株式会社トヨテック | 豊川市 |
| | 302 | 株式会社カネミヤ | 半田市 |
| | 508 | 株式会社パイオニア風力機 | 名古屋市緑区 |

| 業種 | 認定番号 | 企業名 | 所在地 |
|---|---|---|---|
| 業務用機械器具製造業 | 915 | 株式会社イマダ | 豊橋市 |
| | 1106 | タケウチテクノ株式会社 | 名古屋市港区 |
| | 1109 | グリーンフィクス株式会社 | 名古屋市瑞穂区 |
| | 1228 | ユキ技研株式会社 | 春日井市 |
| 電子部品・デバイス・電子回路製造業 | 034 | 株式会社生方製作所 | 名古屋市南区 |
| | 106 | 株式会社衣浦電機製作所 | 半田市 |
| | 423 | 伊原電子工業株式会社 | 春日井市 |
| 電気機械器具製造業 | 007 | 日本高圧電気株式会社 | 大府市 |
| | 008 | タイム技研株式会社 | 丹羽郡大口町 |
| | 035 | 株式会社豊電子工業 | 刈谷市 |
| | 059 | 株式会社ナツメ | 豊橋市 |
| | 109 | 株式会社エルモ社 | 名古屋市瑞穂区 |
| | 118 | 本多電子株式会社 | 豊橋市 |
| | 139 | 株式会社中央製作所 | 名古屋市瑞穂区 |
| | 142 | 株式会社昭和電機製作所 | 春日井市 |
| | 207 | 河村電器産業株式会社 | 瀬戸市 |
| | 210 | 東洋電機株式会社 | 春日井市 |
| | 306 | メトロ電気工業株式会社 | 安城市 |
| | 403 | 株式会社キョクトー | 名古屋市緑区 |
| | 616 | 名古屋電機工業株式会社 | あま市 |
| | 702 | 東洋航空電子株式会社 | 犬山市 |
| | 707 | 株式会社河合電器製作所 | 名古屋市天白区 |
| | 708 | タカオカ化成工業株式会社 | あま市 |
| | 803 | 日本街路灯製造株式会社 | 名古屋市熱田区 |
| | 806 | シンフォニアテクノロジー株式会社 豊橋製作所 | 豊橋市 |
| | 1002 | オーエムヒーター株式会社 | 名古屋市天白区 |
| | 1205 | 日新電装株式会社 | 春日井市 |
| | 1219 | 株式会社大洋電機製作所 | 名古屋市中川区 |

| 業種 | 認定番号 | 企業名 | 所在地 |
|---|---|---|---|
| 電気機械器具製造業 | 1312 | ゼネラルヒートポンプ工業株式会社 | 名古屋市緑区 |
| 情報通信機械器具製造業 | 135 | マスプロ電工株式会社 | 日進市 |
| | 409 | アイホン株式会社 | 名古屋市中区 |
| | 1114 | 萩原テクノソリューションズ株式会社 | 名古屋市東区 |
| 輸送用機械器具製造業 | 128 | 奥野工業株式会社 | 刈谷市 |
| | 149 | 日進医療器株式会社 | 北名古屋市 |
| | 157 | 株式会社今仙電機製作所 | 犬山市 |
| | 159 | 久野金属工業株式会社 | 常滑市 |
| | 204 | 株式会社高木製作所 | 岡崎市 |
| | 229 | 株式会社セキソー | 岡崎市 |
| | 303 | 株式会社東海理機製作所 | 大府市 |
| | 309 | 中村精機株式会社 | 額田郡幸田町 |
| | 310 | 株式会社瑞木製作所 | 尾張旭市 |
| | 312 | 株式会社ヒサダ | 安城市 |
| | 404 | アスカ株式会社 | 刈谷市 |
| | 405 | エイベックス株式会社 | 名古屋市瑞穂区 |
| | 406 | 株式会社オティックス | 西尾市 |
| | 408 | 株式会社杉浦製作所 | 西尾市 |
| | 417 | 株式会社三五 | みよし市 |
| | 418 | 株式会社東郷製作所 | 愛知郡東郷町 |
| | 422 | 近藤工業株式会社 | 豊田市 |
| | 424 | 株式会社三光製作所（刈谷） | 刈谷市 |
| | 428 | コンドーセイコー株式会社 | 長久手市 |
| | 434 | 大橋鉄工株式会社 | 北名古屋市 |
| | 446 | 東明工業株式会社 | 知多市 |
| | 501 | 株式会社ウツノ | 愛知郡東郷町 |
| | 511 | 株式会社半谷製作所 | 大府市 |
| | 516 | 大和化成工業株式会社 | 岡崎市 |

| 業種 | 認定番号 | 企業名 | 所在地 |
|---|---|---|---|
| 輸送用機械器具製造業 | 519 | 株式会社メタルテック | 小牧市 |
| | 522 | 丸菱工業株式会社 | 小牧市 |
| | 610 | 株式会社デンソープレアス | 豊川市 |
| | 611 | 株式会社タイガーサッシュ製作所 | 刈谷市 |
| | 701 | 株式会社美和製作所 | あま市 |
| | 907 | 株式会社名光精機 | 津島市 |
| | 908 | 株式会社エアロ | 弥富市 |
| | 911 | 中日精工株式会社 | 豊川市 |
| | 913 | 株式会社プロト | 刈谷市 |
| | 1006 | 興和精密工業株式会社 | 豊明市 |
| | 1009 | 株式会社ティムス | 豊田市 |
| | 1014 | 榊原精器株式会社 | 西尾市 |
| | 1113 | 荒川工業株式会社 | 日進市 |
| | 1208 | 株式会社池戸製作所 | 稲沢市 |
| | 1210 | トーシンテック株式会社 | 名古屋市中区 |
| | 1214 | 柴田工業株式会社 | 西尾市 |
| | 1302 | 中村鉄工株式会社 | 春日井市 |
| | 1319 | 株式会社セイワ | 西尾市 |
| その他の製造業 | 005 | 堀田新五郎商店 | 津島市 |
| | 010 | 株式会社馬印 | 名古屋市中川区 |
| | 019 | 東海光学株式会社 | 岡崎市 |
| | 050 | 有限会社ファインモールド | 豊橋市 |
| | 052 | シヤチハタ株式会社 | 名古屋市西区 |
| | 153 | 星野楽器株式会社 | 名古屋市東区 |
| | 202 | 伊藤光学工業株式会社 | 蒲郡市 |
| | 311 | 株式会社コーワ | あま市 |
| | 315 | 株式会社キクテック | 名古屋市南区 |
| | 324 | 株式会社ファースト | 名古屋市天白区 |
| | 514 | 株式会社サンワード | 一宮市 |

| 業種 | 認定番号 | 企業名 | 所在地 |
|---|---|---|---|
| その他の製造業 | 518 | ナルセ時計株式会社 | 名古屋市中村区 |
| | 1015 | 株式会社三浦太鼓店 | 岡崎市 |

# ［参考資料・情報提供］

## 参考資料


県民経済計算年報（内閣府）

国民経済計算年報（内閣府）

愛知ブランド企業～「ものづくり愛知」を支えるキラリと光る企業群～（愛知県）

平成29年工業統計調査結果（総務省・経済産業省）

経済センサスー活動調査（総務省・経済産業省）

工業統計確報（総務省・経済産業省）

生産農業所得統計（農林水産省）

作物統計調査（農林水産省）

「食パン」全国市場における2010年4月～2018年7月のブランドシェア（金額ベース）

RI設計詳細資料（調査会社）2016年12月26日

「名古屋市工業技術グランプリ」で名古屋市長賞を受賞（公益財団法人名古屋産業振興公社主催）2018年2月

工業用ボールタップ2017年出荷実績

（公社）日本水道協会の鋳鉄管検査実績（2015年）

第64回応用物理学会春季学術講演会特別シンポジウム　健康なくらしと応用物理～応用物理が拓くハイクオリティーオブライフ～

人工網膜システムの開発2017年3月16日

特許番号1844282号 ローラー式ヘミング装置1994年5月25日

特許権　（特許第5800477号、特公昭和33年第9350号）

実用新案権（実公昭和27年第1690号、実公昭和32年第6990号、実公昭和32年第15586号）

日本国特許庁　特許出願公告　特許公報（B2）　昭61-42386　1984年4月11日

1972/4/3 実公昭52-5308 JPY_1977005308.pdf　1973/7/4 実公昭51-40088 JPY_1976040088.pdf

最も多くの門型洗車機を販売した会社（ギネス世界記録に認定）2015年10月7日

移動式ブラシ付門型自動洗車機（特許取得）1962年


## WEBサイト

総務省

愛知県政統計データ

独立行政法人統計センター

愛知県県民文化部統計課

愛知県農林水産部

名古屋税関

## 資料提供

経済産業省

経済産業省中部経済産業局

愛知県

名古屋商工会議所

中部産業連盟

# あとがき

創設当初からの評価委員として愛知ブランド企業とは様々なご縁ができましたが、最初に気づいたのは、主力となる自動車製造に加えて、精密機器、樹脂加工、航空宇宙から食品・飲料まで、産業分野が非常に幅広いこと。そして、挑戦的でとてもユニークな経営者が数多くいらっしゃることでした。それぞれの現場に、それぞれのキラリと光る個性があるのが、愛知ブランドです。惜しむらくは、こんなに実力があるのにあまりＰＲしない風土があり、知名度の点で物足りないこと。そのギャップを埋めたいという思いが常にあります。

本書で、愛知のものづくり凄いぞ!っと感じていただけたでしょうか。ビジネスパーソンには仕事のヒントの泉として、就活中の若い方には新鮮な企業情報として、おおいに活用していただければ本当に嬉しいです。

最後に、お礼を申しあげます。まずは、掲載企業の皆さまに。そして、その他の企業にも多くの情報や示唆をいただきました。取材編集チームのメンバーにも、愛知ブランドへの愛と熱意でフォローしてくださった愛知県庁の皆さまにも、心から感謝いたします。

ＩＴ界におけるシリコンバレーのごとく、「ものづくりなら、愛知」の名が世界にとどろくまで、情報発信を続けていきたいと強く思っています。

二〇一八年九月一日

企画・制作　㈱カーネルコンセプト

執行役員コンテンツ企画室長　**赤崎　真紀子**

【編著者紹介】

赤崎真紀子（あかさき まきこ）

株式会社カーネルコンセプト 執行役員コンテンツ企画室長

コンテンツプロデューサー

兵庫県宝塚市生まれ。仕事は「情報の発信」。名古屋に移り住んで製造業の厚みと凄さに触れ、以降「ものづくり」「観光・インバウンド」「産業観光」などのコンテンツを多数企画・制作。愛知ブランド評価委員会委員。

# 愛知ブランド企業の底ヂカラ Vol.2

2018年10月17日初版発行

制　　作　　株式会社カーネルコンセプト
協　　力　　愛知県産業労働部
発行人　　岩永　陽一
発行所　　株式会社共同通信社
　　　　　〒105-7208 東京都港区東新橋1-7-1 汐留メディアタワー
　　　　　TEL.03-6252-6021

　　　　　ISBN978-4-7641-0704-5　C0034
　　　　　©2015 Kernel Group All rights reserved. ©2018 K.K.Kyodo News
　　　　　乱丁・落丁本は郵送料小社負担でお取り換えいたします。
　　　　　定価はカバーに表示してあります。

印刷所　　大日本印刷株式会社

＜本書の内容に関する問い合わせ先＞

株式会社カーネルコンセプト　コンテンツ企画室

〒453-0015　名古屋市中村区椿町16-8 ノノガワ名駅ビル8F

TEL.052-459-0883（直通）　FAX.052-459-0884

https://www.kernel.co.jp/

本書のコピー、スキャン、デジタル化等無断転載は著作権法上の例外を除き禁じられています。本書を代行業者等の第三者に依頼してスキャンやデジタル化することは、個人や家庭内の利用であっても著作権法違反となり、一切認められておりません。